Astrid Séville (Hg.)

Radikalisierung durch Verschwörungstheorien

Zum Umgang mit einem demokratiegefährdenden Phänomen

SIR PETER USTINOV INSTITUT

Astrid Séville (Hg.)

Radikalisierung durch Verschwörungstheorien

Zum Umgang mit einem
demokratiegefährdenden Phänomen

Bibliografische Information der Deutschen Nationalbibliothek

Die Deutsche Nationalbibliothek verzeichnet diese Publikation in der Deutschen Nationalbibliografie; detaillierte bibliografische Daten sind im Internet unter http://dnb.d-nb.de abrufbar.

Mit freundlicher Unterstützung der Stadt Wien Kultur, der Peter Ustinov Stiftung, des Zukunftsfonds der Republik Österreich und der Österreichischen Nationalbank

© WOCHENSCHAU Verlag,
  Dr. Kurt Debus GmbH
  Frankfurt/M. 2025

www.wochenschau-verlag.de

Alle Rechte vorbehalten. Kein Teil dieses Buches darf in irgendeiner Form (Druck, Fotokopie oder einem anderen Verfahren) ohne schriftliche Genehmigung des Verlages reproduziert oder unter Verwendung elektronischer Systeme verarbeitet werden.

Umschlaggestaltung: Ohl Design
Gesamtherstellung: Wochenschau Verlag
Gedruckt auf chlorfrei gebleichtem Papier
Print-ISBN 978-3-7344-1669-9
PDF-ISBN 978-3-7566-1669-5
https://doi.org/10.46499/2508

Inhalt

HANNES SWOBODA
Vorwort 7

ASTRID SÉVILLE
Auf der Suche nach Zurechenbarkeit. Verschwörungstheorien
als Phänomen – eine Einführung 9

NILS KUMKAR
Verschwörungstheorien als Gegenstand sozialwissenschaftlicher
Erkenntnis 23

INTERVIEW MIT MICHAEL BUTTER
Merkmale und Funktionsweise von Verschwörungstheorien 36

CLARA SCHLIESSLER
Alles eins? Zum Verhältnis von Autoritarismus, Verschwörungsmentalität
und Esoterik 47

PAULINA FRÖHLICH, MICHELLE DEUTSCH
Die demokratische Relevanz von Einsamkeitserfahrungen Jugendlicher
in Deutschland 77

MARKUS BRUNNER, FLORIAN KNASMÜLLER
Sozialpsychologische Betrachtungen von Protest und Radikalisierung
in Corona-Zeiten 89

INTERVIEW MIT ULRIKE SCHIESSER
Verschwörungsglaube verstehen. Einblicke aus der Beratungspraxis 112

MARÍA DO MAR CASTRO VARELA
Gibt es ein Recht auf Desinformation? Hassreden und Staatsphobie
in sozialen Medien 120

HELENA MIHALJEVIĆ

Digitale Verschwörungsmythen algorithmisch erkennen   142

ELKE ZIEGLER

Wissenschaftskommunikation in der Krise. Binnenansichten
einer Wissenschaftsjournalistin in Österreich   160

Autor*innen 171

HANNES SWOBODA

Vorwort

Die Wissenschaftliche Konferenz des Sir Peter Ustinov Instituts beschäftigte sich 2022 mit der gesellschaftlichen Bedeutung und Konsequenzen von Verschwörungstheorien bzw. Verschwörungsmythen. Ich möchte vorneweg Astrid Séville für die äußerst sorgfältige Planung, Vorbereitung und Leitung der Tagung herzlich danken. Mein Dank gilt ebenso dem Generalsekretär des Ustinov Instituts, Constantin Lager für die wie immer reibungslose Organisation.

Die Corona Zeit war gewissermaßen eine Periode der Hochblüte der Verschwörungsmythen. Die Impfungen wurden verteufelt und als Teil einer globalen Verschwörung gebrandmarkt. Es ist kaum verwunderlich, dass rechtsextreme Parteien, die immer wieder Verschwörungsmythen verbreiten, auch diese Mythen zum Anlass für ihre destruktive Propaganda benützten und immer wieder neu aufleben lassen. Besonders in Österreich und Deutschland ist das der Fall.

So wird der Mythos von einer global gesteuerten Umvolkung, also der Ersetzung der einheimischen – weißen – Bevölkerung durch Zuwanderer durch den Mythos von einer absichtlichen Veränderung der genetischen Zusammensetzung der „eigenen Rasse" ergänzt. Diese Verschwörungsmythen bedingen auch die Verbreitung von Vorurteilen, Fake News und von einer systematischen Wissenschaftsskepsis.

Diese Mythen stehen im krassen Widerspruch zur Demokratie. Demokratie hat einen offenen, faktenbasierten Dialog zur Voraussetzung. Ohnedies wird durch partei-politisch gefärbte Darstellung der gegnerischen Parteien und Programme einerseits und der eigenen Programme anderseits ein solcher faktenorientierter Dialog schwierig. Wenn aber dann zusätzlich Verschwörungsmythen verbreitet werden und die um Objektivität bemühten Medien als Lügenpresse verschrien werden ist ein konstruktiver Meinungsaustausch nicht mehr möglich.

Vor allem aus diesem Grund schien uns eine ernsthafte Auseinandersetzung mit den Verschwörungsmythen so wichtig. Als Institut, das auf Anregung von Sir Peter Ustinov und mit tatkräftiger Unterstützung der Stadt Wien gegründet wurde, haben wir das Ziel, Vorurteile zu erforschen und zu bekämpfen. Mit und durch Verschwörungsmythen werden aber viele – alte und neue – Vorurteile verbreitet. Sie können aber nur durch einen offenen und demokratischen Dialog bekämpft werden. Der wiederum ist aber durch Verschwörungsmythen gefährdet.

Die Tagung und auch der vorliegende Tagungsband sollen helfen, diesen Teufelskreis zu durchbrechen und damit die Demokratie und die notwendige Entscheidungsfreiheit der Wähler*innen zu stärken. Angesichts der Tatsache, dass die inneren und äußeren Feinde der europäischen Demokratie vielfach ein unrühmliches Bündnis eingegangen sind, ist die Stärkung der Demokratie eine Überlebensfrage. Und dazu gehört wesentlich die Bekämpfung von Vorurteilen, Fake News und Verschwörungsmythen.

ASTRID SÉVILLE

Auf der Suche nach Zurechenbarkeit

Verschwörungstheorien als Phänomen – eine Einführung

Liberale Demokratien stehen unter Druck, sie sind inneren und äußeren Bedrohungen ausgesetzt. In den letzten Jahren rückte hierzulande das Phänomen eines autoritären, nationalistischen Populismus ins Blickfeld. Populisten reklamieren ein Demokratieverständnis, demzufolge Politik unmittelbarer Ausdruck des Volkswillens sei. Sie stilisieren sich zu Repräsentanten des eigentlichen, moralisch und politisch integren Volkes und zu Widerstandskämpfern gegen herrschende Machtverhältnisse. Sie beschwören einen gesunden Menschenverstand und ein unverstelltes, echtes, authentisches Wissen gegenüber Eliten und Experten. Zugleich verweisen sie immer wieder auf eine Krisenhaftigkeit der Welt und einen drohenden Untergang.

Dieser oppositionelle Gestus erstreckt sich aber nun nicht nur auf die politische Arena. Angriffe und Schmähungen erreichen nicht nur Politiker, sondern Hasskommentare im Netz, persönliche Attacken und Verunglimpfungen zielen auch auf Wissenschaftler, Journalisten, Medienschaffende oder Vertreter von Bildungseinrichtungen und öffentlichen Institutionen, die beanspruchen, kanonisiert geglaubtes Wissen oder allgemein zugängliche, verständliche Informationen zu vermitteln. Diese Akteure und Instanzen gelten ebenfalls als Teil einer „betrügerischen Elite" und als „Establishment", dem man misstrauen müsse. Medien werden als „Lügenpresse" verunglimpft, und Angriffe auf Journalisten, die zum Beispiel über Demonstrationen berichten, nehmen zu. Es zeigt sich also heute ein doppeltes Aufbegehren gegen politische und öffentliche Akteure – gegen politische und epistemische Autoritäten.

In den USA hielt beispielsweise der Republikaner J. D. Vance, Autor des vielfach als Schlüsselwerk gelobten Romans „Hillbilly Elegy" und danach Kandidat für den U.S. amerikanischen Senat in Ohio, eine Rede auf der National Conservatism Conference (Vance 2021, Minute 30:04) mit dem Titel: „The Universities Are the Enemy." In dieser Rede erklärte Vance seinem Publikum: „I think in this movement of national conservatism, what we need more than inspiration is we need wisdom. And there is a wisdom in what Richard Nixon said approximately 40, 50 years ago. He said, and I quote: ‚The professors are the enemy.'" (Vance 2021). Dieser harsche Anti-Intellektualismus ist ein eigenständiges Phänomen. In den USA richtet er sich gegen liberale *Colleges*, die einer angeblich irre geleiteten politischen Korrektheit frönen, *Trigger Warnings* platzieren oder, immer wieder bemüht, Toiletten für Trans-Personen bauen und damit an den realen Problemen der Gesellschaft vorbeidiskutierten. Die Universität als Bastion linker Postmaterialisten dient in den USA als Mythos für die reaktionären Rechten (Daub 2022).

Über die Besonderheit des amerikanischen Diskurses hinaus stellt sich die Frage, was an Wissensautoritäten wie Wissenschaftlern, Universitätsprofessoren, Journalisten und Vertretern von Bildungseinrichtungen denn eine Provokation darstellt. Warum sind diese Akteure Zielscheibe von Protest und Attacken? Warum geraten sie ins *politische* Fadenkreuz? Dass Öffentlichkeiten Gegenöffentlichkeiten hervorbringen und der akademische Diskurs von Rede und Gegenrede lebt, ist nicht neu, und doch irritieren heute die rohen, brutalen Diskreditierungen und Angriffe in einem persönlichen und politischen Register sowie die wiederkehrende Behauptung, alle steckten unter einer Decke.

Journalisten und Wissenschaftler, um es zunächst auf diese zwei Gruppen zu verkürzen, erheben Ansprüche auf Ausgewogenheit und Rationalität. Sie sind Instanzen einer Kommunikation mit einem gewissen, wenngleich methodisch oder berufsethisch limitierten Verbindlichkeitsanspruch. Sie markieren, was in der Gesellschaft beziehungsweise in der Öffentlichkeit als allgemein anschlussfähig und zugleich anfechtbar gelten kann. Das heißt nicht, dass alle Verlautbarungen jener Akteure richtig sind, dass man ihnen stets zustimmen könne oder gar müsse. Es kann aber zumindest geltend gemacht werden, dass öffentlich sprechende und sichtbare Akteure – und das schließt politische Akteure mit ein – Referenzrahmen für Kommunikation liefern. Bürger können sich darauf beziehen und unterstellen, dass jene Akteure hinter dem, was sie öffentlich sagen, stehen, dass sie verstanden, wahrgenommen und gehört werden wollen (vgl. auch Habermas 1987; 2022). Wenn so unterschiedliche Akteure wie Wissenschaftler, Journalisten oder Politiker öffentlich sprechen, dann erheben sie einen Anspruch, der nicht notwendigerweise auf stete Evidenzbasierung oder Faktenbasis zielt, aber doch auf eine potenzielle Nachvollziehbarkeit, eine *Plausibilität* des von ihnen Gesagten. Ob hier ohne Skepsis von „Wahrheit" gesprochen werden kann, soll an dieser Stelle nicht diskutiert werden.

Mit etwas abgeschwächter, aber immer noch Habermasianischer Verve ließe sich daran festhalten, dass öffentliches Miteinandersprechen im Sinne einer verständigungsorientierten Kommunikation eine Nachvollziehbarkeit und Verbindlichkeit von Argumenten und Positionen erfordert, zumindest aber beanspruchen muss, sofern es denn auf einen vernünftigen Austausch zielt. Die bürgerliche Öffentlichkeit zehrt von einem Ideal der Rationalität und der prinzipiellen Einsichtsfähigkeit ihrer Bürger. Darauf zu beharren hat noch nichts mit einer Diskreditierung von Emotionen zu tun, sondern mit eben jenem erhebbaren Anspruch auf eine jeweils erforderliche Plausibilisierung des eigenen Standpunkts. Man kann diese Vorstellung als notorisch bürgerliche Selbstlüge, als antiquiert oder naiv abtun, aber feststeht, dass wohl wenig in den letzten Jahren so verunsichert hat wie der Eindruck, dass Vernunftorientierung und Erkenntnisinteresse nicht einmal mehr als Ideal behauptet werden sollen. Es ist deutlich geworden, welche Herausforderung es für beteiligte Sprecher und Zuhörer, also für Sender und Empfänger, darstellt, wenn jemand den Anspruch auf Nachvollziehbarkeit und Verallgemeinerungsfähigkeit nicht erhebt oder idiosynkratisch andere als nachvollziehbare Quellen für seine Position stark macht. Was passiert mit Verständigungsprozessen, wenn eine Person auf eine ganz eigene Wahrheit pocht? Was folgt für intersubjektive Verständigung, wenn eine Person sagt, dass die allgemein anschlussfähige, etablierte Kommunikation über Wirklichkeit falsch ist? Was ist, wenn eine jemand behauptet: „Nichts ist, wie es scheint" (Butter 2018)?

Tatsächlich zeugt von der Wahrnehmung einer solchen Kommunikations- und Plausibilitätskrise die aufgeregte Debatte um die sogenannte „Post-Truth"-Ära, um ein sogenanntes „postfaktisches Zeitalter" (siehe nur beispielhaft Schaal/Fleuß/Dumm 2017; Hendriks und Vestergaard 2018; Renn 2022). Immer wieder wird hierfür ein *Bonmot* von Kellyanne Conway angeführt. Conway, ehemalige Wahlkampfmanagerin und Beraterin von Donald Trump, hatte zum Streit um die Besucherzahlen von Trumps Inaugurationsfeier von den „alternative facts" ihrer Administration gesprochen (Bradner 2017). Trumps politischer Kampfbegriff war bekanntlich „fake news". Dabei darf die Rede von „Postfaktizität" und „Post-Truth" über einen Punkt nicht hinwegtäuschen: Auch zahlreiche Trump-Anhänger sowie heutige Protestformen und Akteure, die man womöglich als populistisch oder komplottistisch etikettieren könnte, stellen ‚etablierte' Institutionen und Akteure mit Hilfe eigener Autoritäten und Wahrheiten in Frage. Es werden ebenfalls Fakten und Experten bemüht – nämlich die eigenen. Der ‚offiziellen' Debatte wird ein anderes, öffentlich stigmatisiertes und damit erst recht glaubwürdigeres Wissen entgegengehalten.

In der Corona-Pandemie gab es beispielsweise zahlreiche Youtube-Kanäle von Ärzten und Physikern, die erklärten, dass die ‚offiziellen' Mitteilungen und Statistiken gar nicht stimmten und dass etwa die Inzidenzangaben falsch seien. Manche erklärten gar, das Coronavirus existiere nicht und Regierungen schürten Panik, um Grundrechte einzuschränken. Andere deklarierten, Bill Gates stecke hinter der „Plandemie" (Skudlarek 2021), um einen globalen Impfzwang zum Zwecke einer Chip-Implantation durchzusetzen. Manche erkannten den Plan, die Weltbevölkerung zu dezimieren. Vielleicht sei aber auch die 5G-Technologie für die Entstehung des Virus verantwortlich. So wirr manche dieser Erzählungen wirken mögen – ganz strukturlos sind diese Erzählungen nicht. Gängige Erzählstrukturen werden reproduziert; Gegenexperten wird geglaubt; Halbwahrheiten werden kolportiert (Gess 2021). Es wird immer wieder auf Autoritäten, Expertisen und Fakten verwiesen, die aus dem öffentlichen Diskurs ausgeschlossen würden.

In diesen Gegenöffentlichkeiten geht es meist um den Skandal, dass ‚offizielle Experten' die Bürger hinters Licht führen wollen (vgl. Butter 2018). Die Welt wird in Gute und Schlechte, in Wissende und Verblendete geteilt. Dabei wird der Anspruch erhoben, über ein wahres und insbesondere herrschaftskritisches Wissen zu verfügen und sich nicht länger an der Nase herumführen zu lassen. Hier vermengt sich die populistische Erzählung vom politischen Betrug des Volks durch die Eliten mit einer „Hermeneutik des Verdachts"[1] – es konstituieren sich „Verdachtsgemeinschaften", die eine Gemeinsamkeit durch Misstrauen gegenüber Instanzen, Akteuren sowie Eliten herstellen (Séville 2019; 2021) und mit der Unterstellung von Komplotten mächtiger Eliten operieren. Um die Funktionsweisen, die Dynamiken, aber auch die Gefährlichkeit einer solchen Kultur des Verdachts und der Unterstellung zu verstehen, kreist der vorliegende Band um das Phänomen der Verschwörungstheorien.

Zur Attraktivität von Verschwörungstheorien

In der Corona-Pandemie war das Phänomen der Verschwörungstheorien in aller Munde. Tatsächlich glaubt ein nicht zu unterschätzender Teil der Bevölkerung kontinuierlich an Komplotte (Brettschneider 2023). Aber was erklärt den ‚Erfolg' von Verschwörungstheorien? Was macht sie attraktiv?

Für die Beantwortung dieser Fragen benötigt man zunächst eine nähere Bestimmung des Begriffs sowie der Funktionen von Verschwörungstheorien. Verschwörungstheorien sind von *Fake News* zu unterscheiden. Obwohl im Alltag beide Begriffe mitunter synonym gebraucht werden, handelt es sich um unterschiedliche Phänomene. *Fake News* sind bewusst verbreitete Falschinformationen, die versuchen, bestimmte Personen oder Institutionen zu diskreditieren,

---

[1] So pointierte es mal Patrick Bahners (2018) in Anlehnung an Paul Ricoeur.

zu verleumden oder Verwirrung zu stiften. *Fake News* behaupten dazu nicht notwendigerweise die Existenz einer Verschwörung. Verschwörungstheoretiker wiederum streuen nicht absichtlich Desinformationen, denn sie sind von der Wahrheit ihrer Ansichten überzeugt (Butter 2021).[2] Verschwörungstheorien behaupten, dass mächtige Akteure hinter den Kulissen einen perfiden Plan verfolgen und Geschehnisse manipulieren. Michael Barkun zufolge zeichnen sich Verschwörungstheorien durch drei Grundannahmen aus (vgl. Barkun 2003):

1. Intentionalität
2. Misstrauen und Verdacht
3. Kausale Verbindungen

Demnach geschieht nichts aus Zufall, sondern alles folgt einem Plan. Um dies zu erkennen, gilt es misstrauisch hinter die Fassaden zu blicken, denn so könne man verstehen, dass alles miteinander verbunden sei, aber vertuscht würde. Ereignisse, Personen und Institutionen stehen in einem sinnvollen, kausalen Verhältnis. Verschwörungstheorien überbetonen folglich Planung, Heimlichkeit und Verkettung. Da Verschwörungstheoretiker absichtsvolles Handeln hervorheben und damit suggerieren, dass sich Absichten problemlos in die Tat umsetzen ließen, fragen sie bei Ereignissen und Krisen, wem etwas nütze. Für ihre Suche nach Motiven, Gründen und heimlichen Absichten ist somit die alte Frage „*cui bono?*" zentral. Schließlich müssen in einer Welt ohne Zufall, ohne ungewollte Nebenfolgen oder systemische Nebeneffekte diejenigen Personen, die von einem Ereignis oder einer Entwicklung profitieren, auch diejenigen sein, die dafür verantwortlich sind. Dazu werden große, kausale Ketten konstruiert. Letztlich geht es Verschwörungstheorien um eine Attribution von Verantwortung in einer modernen Welt, in der Verantwortung diffundiert, Zusammenhänge weitläufiger werden und Bürger keinen Adressaten mehr für ihre Probleme zu finden glauben außer „denen da oben". Es geht somit um eine Zurechenbarkeit und Verantwortungszuschreibung an Akteure – nicht an anonyme, abstrakte Strukturen, Sachzwänge oder Mechanismen, sondern an benennbare Personen und Personenkreise.

Da Verschwörungstheoretiker Schuldige identifizieren wollen, filtern sie die Wirklichkeit nach Beweisen für ihre Annahmen. Dabei vernachlässigen sie mögliche Gegenbeweise und konzentrieren sich auf das, was ihre Behauptungen

---

2   Michael Butter pointiert dies: „Nur wenn man zynisch eine Verschwörungstheorie verbreitet, an die man selbst nicht glaubt, werden Verschwörungstheorien zu Fake News." (2021, 6) Siehe auch das Interview mit ihm im Band.

zu verifizieren scheint. Aus diesem Grund wenden manche Forscher ein, dass dieser unwissenschaftliche Verifizierungsfetisch einem analytischen, kritisch-rationalen Denken widerspricht. Während Karl Popper bekanntlich argumentierte, die wissenschaftliche Methode, ja wissenschaftlicher Fortschritt bestünde aus der steten Dynamik von These, Falsifikation, Überarbeitung und Neuformulierung, betreiben Verschwörungstheoretiker das Gegenteil – sie versuchen epistemische Sicherheit herzustellen. Vor diesem Hintergrund gibt es eine Debatte, ob man überhaupt von Verschwörungs*theorien* sprechen sollte. Womöglich wäre es treffender, von Verschwörungsmythen, -gerüchten oder Ähnlichem zu sprechen, um das Phänomen nicht noch fälschlicherweise mit dem Etikett der ‚Theorie' zu adeln. Allerdings spielt diese Begriffsfrage im wissenschaftlichen Diskurs kaum eine Rolle; man kann sich daher mit Blick auf diese Diskussion eine gewisse Leidenschaftslosigkeit erlauben.

Vielmehr gilt es festzuhalten, dass all jene ‚Theorien', Erzählungen, Ideologien oder Gerüchte – und wirken sie noch so absurd – mal mehr, mal weniger differenzierte Versuche darstellen, die Welt zu deuten. Verschwörungstheoretiker sind nicht einfach verrückt oder wahnsinnig, sie sind „Nostalgiker der Lesbarkeit" (Di Cesare 2022, 20). Fragen wie die nach Profiteuren und Zusammenhängen sind zudem ja durchaus berechtigte Fragen, schließlich gab und gibt es Komplotte, Geheimdienste, Arkanpolitik, Absprachen, geheime Chats etc. Somit wäre eher nach dem Moment und nach den Mechanismen zu fragen, mit denen berechtigte Zweifel und legitime (Herrschafts-)Kritik in Verschwörungstheorien umschlagen. Wann wird aus Misstrauen, Zweifel und Kritik womöglich Paranoia und Wahn; wann dient eine ‚Theorie' einer Radikalisierung, oder besser: einer Verhärtung eines Individuums oder eines Kollektivs (Müller 2022)? Für die Beurteilung dieser Weltdeutungsversuche ist also relevant, wie diese formuliert und gegen Kritik abgesichert werden. Es gilt zu fragen, ob Erklärungen Teil eines wissenschaftlichen, gegebenenfalls theoriegeleiteten Diskurses sind und als prinzipiell revidierbar verstanden werden – oder nicht.

Wenngleich heute häufig von kognitiven Verzerrungen, von „*biases*" eines jeden Menschen die Rede ist, ist zu unterscheiden zwischen Verschwörungstheorien und dem Umstand, dass Menschen sich schwertun, gegenteilige Informationen aufzunehmen und Standpunkte zu berichten. Verschwörungstheorien können als eine Dramatisierung oder radikalisierte Form jenes epistemischen und psychologischen Umstands gelten, den die Forschung „confirmation bias" nennt, also die kognitive Voreinstellung auf Bestätigung. Verschwörungstheorien erfüllen wichtige Funktionen für die Identität derjenigen, die an sie glauben. Sie machen die Welt verständlich, schlüsseln sie nach Mustern auf und reduzieren Komplexität (Di Cesare 2022). Sie liefern vermeintliche Gewissheiten und ermöglichen es damit, Unsicherheiten und Widersprüche auszuhalten und Kohärenz herzustellen. Indem Verschwörungstheorien die menschliche Handlungsmacht betonen, bedienen sie moderne Vorstellungen von selbständigen Individuen. Schließlich unterstellen sie Rationalität, Sinn, Bedeutung und Strategie, wo vielleicht nur Zufall, Kontingenz oder Willkür vorliegen. Damit ermächtigen diese Erzählungen Subjekte. (Sozial-)Psychologen setzen hier an und erklären, dass Menschen ein Gefühl des Kontrollverlusts zu kompensieren versuchen, indem sie Ereignisse, Momente und Krisen zu einer verstehbaren Großerzählung verbinden und nach Akteuren suchen (Whitson und Gallinsky 2008; Imhoff und Lamberty 2018, insbesondere 910–911).

Der letzte Punkt verdeutlicht noch einmal, dass Verschwörungstheorien eine Identifikation von Schuldigen ermöglichen können. Die Benennung von Schuldigen, so argumentierte einst René Girard mit Blick auf Sündenböcke, kann entlasten und Gemeinschaft stiften: Ein Sündenbock gestatte eine Einmütigkeit; so gebe es eine emotional entlastende Logik von Gut und Böse. Am Sündenbock könne sich Gewalt entladen, was eine Gruppe einen und befrieden könne (Girard 1992).

Nicht zuletzt ermöglichen es Verschwörungstheorien ihren Anhängern, sich aus der Masse der vermeintlich naiven „Schlafschafe" hervorzuheben (Imhoff und Lamberty 2017; Lantian u. a. 2017). Wer an Verschwörungstheorien glaubt, kann womöglich von sich behaupten, aufgeklärt und kritisch zu sein – ‚aufgewacht' zu sein. Er oder sie habe erkannt, wie die Welt wirklich funktioniere, während die Mehrheit dies verkenne. Daher wird in der Forschung über einen Zusammenhang zwischen dem Glauben an Verschwörungstheorien und Narzissmus diskutiert (Marchleswka u. a. 2019), weil hier ein Streben nach positiver Selbst- und Gruppenwahrnehmung bedient wird. Es gebe eine höhere Anfälligkeit für Verschwörungstheorien bei Personen, die ein größeres Distinktionsbedürfnis haben. Wenn Verschwörungstheorien zudem Proteste motivieren wie etwa während der Corona-Pandemie, zeigt sich zusätzlich eine Sehnsucht nach Selbstwirksamkeit.

Geschichte und Gegenwart

Nun könnte man argumentieren, dass jene Bedürfnisse und Motive so üblich und weitverbreitet sind, dass es Verschwörungstheorien immer schon gegeben haben müsste. Tatsächlich haben Verschwörungstheorien eine lange Geschichte

(Butter und Knight 2020, Teilbereich 5), doch gab es Konjunkturen, Zyklen und Veränderungen. Im Übergang vom Spätmittelalter zur frühen Neuzeit entstanden jene Erzählungen, die sich mit dem gerade skizzierten Verständnis gut erfassen lassen. Während diese über Jahrhunderte als kein allzu großes Problem begriffen wurden, sondern noch bis in die 1950er Jahre in der westlichen Welt als gültiges Wissen galten, formulieren Verschwörungstheorien heute zumindest in der westlichen Welt eine Kritik, die sich selbst als heterodox und kontrovers markiert. Wie eingangs erwähnt, findet sich eine immer wieder populistisch intonierte Elitenkritik, die sich gegen vermeintliche Verschwörer „von oben" wendet. Verschwörungstheorien wurden zudem in der westlichen Welt nach dem Zweiten Weltkrieg immer stärker problematisiert und nach und nach als Wissensquellen delegitimiert. Verschwörungstheorien wurden als Gefahr für die Demokratie begriffen (vgl. nur den immer wieder zitierten Hofstadter 1964).[3]

Was erklärt nun darüber hinaus die Debatte um Verschwörungstheorien in den letzten Jahren, die glauben ließ, das Phänomen habe zuletzt stark zugenommen? Vor allem das Internet hat schlichtweg die Sichtbarkeit und Verfügbarkeit von Verschwörungstheorien erhöht. Die vielfältigen Möglichkeiten der Vernetzung und damit einhergehende Verstärkereffekte sind nicht von der Hand zu weisen. Doch gibt es eine fortlaufende Diskussion um die Diagnose einer Zunahme von Verschwörungstheorien. Michael Butter etwa argumentiert, dass heute vermutlich wieder etwas mehr Menschen an Verschwörungstheorien als vor dem Aufkommen des Internets glauben, aber es seien sicherlich deutlich weniger Menschen als vor hundert oder zweihundert Jahren (Butter 2018). Manche abstruse Verschwörungstheorien wie *chemtrails*, die Vorstellung, führende Politiker der Welt seien eigentlich *Reptiloide* oder der Zahnpasta seien Stoffe beigemischt, die Bürger zu quietistischen, gefügigen Untertanen machten, lassen sich gelassen zur Kenntnis nehmen, sie gefährden nicht die politische Ordnung. Sie entspringen eher sozialen Gruppendynamiken, die schon der Soziologe Heinrich Popitz mit der Frage nach dem „Realitätsverlust in Gruppen" (2006) thematisiert hat. Ursprünglich 1994 verfasst, beschrieb Popitz in diesem Text, wie eine „nicht mehr korrekturfähige Version von Realität" (Popitz 2006: 178) entstehe, wie das „Ende aller Lernfähigkeit" durch „Erwartungsvereisung" (Popitz 2006: 178) eintrete. Man lasse sich nicht mehr irritieren, man korrigiere seine Ansichten nicht mehr und sorge so dafür, dass man nicht mehr enttäuscht werden könne.

---

3   1964 schrieb Richard Hofstadter seinen berühmten Aufsatz über den „Paranoid Style in American Politics", in dem er Verschwörungstheorien mit Geisteskrankheit verband.

Die jüngere Aufregung um Verschwörungstheorien liegt wohl eher an einer gestiegenen Sensibilisierung und an der medialen Berichterstattung. Das Phänomen zu ignorieren oder zu belächeln, fiel vor allem während der Corona-Pandemie schwerer, zumal „Hygienedemos" und „Querdenker" eine Nähe zwischen der radikalen Rechten und Verschwörungstheorien zur Impfung erkennbar machten. Während man also über zahlreiche Verschwörungstheorien hinwegsehen kann, muss einen diese Verbindung einer politischen Agenda mit einer Verschwörungstheorie beunruhigen.

Eine solche Verbindung liefert nicht zuletzt Deutungsmuster und Legitimationsnarrative für rechtsextreme Gewalt. Hier sei nur beispielhaft auf eine der wirkmächtigsten Erzählungen für den heutigen Rechtspopulismus und Rechtsextremismus verwiesen: auf die Verschwörungstheorie des „Großen Austauschs". Der französische Publizist Renaud Camus formulierte 2010 die These eines von Eliten gesteuerten „Bevölkerungsaustauschs" (Camus 2016). Demzufolge werde die weiße, christliche Mehrheitsgesellschaft durch muslimische Bevölkerungsgruppen in Europa beziehungsweise durch lateinamerikanische Einwanderer in den USA abgelöst. Gebärungsunwillige Frauen, das heißt emanzipierte Frauen, gelten als Totengräberinnen westlicher Zivilisation, während Politiker den demographischen Wandel mit einer biopolitisch motivierten Einwanderungspolitik komplettierten; geburtenstarke Migrantenkohorten führten den von Eliten forcierten „Untergang des Abendlands" herbei.

In Deutschland wandte sich der AfD-Politiker und langjährige Spitzenpolitiker Alexander Gauland im Juni 2016 gegen den „Versuch [...] das deutsche Volk allmählich zu ersetzen durch eine aus allen Teilen der Erde herbeigekommene Bevölkerung".[4] Der AfD-Politiker Björn Höcke erklärte 2017 in Dresden: „Unser liebes Volk ist im Inneren tief gespalten und durch Geburtenrückgang sowie Masseneinwanderung erstmals in seiner Existenz tatsächlich elementar bedroht." Höcke beschuldigte ebenda die Funktionseliten des Landes: Sie „löschen unser liebes deutsches Vaterland auf", und versprach: „wir werden uns unser Deutschland Stück für Stück zurückholen".[5] Jene Thesen dienen einer

---

4   Zitiert nach Heinrich Detering: Was heißt hier „wir"? Zur Rhetorik der parlamentarischen Rechten, Stuttgart 2019, S. 12. Gaulands Rede vom 2. Juni 2016 in Elsterwerde wurde im Wortlaut abgedruckt auf Faz.net, 5.6.2016, www.faz.net/aktuell/politik/inland/zum-nachlesen-gaulands-rede-im-wortlaut-14269861.html (Zugriff 17.5.2024).

5   So Björn Höcke am 17. Januar 2017. Den Wortlaut der Rede kann man nachlesen: Tagesspiegel.de, 19.1.2017, www.tagesspiegel.de/politik/hoecke-rede-im-wortlaut-gemuetszustand-eines-total-besiegten-volkes/19273518.html (Zugriff 17.5.2024).

Rechtfertigung des eigenen Opfergangs, der rechtsradikalen Kollektivorganisation und der politischen Werbung. Sie liefern einen politischen Bezugsrahmen, eine kollektive Erzählung für die Idee einer Schicksalsgemeinschaft, die es per Gewalt zu verteidigen gelte. Dies hat Folgen: Der Attentäter von Christchurch, der im März 2019 in zwei Moscheen der neuseeländischen Stadt 51 Menschen ermordete, der Attentäter im texanischen El Paso, der im August 2019 gezielt mexikanische Besucher eines Einkaufszentrums erschoss, ebenso wie ein Beschuldigter im Mordfall Walter Lübckes, eines deutschen Politikers, der 2019 erschossen wurde, bezogen sich alle nachweislich auf die Gefahr einer „Invasion" von Migranten und Flüchtlingen und die These des „Bevölkerungsaustauschs".

Kriegsmetaphorik, Selbstviktimisierung und heroische Pose gehen Hand in Hand. Vor dem Szenario des untergehenden Abendlandes wird echter Widerstand, wenn nicht gar Bürgerkrieg beschworen. Zudem werden hier religiöse und ethnische Identitäten gegeneinandergestellt; migrantische Milieus werden als ein Fremdes, nichtzugehöriges Anderes erzählt und einer ehemals homogenen, organisch gewachsenen Mehrheitskultur gegenübergestellt, die ihrerseits minorisiert werde. Die politische Fremdheitskonstruktion beschwört die Fiktion einer natürlichen Volksgemeinschaft statt der Idee demokratischer Staatsangehörigkeit. Demographische Veränderungen werden zu kulturellen Identitätskämpfen erklärt. Es handelt sich um eine Logik der Abgrenzung und Spaltung. Dies muss man als Bedrohung der liberalen Demokratie ernstnehmen.

Vor diesem Hintergrund will der vorliegende Band dem Phänomen der Verschwörungstheorien noch einmal neue Aufmerksamkeit schenken und nimmt Analysen aus verschiedenen Blickwinkeln vor. Mit einer interdisziplinären Herangehensweise wird versucht, dem Gegenstand gerecht zu werden. Zunächst handelt es sich bei Verschwörungstheorien um ein Phänomen moderner epistemischer Spannungslagen, wie der erste Beitrag von Nils Kumkar deutlich macht. Der Autor untersucht Verschwörungstheorien mit einem sozialwissenschaftlichen Zugang und skizziert die besonderen Formen der Erkenntnisproduktion durch jene Erzählungen.

Im Anschluss thematisiert ein Interview mit Michael Butter noch einmal die Merkmale und Funktionsweise von Verschwörungstheorien und verdichtet die viel beachtete Deutung des Phänomens durch den Interviewten.

Clara Schliessler knüpft hier an und diskutiert die Frage einer notwendigen Differenzierung zwischen Autoritarismus, Verschwörungsmentalität und Esoterik. Gerade die öffentliche Debatte zeugt oftmals von problematischer Ungenauigkeit; dabei sind jene Schnittmengen und Konvergenzen, die sich auch im Neologismus „Konspiritualität" andeuten, besonders aufschlussreich.

Wurde bis dahin nur kurz auf soziale und sozialpsychologische Faktoren einer verschwörungstheoretischen Mentalität eingegangen, geht der gemeinsame Beitrag von Paulina Fröhlich und Michelle Deutsch mithilfe einer empirischen Untersuchung und den in ihr gewonnenen Daten der Frage einer mangelnden Einbindung in soziale Netze und eines fehlenden Austauschs nach. Ob Einsamkeit womöglich gar als eine Disposition zu politischer Radikalisierung begriffen werden kann, ist angesichts heutiger Debatten hochgradig relevant.

Eine sozialpsychologische Perspektive wird im Anschluss von Markus Brunner und Florian Knasmüller fortgeführt. Beide Autoren betrachten Protest und Radikalisierung in Corona-Zeiten und verbinden das große, politische Kollektivgeschehen mit einem feinen, an der Psychoanalyse geschulten Blick auf eine exemplarische Analyse einer Biographie einer beteiligten Akteurin.

Dieser Zugriff, das Gesellschaftliche mit dem Individuellen zu verschränken, bildet sodann den Übergang zur Frage nach psychologisch geschulten Reaktionsmöglichkeiten. Denn von den vorangestellten Analysen ausgehend stellt sich insbesondere in sozialen Interaktionen, etwa im familiären Nahbereich, die konkrete Frage, wie man adäquat auf Verschwörungstheoretiker reagieren könne. Was manifestiert sich hier? Therapiebedürftigkeit? Weltverlust? Sektierertum? Das Interview mit Ulrike Schiesser gibt Einblick in eine psychologisch geschulte Praxisarbeit und diskutiert das Phänomen der Verschwörungstheorien noch einmal hinsichtlich der Frage eines geeigneten Umgangs.

Auch hier lässt sich die Analyse noch einmal breiter aufstellen. Zum einen fragt der Beitrag von Maria do Mar Castro Varela nach einem möglichen Recht auf Desinformationen und erörtert die Chancen, aber auch die Fallstricke einer Politik und Kommunikation in Krisenzeiten. Zum anderen lässt sich eine Analyse technischer Möglichkeiten anschließen. Helena Mihalejevic führt erstens vor, wie das gelingen oder misslingen könnte: Sie untersucht, wie sich digitale Verschwörungsmythen algorithmisch erkennen lassen. Zweitens stellt sich das Problem eines geeigneten Umgangs mit Verschwörungstheorien nicht nur als eines in privaten Räumen, sondern auch als das einer kommunikativen Bearbeitung in der Öffentlichkeit dar. Nicht nur politische Akteure, auch Journalisten sind heute gefordert. Elke Ziegler, ausgewiesene Expertin vom Österreichische Rundfunk (ORF), wirft daher zum Abschluss einen Blick auf Wissenschaftskommunikation in der Krise. Diese Binnenansichten einer Wissenschaftsjournalistin in Österreich machen noch einmal deutlich, wie sehr Verschwörungstheorien in den letzten Jahren das Selbstverständnis und die Praxis mancher Berufsgruppen herausgefordert haben. Es sind vor allem Akteure, die in der Öffentlichkeit stehen, die heute über ihre Rolle nachdenken. Auch ein Festhalten am Berufsethos kann zum Erhalt der liberalen, demokratischen Öffentlichkeit beitragen. Denn wie eingangs formuliert: Es sind Anfechtungen politischer sowie epistemischer Autoritäten, auf die eine angemessene Antwort gefunden werden muss.

Letztlich ist klar, dass sich Hassreden und Pöbeleien auf politischen Veranstaltungen, in sozialen Medien, in Chatrooms oder an Stammtischen nie vollständig eindämmen lassen werden. Auch Verschwörungstheorien wird es immer und überall geben. Was Personen bisweilen glauben, wird relevant, wenn daraus Handlungen und Taten erwachsen. Wissen, Nichtwissen und Glauben haben soziale und politische Folgen.

Es ist das eine, wiederholt zu fordern, die liberaldemokratische Öffentlichkeit und ihre Akteure müssten sich einer Kultur der Enthemmung, der Schamlosigkeit und Brutalität entgegensetzen. Beleidigungen, Herabsetzungen und Schmähungen sind mit gesellschaftlicher Ächtung zu strafen. Das heißt nicht, politische Positionen auszuschließen, sondern Anforderungen an einen politischen Diskurs und an ein soziales Miteinander zu formulieren, das Streit und Konflikt nicht scheut, sondern Anstand, Respekt und Taktgefühl als fragile soziomoralische und kulturelle Ressourcen unserer Gesellschaft begreift. Das andere ist, und diesen Versuch wagt der vorliegende Band, akademische, das heißt sozialwissenschaftliche, sozialpsychologische, empirische wie theoretische Ansätze mit anderen Perspektiven, unter anderem aus der Beratungspraxis, zu ergänzen und ein Panorama an Deutungen und Zugriffen zu entfalten.

Wird heutigen Wissenschaftlern und Journalisten vorgeworfen, dass sie einer eigeninteressierten, politisch motivierten Illusion von Ausgewogenheit, von Allgemeingültigkeit aufsäßen, gilt es, die Debatte verständlich, aber niveauvoll, offen, aber informiert weiterzuführen. Den einen dient das Stigma des Establishments als Gütesiegel ihres alternativen, apokryphen, heterodoxen Wissens – den hiesigen Autoren bieten Anfechtungen erst recht einen Ansporn zur Weiterarbeit.

Literatur

BAHNERS, Patrick (2018): Werner Patzelts Petition: Hermeneutik des Verdachts, faz.net, 15.9.2018. Online: www.faz.net/-15781467.html (Zugriff: 27.3.2024).

BRADNER, Eric (2017): Conway: Trump White House offered ‚alternative facts' on crowd size. CNN. Online: https://edition.cnn.com/2017/01/22/politics/kellyanne-conway-alternative-facts/index.html (Zugriff: 27.3.2024).

BRETTSCHNEIDER, Frank (2023): Rechtspopulismus, Verschwörungs-Erzählungen, Demokratiezufriedenheit und Institutionenvertrauen in Deutschland, 2023. Eine Studie der Universität Hohenheim. Stuttgart.

BURKAN, (2003): A Culture of Conspiracy. Apocalyptic Visions in Contemporary America. Berkeley.

BUTTER, Michael (2018): „Nichts ist, wie es scheint". Über Verschwörungstheorien. Berlin.

BUTTER, Michael/Knight, Peter (Hg.) (2020): Routledge Handbook of Conspiracy Theories. London.

BUTTER, Michael (2021): Verschwörungstheorien. Eine Einführung. In: Aus Politik und Zeitgeschichte, 35–36/2021, S. 4–11.

CAMUS, Renault (2016): Revolte gegen den Großen Austausch. Schnellroda.

DAUB, Adrian (2022): Cancel Culture Transfer. Wie eine moralische Panik die Welt erfasst. Berlin.

DI CESARE, Donatella (2022): Das Komplott an der Macht. Berlin.

GESS, Nicola (2021): Halbwahrheiten. Zur Manipulation von Wirklichkeit. Berlin.

GIRARD, René (1992): Ausstossung und Verfolgung: Eine historische Theorie des Sündenbocks. Berlin.

HABERMAS, Jürgen (1987): Theorie des kommunikativen Handelns. Frankfurt/M., Bd. 1.

HABERMAS, Jürgen (2022): Ein neuer Strukturwandel der Öffentlichkeit und die deliberative Politik. Berlin.

HENDRIKS, Vincent/Vestergaard, Mads (2018): Postfaktisch. Die neue Wirklichkeit in Zeiten von Bullshit, Fake News und Verschwörungstheorien. München.

HOFSTADTER, Richard (1964): The Paranoid Style in American Politics. Harper's Magazine, S. 77–86.

IMHOFF, Roland/Lamberty, Pia (2017): Too special to be duped: Need for uniqueness motivates conspiracy beliefs. European Journal of Social Psychology, 47/6, S. 724–734.

IMHOFF, Roland/Lamberty, Pia (2018): How paranoid are conspiracy believers? Toward a more fine-grained understanding of the connect and disconnect between paranoia and belief in conspiracy theories. European Journal of Social Psychology, 48/7, S. 909–926.

LANTIN, Anthony/Muller, Dominique/Nurra, Cécile/Douglas, Karen (2017) : „I Know Things They Don't Know!". The Role of Need for Uniqueness in Belief in Conspiracy Theories. Social Psychology, 48(3), S. 160–173.

MARCHLEWSKA, Marta/Cichoka, Aleksandra/Łozowski, Filip/Górska, Paulina/Winiewski (2019): In search of an imaginary enemy: Catholic collective narcissism and the endorsement of gender conspiracy beliefs. Journal of Social Pychology, 159/6, S. 766–779.

MÜLLER, Julian (2022): Geschichten und Bilder von Selbstverhärtung und Radikalisierung. Vortrag im Rahmen der Konferenz „Verschwörungsmythen und Radikalisierung" am Sir Peter Ustinov Institut am 30.5.2022. Online: https://www.youtube.com/watch?v=K97O7NllZ8U (Zugriff: 28.3.2024).

POPITZ, Heinrich (2006): Realitätverlust in Gruppen. In: Ders.: Soziale Normen. Hg. v. Wolfgang Eßbach und Friedrich Pohlmann, Frankfurt/M., S. 175–186.

RENN, Ortwin (2022): Gefühlte Wahrheiten. Orientierung in Zeiten postfaktischer Verunsicherung. Opladen.

SCHAAL, Gary/Fleuß, Dannica/Dumm, Sebastian (2017): Die Wahrheit über Postfaktizität. In: Aus Politik und Zeitgeschichte, 67/44–45, S. 31–38.

SÉVILLE, Astrid (2019): Vom Sagbaren zum Machbaren? Rechtspopulistische Sprache und Gewalt. In: Aus Politik und Zeitgeschichte, 69/49–50, S. 33–38.

SÉVILLE, Astrid (2021): Vergemeinschaftung durch Verdacht: Populismus und Verschwörungstheorien, in: Forum Antworten: Verschwörungstheorien. Eine Publikation zur Aufklärung und Aufarbeitung, München: Bayerischer Landtag, S. 73–75.

SKUDLAREK, Jan (2021): Die „Plandemie": Verschwörungserzählungen und Wahrheitsprobleme in der Coronapandemie. In: Bauer, Michael/Deinzer, Laura (Hg.): Zwischen Wahn & Wahrheit. Wie Verschwörungstheorien und Fake News die Gesellschaft spalten. Berlin, S. 137–158.

VANCE, James David (2021): The Universities are the Enemy. Rede auf der National Conservatism Conference am 2.11.2021. Online: https://www.youtube.com/watch?v=0FR65Cifnhw (Zugriff: 27.3.2024).

WHITSON, Jennifer/Galinsky, Adam (2008): Lacking Control Increases Illusory Pattern Perception. Science 322/5898, S. 115–117.

NILS KUMKAR

Verschwörungstheorien als Gegenstand sozialwissenschaftlicher Erkenntnis

1. Einleitung

Verschwörungstheorien sind im sozialwissenschaftlichen Diskurs umstritten. Weniger in Bezug auf ihre normative Beurteilung – da gibt es wenige Beiträge, die sie als harmlos oder gar begrüßenswert beurteilen würden – sondern in Bezug darauf, welche Art von Gegenstand sie überhaupt darstellen. Schon beim Namen herrscht eine Uneinigkeit, die sich mit dem üblichen Ringen um die Entwicklung einer wissenschaftlich präzisen Terminologie kaum erklären lässt. Wohl auch deshalb überlassen die Sozialwissenschaften im Verschwörungstheorie-„Boom" der vergangenen Jahre (Heitmeyer u. a. 2020, 299) die Initiative in der Erforschung von Verschwörungstheorien vor allem der Psychologie. Die wiederum hat allerdings Ergebnisse erzielt, die zu erfordern scheinen, sich wieder detaillierter mit der Frage nach dezidiert sozialwissenschaftlichen und insbesondere soziologischen Perspektiven auf den Gegenstand zu befassen. Denn obwohl wohl kaum ein Zweifel daran besteht, dass in west- und mitteleuropäischen sowie nordamerikanischen politischen Öffentlichkeiten Verschwörungstheorien in den vergangenen Jahren zu neuer Prominenz gekommen sind, stellt sich heraus, dass eine Zunahme des Glaubens an solche Theorien sich im selben Zeitraum *nicht* zeigen lässt (Uscinski u. a. 2022).

Dieser Beitrag stellt vor diesem Hintergrund aus einer kommunikations- und differenzierungstheoretisch inspirierten, soziologischen Perspektive die Frage, was Verschwörungstheorien als Gehalt der politischen Kommunikation eigentlich *machen* und ob es nicht lohnen könnte, sie als soziologischen Gegenstand dementsprechend zu fassen. Diese notwendigerweise etwas freihändige explorative Erkundung soll vor allem dazu dienen, herauszuarbeiten, welche Rolle die Soziologie bei der Erforschung eines gesellschaftlichen Phänomens, das ich in Ermangelung eines besseren Begriffs „Verschwörungstheorien als Problem" nennen will, eigentlich spielen kann. (1.) Zunächst stellt der Beitrag einen zentralen Grund heraus, warum Verschwörungstheorien für die sozialwissenschaftliche Betrachtung problematisch sind. Sie stellen nämlich zum einen, durch ihren Anspruch zur Erklärung gesellschaftlicher Entwicklungen, eine unmittelbare

Konkurrenz dar, die aber in ihrer Form zugleich den *wissenschaftlichen* Anspruch sozialwissenschaftlicher Erkenntnis unterläuft. (2.) Darauf aufbauend lässt sich auch besser die Wahrscheinlichkeit verschwörungstheoretischer Kommunikation im weiteren Sinne im politischen Diskurs begreifen – als einer Form des „schmutzigen" Theoretisierens, das fast unvermeidlich ist, sobald innerhalb des politischen Diskurses auf den politischen Diskurs selbst reflektiert wird. (3.) Was im politischen Diskurs als Verschwörungstheorie im engeren Sinne wirkt, zeichnet sich darüber hinaus dadurch aus, dass es auch als solches gerahmt wird. Diese expliziten Verschwörungstheorien als radikalisierte verschwörungstheoretische Kommunikation, die den eigentlichen Gegenstand der aktuellen Sorge um Verschwörungstheorien bilden, haben eine weitere wichtige Funktion: Sie erlauben paradoxerweise, die Diskursverweigerung als Beteiligung im politischen Diskurs mitzukommunizieren. Darin liegt, so ein Schlussargument des Beitrags, die theoretische Wurzel der Gefährlichkeit von verschwörungstheoretischer Kommunikation.

Diese Überlegungen mögen abstrakt und etwas abseitig klingen – und in der Tat wird der Hauptanspruch darin liegen, diese Argumente zunächst einmal als theoretisch plausible zu entfalten und verständlich zu machen. Die empirische und theoretische Ausarbeitung, die diese Argumentation ohne Frage benötigt, bevor sie in die wissenschaftliche Auseinandersetzung eingebracht werden kann, kann an dieser Stelle (noch) nicht geleistet werden.

2. Verwandschaftsverhältnisse: Verschwörungstheorien als Konkurrenz der Sozialwissenschaften

Die frühe soziologische Theorie bis in die erste Hälfte des 20. Jahrhunderts hinein hat Verschwörungs*theorien* keine gesonderte Bedeutung zugemessen – Georg Simmel zum Beispiel widmet zwar der Frage nach der soziologischen Bedeutung des „Geheimnisses" und insbesondere der Soziologie der „Geheimgesellschaft" interessante Überlegungen (Simmel 1992, 421–455); Überlegungen zu einer Soziologie der Theorie der Geheimgesellschaft hingegen sucht man in seinem Werk vergeblich. Es handelt sich also, wenn man so will, vielmehr selbst um eine soziologische Theorie der Verschwörung als um eine Soziologie der Verschwörungstheorie.

Mit dem Ende des zweiten Weltkriegs ändert sich dies, allerdings vor allem in der Hinsicht, dass die Soziologie – am wohl prominentesten und nachhaltigsten in der Intervention Poppers (2020, 306 f.) – Verschwörungstheorien als *Theorien* mit Nachdruck von sich weist. Selbstverständlich sind die Gemengelagen dieser Diskussion auch theoretisch zu komplex um auf einen einfachen Nenner gebracht zu werden – worum es hier geht, ist lediglich auf die Gemeinsamkeit hinzuweisen, die die verschiedenen Interventionen – seien es eher sozialpsychologische Erörterungen der Pathologie von Verschwörungstheorien (z.B. Hofstadter 1965) oder eben Poppers eher sozialtheoretische Einwände gegen Verschwörungstheorien – zugrundeliegt: Verschwörungstheorien sind für die Sozialwissenschaften *illegitime Konkurrenten*, die, wie die Sozialwissenschaften, den Anspruch haben, gesellschaftliche Entwicklungen jenseits des auch für die Beteiligten unmittelbar Einsichtigen zu erklären. Im Bemühen, diese gefährliche Konkurrenz vom Wettbewerb auszuschließen, werden die Sozialwissenschaften in eine Metaposition genötigt, die ihnen zugleich erlaubt, ihre Ausdifferenzierung als Wissenschaft programmatisch zu fassen: Sie müssen in der Lage sein, zu erklären, was sie als *wissenschaftliche* Theorien eigentlich von den Kontrahenten unterscheidet.

Besonders deutlich nimmt diese Unterscheidung Popper vor, der Verschwörungstheorien nicht zufällig in seinem Kapitel zur Autonomie der Sozialwissenschaften (Popper 2020, 301–10) behandelt: Während Verschwörungstheorien ihr Augenmerk darauf richten würden, verborgene *subjektive* Motive zu identifizieren, die als geheime Pläne eine vernünftigere Einrichtung der Welt verhinderten, sollte die Sozialwissenschaft ihr Augenmerk auf die *objektiven* Gesetze richten, nach denen das ungeplante Zusammenwirken von zumindest nicht notwendig sinistren Motiven dazu führe, dass anderes herauskomme, als alle beteiligten sich gewünscht hätten. Im Fall der Kritischen Theorie liegt der Fall etwas komplizierter, aber auch hier liegt ein wichtiger Clou in der Verschaltung von psychoanalytischer Sozialpsychologie und marxistischer Ideologiekritik als Kritik des gesellschaftlich *notwendig* falschen Bewusstseins darin, die Bedeutung von explizierten Akteursintentionen bei der Erklärung von gesellschaftlichen Entwicklungen weitgehend auszuschalten. Was Verschwörungstheorien demnach von sozialwissenschaftlicher Theorie unterscheidet, ist vor allem die zentrale Bedeutung von zugerechneten Intentionen, die die anderen vor mir verbergen – sei es, weil diese Motive viel weniger erklären, als Verschwörungstheorien annehmen würden, oder weil sie auch vor den anderen verborgen sind.

Es geht mir hiermit gerade nicht darum, die zentrale Bedeutung der Zurechnung verborgener Motive als entscheidendem Merkmal von Verschwörungstheorien, wie sie auch z.B. in Michael Barkuns Definition „conspiracy belief is the belief that an organization made up of individuals or groups was or is acting covertly to achieve some malevolent end" (Barkun 2013, 3) zentral ist, zu relativieren – in der Tat scheint es mir auch das sachlich geeignetste Merkmal der Unterscheidung. Es geht vielmehr darum, herauszustellen, dass diese Unterscheidung selbst sowohl historisch (in der Abgrenzung zu früheren Formen der Geschichtsschreibung und der Sozialwissenschaft) als auch differenzierungstheoretisch für die Sozialwissenschaft eine Funktion erfüllt: Sie markiert für das Wissenschaftssystem die Außengrenze der seriösen Wissenschaft. Diese Grenzziehung teilen auch all jene soziologischen Paradigmen, die sich gegen den Positivismus Popper'scher Prägung richten: Auch ihre Versuche „Poppers Fluch" zu entkommen, zeichnen sich ja gerade dadurch aus, dass sie herausstellen, wie man Kollektivitäten (wie Klassen) und Strukturgesetzlichkeiten als Basis koordinierten Handelns erklären kann, ohne auf verborgene, sinistre Pläne, also eben auf Verschwörungstheorien, zu rekurrieren (Boltanski 2013, 425–40).

Die Tabuisierung verschwörungstheoretischer Kommunikation, die unter anderem Michael Butter für die zweite Hälfte des 20. Jahrhunderts identifiziert, muss zumindest ein Stück weit auch vor diesem Hintergrund verstanden werden: Die sich als wissenschaftliches Subsystem ausdifferenzierenden Sozialwissenschaften markieren an der Abgrenzung von Verschwörungstheorien auch ihre eigene Differenz vom unwissenschaftlichen *common sense* – und tragen sie, plausibilisiert vor allem über die Warnung vor dem „paranoid style" von Extremismus und Totalitarismus, wieder in den politischen Diskurs zurück. Während Verschwörungstheorien die Laiensicht der Politik zu etwas verdichten, was den Namen Theorie aus Sicht der Wissenschaft nicht zu Recht trägt, zeichnet sich seriöse Sozialwissenschaft dadurch aus, dass sie dem politischen Diskurs ein Deutungsangebot unterbreitet, das schon im Ausgangspunkt mit dieser Laiensicht bricht.

3. Die Wahrscheinlichkeit implizit verschwörungstheoretischer Kommunikation

Dass Verschwörungstheorien sich von sozialwissenschaftlicher Theorie durch die zentrale Bedeutung der Zurechnung verborgener Intentionen unterscheiden lassen, hat sich zumindest aufseiten der Wissenschaft soweit durchgesetzt, dass zwar aus den letzten Jahren zahlreiche Beispiele bekannt sind, in denen Wissenschaftler:innen die Verbreitung von Verschwörungstheorien vorgeworfen wurde, dass aber der wissenschaftliche Diskurs selbst kaum in nennenswertem Maße verschwörungstheoretische Kommunikation als Beitrag bearbeitet hätte. Sozialwissenschaft kommuniziert über Verschwörungstheorien, nicht mit ihnen – sie „erkennt" sie gewissermaßen als Objekt der Umwelt und stellt sich darauf ein. Das gelingt allerdings vor allem, weil sozialwissenschaftliche Kommunikation über Politik insgesamt die Intentionen der Akteure im politischen Feld einigermaßen durchgängig deproblematisiert, indem sie entweder davon ausgeht, dass deren Interessen einigermaßen offensichtlich oder ohnehin von nachgeordneter Bedeutung für das Verständnis des Geschehens sind.

Politische Kommunikation kann Intentionen allerdings nicht im gleichen Maße deproblematisieren, und darin bietet sich eine ständige offene Flanke für Verschwörungstheorien im politischen Diskurs – oder zumindest für den Verdacht, es werde verschwörungstheoretisch kommuniziert. Denn während sozialwissenschaftliche Beobachtung politische Entscheidungsszenarien auch problematisieren kann, ohne dahinterliegende Motive zu vermuten, ist es für die Entwicklung politischer Strategien nicht nur naheliegend, sondern oft genug entscheidend, welche Motive man diesen Szenarien unterlegt. Welche praktische Akzeptanz in der Bevölkerung Infektionsschutzmaßnahmen erwarten können und welche Auswirkungen sie haben, kann untersucht werden, ohne zu fragen, warum jemand ihre Verschärfung oder Lockerung vorschlägt. Wie ich mich dazu verhalte, dass jemand eines von beidem politisch vorschlägt, gerade wenn ich jeweils für das Gegenteil Position beziehe, lässt sich allerdings nur schwer von dieser Frage trennen. Gewichtet jemand einfach die abzuwägenden, aber im Wesentlichen geteilten Güter, die in eine solche Entscheidung eingehen, anders? Versteht er oder sie das zugrundeliegende Problem weniger gut (oder besser) als ich? Schielt er oder sie auf Gewinne, die in der expliziten Kommunikation nicht berücksichtigt werden? Allein weil ich selbst, um die Akzeptanz meiner Position vis-a-vis der Gegenposition möglichst zu verbessern, strategisch wägen werde, welche dieser Deutungsfiguren ich in welchem Ausmaße kommuniziere, kann ich diese Frage auch für das Gegenüber nicht völlig deproblematisieren; ich muss also davon ausgehen, dass auch er oder sie eine strategische Reserve verborgener Motive in den Prozess einbringt.

Nun heißt das natürlich nicht, dass Politik ständig verschwörungstheoretisch kommunizieren würde, im Gegenteil. Auch in der offiziellen politischen Kommunikation seit der zweiten Hälfte des 20. Jahrhunderts lässt sich ja beobachten, dass Verschwörungstheorien weitgehend tabuisiert sind. Allerdings eben, das ist die Pointe der Überlegung, vor einem anderen Hintergrund: Während im wissenschaftlichen Diskurs auf Zurechnung verborgener Intentionen insgesamt verzichtet und damit die Abgrenzung von verschwörungstheoretischen Erklärungsmustern quasi „miterledigt" werden kann, ist diese Abgrenzung im politischen Diskurs sehr viel anspruchsvoller beziehungsweise unwahrscheinlicher, weil sie eine Selbstbeschränkung dessen bedeutet, was politische Kommunikation ausmacht.

Daraus folgt zweierlei: Zunächst, analog zu dem, was Kuhn (2016) für Verschwörungstheorien als „spekulative Kommunikation" festhält, gilt auch für die Zuschreibung verborgener strategischer Absichten und Intentionen hinter politischen Äußerungen zu Entscheidungsszenarien, dass über deren *politische* Legitimität beziehungsweise Stigmatisierung als Verschwörungstheorie nicht anhand ex-ante feststehender Kriterien abschließend geurteilt werden kann, auch wenn selbstverständlich für krasse Beispiele, wie die Behauptung, hinter der Corona-Impfung stehe in Wahrheit der Plan, die Bevölkerung per Implantat gefügig zu machen, wenig Zweifel im Raum stehen. Aber gilt das auch zum Beispiel für die Behauptung, hinter der Agitation gegen Waffenhilfe für die Ukraine – komme sie nun aus Teilen der Linkspartei oder aus AfD und FPÖ – stünden in Wirklichkeit Strippenzieher aus dem Kreml? Und wenn „Russiagate" – die Behauptung und folgende Untersuchung, nach der Donald Trump mit russischer Hilfe den Wahlkampf 2016 für sich entschied und außerdem von Russland erpresst werde – keine Verschwörungstheorie, sondern eine vernünftige, überprüfbare Hypothese gewesen sein sollte: Muss das dann nicht auch, spätestens, nachdem weder auch nur Absprachen zwischen Trumps Wahlkampfteam und den russischen Behörden (Maté 2019) noch ein entscheidender Einfluss russischer Desinformation auf den Wahlkampf 2016 nachgewiesen werden konnten (Starks 2023), für Donald Trumps Gegenbehauptung gelten, die Demokraten hätten, gemeinsam mit den Sicherheitsapparaten und den liberalen Medien, eine „Hexenjagd" gegen ihn veranstaltet? Oder ändert sich das wiederum, wenn man nach dem „Sturm auf das Capitol" und seinen Tricksereien zur Verhinderung der Anerkennung seiner Wahlniederlage 2020/21 weiß, dass man ihm „Verschwörung" zurecht zutraute, wenn auch eben im Falle von „Russiagate" am falschen Beispiel?

Das sind keine Bemühungen um Trivialisierung des Verschwörungstheoriebegriffs, sondern die Beispiele sollen aufzeigen, dass es in der Tat eine nicht eliminierbare Differenz zwischen der (sozial-)wissenschaftlich-analytischen und politisch-normativen Definition von Verschwörungstheorien gibt, die in der Logik des Gegenstandes selbst begründet liegt. Aus sozialwissenschaftlicher Sicht scheint es mir einigermaßen unproblematisch festzuhalten, dass alle genannten Beispiele Verschwörungstheorien konstituieren. Sie schreiben dem Handeln des politischen Gegners verborgene Pläne und vor allem Intentionen zu, die dessen Verhalten erklär- aber auch (und vielleicht vor allem) normativ verurteilbar machen: Hinter Trumps Wahlsieg steckt in Wirklichkeit eine Intrige des russischen Geheimdienstes, hinter den Verfahren gegen Trump steckt in Wirklichkeit eine

Intrige der Demokratischen Partei, der Medien und der Sicherheitsbehörden, usw., weswegen die Präsidentschaft selbst oder eben die Verfahren gegen den Präsidenten als illegitim zu betrachten sind.

Es ist aus wissenschaftlicher Sicht vernünftig davon auszugehen, dass es hochgradig unwahrscheinlich ist, dass solche *Plots* komplexe gesellschaftliche Entwicklungen entscheidend beeinflussen – und wenn sie auch nur in die Nähe eines solchen Einflusses kommen, dass sie nicht aufgedeckt und damit zumindest ihrem intendierten Sinn nach wirkungslos werden (das gilt allerdings gerade nicht für die Unterstellung solcher Intrigen, was ein weiterer Grund ist, warum diese Unterstellungen politisch hochwahrscheinlich sind). In der politischen Kommunikation lässt sich aber genau diese Grenze nicht so einfach ziehen (oder nimmt völlig andere Bedeutung an), weil der Akt der Grenzziehung selbst als ein Einsatz im politischen Konflikt funktioniert. Hier gilt, dass zwar prinzipiell alles als Verschwörungstheorie bezeichnet werden kann (da das politische System grundsätzlich nicht nach wahr/unwahr codiert), dass die Bezeichnung sich aber nur für das durchsetzen kann, was als illegitime Erklärungsweise politischen Handelns aus dem Diskurs ausgeschlossen wurde (da es, weil der Code des politischen Systems eben überlegen/unterlegen ist, die entscheidende Frage also ist, ob die Definition einer Sachbestandsdeutung als Verschwörungstheorie sich als plausibel durchsetzen lässt) – und das wiederum trifft auf keines der genannten Beispiele zu: Die Behauptung, dass es sich um Verschwörungstheorien handelt, findet sich zwar, wird aber als parteiische Stellungnahme behandelt. Aber auf genau *diese* Fälle – in denen also für eine bestimmte Deutung gesellschaftlicher Entwicklung in der Öffentlichkeit als relativ (!) etablierter Wissensstand gelten kann, dass es sich um eine Verschwörungstheorie handelt – scheinen sich in meinen Augen die meisten sozialwissenschaftlichen und psychologischen Arbeiten zu beziehen, die Verschwörungstheorien als Problem behandeln (und diese dann zumindest im deutschsprachigen Diskurs oft auch als Verschwörungsmythen, -ideologien oder anderweitig eben nicht als „-theorien" bezeichnen).

Der Leserin mag die Vorsichtigkeit dieser Formulierung aufgefallen sein, die weniger Unsicherheit in der Definition ausdrücken soll, sondern vielmehr in der Sachlogik selbst begründet liegt. Es wird sich – wie ich an anderer Stelle auch für abweichende Tatsachenbehauptungen insgesamt festgestellt habe (Kumkar 2022) – in der politischen Öffentlichkeit nie ausschließen lassen, dass es jemanden gibt, der zumindest vorgibt, sie aufrichtig und ohne Wissen um ihre Unwahrscheinlichkeit zu glauben. Insofern ist auch eine Deutung als Verschwörungstheorie immer nur als *relativ* gesicherter Wissensstand vorauszusetzen. Und doch meine ich, dass den Kern des die Debatte der letzten Jahre vor allem bestimmenden Problemkomplexes „Verschwörungstheorien als gesellschaftliches Problem" solche Fälle ausmachen (9/11 Trutherism, die Erzählung vom great Reset, Q-Anon, Corona-Leugnung, Chemtrails, etc.), bei denen auch die Unterstützer:innen und vor allem Propagandist:innen dieser Theorien *wissen*, dass diese als Verschwörungstheorien gelten. Indikatoren dafür sind zum Beispiel, in Gesprächen mit Außenstehenden, die Beteuerungen, man sei selbstverständlich kein Verschwörungstheoretiker, man spiele jetzt mal den *Advocatus Diaboli*, oder man stelle ja nur Fragen – alles implizite Zugeständnisse, dass man um die Stigmatisierung des fraglichen Wissens als „Verschwörungstheorie" weiß. In der Binnenkommunikation – auf *social media*-Plattformen, in Veröffentlichungen, Vorträgen und auf Demonstrationen – ist der verlässlichste Indikator demgegenüber die in Variationen wiederkehrende Rede vom eigenen „Erwachen" und der Herde der „Schlafschafe", der man sich gegenübersähe, wenn man auf seiner Wahrheit beharre.

Ich meine, dass auch die meisten sozialen, politischen und psychologischen Folgeprobleme, die mit Verschwörungstheorien gemeinhin in Verbindung gebracht werden, erst an dieser Stelle auftreten: Es ist nicht die Zuschreibung sinistrer Motive und verborgener Pläne bei der Erklärung politischen Handelns per se, sondern deren Totalisierung als Verdacht gegen die „Wahrheit der Gesellschaft" (vgl. Kumkar 2022) insgesamt – „nichts ist wie es scheint", wie Butter (Butter 2018) ein Buch über Verschwörungstheorien treffenderweise betitelt, mit Betonung auf *nichts* – das die Kaskaden von Radikalisierung, Abkapslung vom Diskurs, und so weiter, aus soziologischer Sicht als wahrscheinliche Möglichkeit anlegt.

Das wäre der erste Schluss, den ich aus den bisherigen Überlegungen ziehen möchte: Aus wissenssoziologischer Sicht kann man Verschwörungstheorien zwar definieren, Verschwörungstheorien als Problem sind aber weder als bestimmte Wissensinhalte noch deren Form sinnvoll wissenssoziologisch fassbar, wenn man von ihrem Verhältnis zum Gesamtdiskurs abstrahiert. Vielmehr ist – und diese Definition wirkt nach dem bisherigen hoffentlich weniger tautologisch – eine Verschwörungstheorie in diesem gehaltvollen wissenssoziologischen Sinne nur das, was im politischen Diskurs als Verschwörungstheorie gilt, woran *als* Verschwörungstheorie angeschlossen wird. Das ist konstruktivistisch, aber alles andere als beliebig: Normativ-politische Beliebigkeit wird daraus erst, wenn wir der politischen Aushandlung dessen, was als legitime Deutung der gesellschaftlichen Realität angesehen wird, die legitimierende Kraft absprechen.

Alle anderen Definitionen – dass Verschwörungstheorien inkonsistent oder zu konsistent sind, dass sie zu sehr vereinfachen oder überkomplex sind, dass sie übergeneralisieren oder sich an Details aufhängen – darauf hat die

US-amerikanische Kulturwissenschaftlerin Jodie Dean verwiesen – bringen stets ihren Gegenpart mit sich (Dean 2018b, 300 f.) oder wirken zumindest in ihrer ungeordneten Vielfalt, als handele es sich bei Verschwörungstheorie um eine „Mehrzwecksemantik" (Kuhn 2016, 119), und scheinen immer darauf hinauszulaufen, dass Verschwörungstheorien nie „einfach richtig" sind (Dean 2018a, 47 Übersetzung NK). Vor dem Hintergrund des Bisherigen wird aber deutlich, dass es sich bei diesem Problem nicht um ein theoretisches „Versagen" dieser Definitionsversuche handelt – sondern eben um die notwendige Kehrseite des Umstands, dass die Festlegung dessen, was als Verschwörungstheorie gilt, im politischen Diskurs erfolgt, wo es keine harten definitorischen Kriterien, sondern nur Heuristiken der Angemessenheit gibt, an denen sich eben nicht entscheidet, was eine Verschwörungstheorie *ist*, sondern mit denen durchgesetzt werden kann, was als Verschwörungstheorie *gilt*.

4. Die Funktion explizit verschwörungstheoretischer Kommunikation

Explizite verschwörungstheoretische Kommunikation ist in ihrer Tendenz totalisierend. Wer von sich sagt, dass er etwas kommuniziert, das gemeinhin als Verschwörungstheorie gilt, der muss die Gegenfrage antizipieren, warum er es dennoch kommuniziert. Zu erklären ist nicht mehr nur noch, warum die Dinge sind, wie sie sind, sondern nun muss auch erklärt werden, warum sie so scheinen, dass es der Erklärung zu widersprechen scheint. Innerhalb der üblichen Aushandlungen politischer Öffentlichkeit lassen sich damit auf Dauer wenig Stiche machen. Dennoch ist meine These, dass auch diese Form der Kommunikation eine Funktion hat, die erklärt, warum sie doch immer wieder aktualisiert wird. Und zwar besteht diese Funktion paradoxerweise genau darin, dass die Grenze des politisch legitim Begründbaren – nicht insgeheim, sondern eben explizit – überschritten beziehungsweise unterlaufen wird.

Damit sind Verschwörungstheorien prädestinierte kommunikative Formen, um einen politischen Antagonismus zu artikulieren: Vertrauen und Misstrauen werden radikal umstrukturiert, die Instanzen und Methoden, mit denen der Ausschluss bestimmter Positionen vom Diskurs begründet werden, müssen sich – aus der Warte der Verschwörungstheorie – selbst rechtfertigen, stehen auf einmal unter dem Verdacht, parteilich zu sein. In diesem Sinne bezeichnet Dean sie auch ironisierend als „Declarations of Independence" (Dean 2018b), also als „Unabhängigkeitserklärungen" gegenüber der politischen Öffentlichkeit.

Jüngere soziologische Arbeiten zur Praxis verschwörungstheoretischer Szenen (Buchmayr 2019; Trautmann/Kumkar 2021; Kumkar 2023; Harambam 2020) haben – durchaus anschlussfähig an die eingangs erwähnten Überlegungen Simmels – auf die wichtige identitätsbildende Funktion dieser Scheidung in „Schwurbler" und „Schlafschafe", in „Erweckte" und „Mainstream" verwiesen: Das vermeintliche Geheimnis, das die Verschwörungstheorien identifiziert zu haben meinen, wird aus dieser Warte selbst zu einer Art Geheimwissen, das die Gruppe nach außen hin abschließt und die Abwehr von Kritik erlaubt. Damit ermöglichen sie die Formulierung von und Mobilisierung für politische Positionen, die sich auf der Ebene des bestehenden politischen Diskurses nicht rechtfertigen könnten. Ein vielleicht unerwartetes Beispiel ist in der Tat die amerikanische Unabhängigkeitserklärung selbst, deren politische Sprengkraft, anders als heute vielleicht angenommen, nicht nur in der heute legendären performativen Erklärung der „‚self-evident' truths" der Gleichheit der Menschen als freier Rechtssubjekte lag, sondern auch in der Verknüpfung von teilweise äußerst fragwürdigen „facts" zu einem Plan des Königs, Tod und Tyrannei über die Kolonien zu bringen (Dean 2018b). Damit wird der politische Diskurs über die Rechte der Kolonisten überschritten – und so wird kein Appell mehr an den König gerichtet, dessen Intentionen keiner Diskussion mehr zugänglich sind, sondern eben an „the Supreme Judge of the world" („Declaration of Independence: A Transcription" 1776) als Instanz jenseits des Diskurses.

Vor allem der letzte Aspekt unterscheidet Verschwörungstheorien aus wissenssoziologischer Sicht von anderen „Supertheorien", die für sich ebenfalls in Anspruch nehmen, nicht nur sich selbst, sondern auch ihre jeweiligen Kontrahenten mit ihren eigenen Prämissen zu erklären (zum Begriff vgl. Luhmann 1978, 9–27). Auch wenn diese Theoriedebatten, wie ja vom Positivismusstreit (vgl. Adorno 1987) bis zur Habermas-Luhmann-Debatte (vgl. Habermas/Luhmann 1971) verschiedentlich nachvollziehbar ist, selten ohne gegenseitige Unterstellung unredlicher politischer Motive auskommen, bleiben sie eben als Debatten möglich – zumindest immanente Kritik kann nicht ohne weiteres von der Hand gewiesen werde. Wenn aber schon der ganze Raum der Debatte als intentional erzeugte Fassade der Gegenseite gilt, ist diese Möglichkeit abgeschnitten. Damit lässt sich auch politisch zwar *über* diese Form der expliziten Verschwörungstheorien diskutieren (durchaus auch mit ihren Vertreter:innen), aber eben nicht *mit* ihnen.

5. Schlussbemerkung: Zum Primat des politischen Urteils

Damit lassen sich die ersten beiden Schlüsse aus dieser kleinen wissenssoziologischen Exploration dazu, was Verschwörungstheorien als sozialwissenschaftliches Erkenntnisobjekt ausmachen, festhalten. Verschwörungstheorien im weitesten Sinne, also die Erklärung gesellschaftlicher Entwicklungen durch die Zuschreibung sinistrer Pläne und Intentionen, sind im politischen Diskurs so wahrscheinlich, dass dieses sozialwissenschaftliche Kriterium für die politische Bestimmung kaum zu gebrauchen ist. Für den sozialwissenschaftlichen Diskurs ist diese Definition dennoch bedeutsam, weil sie die Grenze eben dieses Diskurses markiert: Nicht, dass man nicht wüsste, dass jenseits davon durchaus auch Realität stattfindet, aber diese ist das Terrain von Investigativjournalismus, Polizei und eben: Politik (vgl. hierzu auch: Boltanski 2013).

Im engeren Sinne werden Verschwörungstheorien aber eben erst innerhalb des politischen Diskurses bestimmt – und auch das kann Gegenstand wissenssoziologischer Betrachtung werden. Dabei konstituieren sie dann eine Form der Artikulation von politischem Antagonismus, die sich besonders dadurch auszeichnet, die Zuschreibung sinistrer Pläne nicht nur zur Erklärung für das Zustandekommen politischer Handlungen, sondern der gesellschaftlichen Realität insgesamt verantwortlich zu machen und sich der Verständigung darüber dadurch zu entziehen, dass die Basis der Verständigung selbst als intentional erzeugter Schein der Gegenseite zurückgewiesen wird. Für die empirische Sozialforschung stellt sich hier unter anderem die Frage, wie sich diese Theorien im Sinne einer sozialen Praxis in politischen Szenen und Bewegungen, im massenmedialen und im Alltagsdiskurs profilieren, stabilisieren und entwickeln und welche Dynamiken sich daraus wieder im übergreifenden politischen Diskurs ergeben.[1]

Das heißt nun nicht, dass die sozialwissenschaftliche Betrachtung sich jeden normativen Urteils über Verschwörungstheorien zu enthalten und ansonsten abzuwarten hätte, was der politische Diskurs zur Verschwörungstheorie erklärt, um dann zu untersuchen, warum es dennoch existiert. Vielmehr geht es darum, dem grundsätzlich politischen Charakter von Verschwörungstheorien Rechnung zu tragen und in diesem Sinne zur gesellschaftlichen Selbstverständigung über diesen Gegenstand beizutragen. Denn dass Verschwörungstheorien einen

---

[1] Zu dieser Frage führen Sarah Speck, Markus Brunner, Oliver Nachtwey und ich in den kommenden Jahren ein von DFG, FWF und SNF gefördertes, vergleichendes empirisches Projekt durch; https://gepris.dfg.de/gepris/projekt/522282012?language=en (Zugriff: 30.7.24).

politischen Antagonismus artikulieren, ist nicht nur kein hinreichendes Merkmal zu ihrer Bestimmung (denn als Basis des funktionalen Vergleichs soll es ja gerade dazu einladen, genauer zu bestimmen, was diese Form der Artikulation von Antagonismus von anderen – wie zum Beispiel der Ideologiekritik – unterscheidet), es ist auch in Bezug auf ihren konkreten politischen Gehalt eine Unterbestimmung. Wie jede Negation ist auch diese je (politisch) bestimmt: Welcher Antagonismus nämlich artikuliert wird, wäre dann eben ebenfalls eine Frage an die politische Soziologie, die für den politischen Diskurs insgesamt wichtig sein könnte. Denn neben der theoretischen Unwahrscheinlichkeit als epistemischem Argument gegen Verschwörungstheorien und der politischen Sprengkraft dürfte für die politisch normative Beurteilung ja vor allem die Frage wichtig sein, welche Stoßrichtung diese Sprengkraft jeweils hat (Cassam 2023) und an welche gesellschaftlichen Konfliktlinien sie andocken kann.

Literatur

ADORNO, Theodor W. (Hg.) (1987): Der Positivismusstreit in der deutschen Soziologie. Darmstadt.

BARKUN, Michael (2013): A Culture of Conspiracy: Apocalyptic Visions in Contemporary America. Berkeley.

BOLTANSKI, Luc (2013): Rätsel und Komplotte : Kriminalliteratur, Paranoia, moderne Gesellschaft. Berlin.

BUCHMAYR, Florian (2019): Im Feld der Verschwörungstheorien – Interaktionsregeln und kollektive Identitäten einer verschwörungstheoretischen Bewegung. Österreichische Zeitschrift für Soziologie, 4/2019, S. 369–86. https://doi.org/10.1007/s11614-019-00385-w

BUTTER, Michael (2018): „Nichts ist, wie es scheint": Über Verschwörungstheorien. Berlin.

CASSAM, Quassim (2023): Conspiracy Theories. In: Society 60/2023, S. 190–99. https://doi.org/10.1007/s12115-023-00816-1

DEAN, Jodi (2018a): Publicity's Secret: How Technoculture Capitalizes on Democracy. Ithaca. https://doi.org/10.7591/9781501721236

DEAN, Jodi (2018b): Declarations of Independence. In: Cultural Studies and Political Theory. Ithaca, S. 285–304. https://doi.org/10.7591/9781501721229-017

„DECLARATION OF INDEPENDENCE: A TRANSCRIPTION." 1776. National Archives. 1776. Online: https://www.archives.gov/founding-docs/declaration-transcript (Zugriff: 30.7.2024).

HABERMAS, Jürgen/Luhmann, Niklas (Hg.) (1971): Theorie der Gesellschaft oder Sozialtechnologie. Was leistet die Systemforschung? Frankfurt/M.

HARAMBAM, Jaron (2020): Conspiracy Theory Entrepeneurs, Movements and Individuals. In: Butter, Michael/Knight, Peter (Hg.): The Routledge Handbook of Conspiracy Theories. Abingdon, S. 278–91.

HEITMEYER, Wilhelm u. a. (2020): Rechte Bedrohungsallianzen. Berlin.

HOFSTADTER, Richard (1965): The Paranoid Style in American Politics. And Other Essays. New York.

KUHN, Oliver (2016): Spekulative Kommunikation und ihre Stigmatisierung – am Beispiel der Verschwörungstheorien. In: Zeitschrift für Soziologie 2/2016, S. 106–23. https://doi.org/10.1515/zfsoz-2010-0202

KUMKAR, Nils C. (2022): Alternative Fakten. Zur Praxis der kommunikativen Erkenntnisverweigerung. Berlin.

KUMKAR, Nils C. (2023): Collaborative Mistrust: The Communicative Function of Alternative Facts in Social Media Interactions. In: Ethnologica Europaea, forthcoming.

LUHMANN, Niklas (1978): Soziologie der Moral. In Ders. (Hg.): Theorietechnik und Moral. Frankfurt/M., S. 8–116.

MATÉ, Aaron (2019): Der Mueller-Report: ein Debakel für die Demokraten. In: Le Monde Diplomatique (Deutsch), 9.5.2019. Online: https://monde-diplomatique.de/artikel/!5591747 (Zugriff: 30.7.2024).

POPPER, Karl (2020): The Open Society and its Enemies. Princeton.

SIMMEL, Georg (1992): Soziologie. Untersuchungen über die Formen der Vergesellschaftung. Frankfurt/M.

STARKS, Tim (2023): Russian Trolls on Twitter Had Little Influence on 2016 Voters. In: Washington Post, 9.1.2023. Online: https://www.washingtonpost.com/politics/2023/01/09/russian-trolls-twitter-had-little-influence-2016-voters/ (Zugriff: 30.7.2024).

TRAUTMANN, Hannah/Kumkar Nils C. (2021): Alternative Fakten Im Gespräch: AfD-Diskussionen Auf Facebook. 49. OBS-Arbeitspapier. Otto Brenner Stiftung. Online: https://www.otto-brenner-stiftung.de/fileadmin/user_data/stiftung/02_Wissenschaftsportal/03_Publikationen/AP49_Alternative_Fakten.pdf (Zugriff: 15.9.2023).

USCINSKI, Joseph u. a. (2022): Have Beliefs in Conspiracy Theories Increased over Time? In: *PLOS ONE* 7/2022. https://doi.org/10.1371/journal.pone.0270429

INTERVIEW MIT MICHAEL BUTTER

Merkmale und Funktionsweise von Verschwörungstheorien

Was versteht man unter Verschwörungstheorien und was sind ihre Gemeinsamkeiten und Unterschiede zu Fake News?

Michael Butter: Verschwörungstheorien sind eine bestimmte Art der Welterklärung. Da werden Ereignisse und Entwicklungen darauf zurückgeführt, dass ein großes Komplott im Gange ist, dass eine Gruppe von Akteuren im Geheimen die Strippen zieht und sich die Ereignisse nach deren Willen entfalten. Moderne Verschwörungstheorien zeichnen sich eigentlich immer durch drei Grundannahmen aus. Sie gehen erstens davon aus, dass nichts durch Zufall geschieht, also die Dinge nicht nur geplant worden sind im Geheimen, sondern sich dieser Plan über Jahre, teilweise sogar Jahrzehnte oder Jahrhunderte – wenn wir an Verschwörungstheorien zu Juden oder Illuminaten denken – in die Tat umsetzen lässt. Zweitens behaupten Verschwörungstheorien, dass nichts so ist, wie es scheint. Die entscheidenden Dinge passieren im Verborgenen. Man muss also immer erst mal den Vorhang beiseiteschieben, um zu erkennen, was da wirklich vor sich geht. Denn diese Verschwörer operieren eben auch im Geheimen. Drittens gehen Verschwörungstheorien davon aus, dass alles miteinander verbunden ist, dass also Verbindungen existieren zwischen Personen, Institutionen und Ereignissen, die man überhaupt nicht für möglich gehalten hätte und die keinerlei Sinn ergeben, wenn man nicht von einem großen Komplott ausgeht. Man denke an die Idee, dass das Coronavirus und die 5G Technologie zusammenhängen. Das ist etwas, was nur Sinn ergibt, wenn man wirklich von einem großen Komplott zur 5G Technologie ausgeht.

Ganz wichtig zu betonen zum Verhältnis von Verschwörungstheorien zu Fake News ist, dass die allermeisten Menschen, die Verschwörungstheorien verbreiten, das tun, weil sie wirklich glauben, dass sie einer verborgenen Wahrheit auf die Spur gekommen sind. Die sind also im besten Sinne des Wortes „Überzeugungstäter". Bei Fake News gehen wir stattdessen davon aus, dass es sich um gezielte Desinformation handelt. Das wird in die Welt gesetzt von Menschen, die das recht zynisch machen, weil sie Verwirrung stiften wollen, weil sie wissen, dass andere es glauben, aber die selbst eben nicht an diese Nachrichten glauben, die sie da in die Welt setzen. Und dann sind natürlich Fake News auch oft noch viel breiter als Verschwörungstheorien. Denn nicht jede absichtliche Falschbehauptung dreht sich um ein angebliches Komplott, sondern man kann ja auch ganz andere Dinge behaupten, wohingegen Verschwörungstheorien eben immer von irgendwelchen Komplotten handeln. Das heißt aber natürlich nicht, dass Verschwörungstheorien und Fake News nicht zusammenfallen können. Verschwörungstheorien werden oft aus Überzeugung verbreitet. Sie werden aber gerade auch in der Gegenwart von mächtigen Akteuren immer wieder in die Welt gesetzt, um andere zu beeinflussen, weil man weiß, dass diese die Behauptungen glauben und weiterverbreiten werden. Insofern sind Verschwörungstheorien durchaus ein wichtiges Mittel der Fake News und der Propaganda.

Gab es schon immer Verschwörungstheorien? Wie haben sie sich historisch entwickelt und wann tauchen sie verstärkt auf?

Michael Butter: Man geht in der Forschung mittlerweile nicht mehr davon aus, dass Verschwörungstheorien eine anthropologische Konstante sind, also immer und überall vorkommen. Es gibt Vorläufer, die modernen Verschwörungstheorien sehr nahekommen, in der griechischen und römischen Antike, also zum Beispiel im antiken Athen. Das ist recht gut untersucht worden. Es gibt aber von da aus keine kontinuierliche Geschichte bis in die Gegenwart. Was oft als Verschwörungstheorie bezeichnet wird, also Vorurteile gegenüber Jüdinnen und Juden im Mittelalter, da ist die Forschung mittlerweile mehrheitlich der Ansicht, dass das noch keine wirklichen Verschwörungstheorien sind, sondern nur Versatzstücke. Verschwörungstheorien wie gerade definiert entstehen erst im Übergang vom Spätmittelalter zur Frühen Neuzeit, so im 15., 16. Jahrhundert. Von da gibt es dann eine kontinuierliche Geschichte der Verschwörungstheorien, die um 1800 noch einmal eine wichtige Wendung nimmt, als nämlich die Verschwörungstheorien um die Französische Revolution entstehen, die ja den Freimaurern und den Illuminaten in die Schuhe geschoben wird. Das ist das Muster, die Blaupause, der alle darauffolgenden modernen Verschwörungstheorien, auch die antisemitischen Verschwörungstheorien, im Grunde folgen.

Wichtig zu betonen ist auch, dass es von der Frühen Neuzeit an bis in die zweite Hälfte des 20. Jahrhunderts hinein völlig normal ist, an Verschwörungstheorien zu glauben. Das ist also kein Gegendiskurs, das ist in den allermeisten Fällen die offizielle Erklärung der Ereignisse. Man redet vielleicht darüber, welche Verschwörung wahr ist, aber man problematisiert jetzt nicht irgendeine Erklärung als Verschwörungstheorie. Der Begriff kommt auch erst nach 1945 auf, aus gerade diesen Gründen. Insofern war Verschwörungsdenken über viele Jahrhunderte hinweg noch deutlich weiter verbreitet, als es das heute ist. Also hätte es damals Studien gegeben wie heute, hätten wahrscheinlich 80 %, 90 % der Bevölkerung eine sogenannte Verschwörungsmentalität aufgewiesen.

Wichtig ist es auch noch zu betonen, dass all das, was ich jetzt gerade skizziert habe, sich auf die westliche Welt bezieht. Es gibt praktisch keine Studien zu Verschwörungstheorien außerhalb der westlichen Welt vor 1990 oder 1980. Es gibt mittlerweile einige Arbeiten zur Gegenwart, aber selbst zum Beispiel zum arabischen Kulturraum ist erst in Ansätzen erforscht, wie die *Protokolle der Weisen von Zion* in diesen Kulturraum kommen, wer die übersetzt, wie sehr die geglaubt werden. Das heißt, das, was ich Ihnen gerade erzählt habe, das könnte sich völlig anders darstellen, wenn wir mal eine Studie hätten zu Japan und China vor dem Kontakt mit den westlichen Mächten. Denn vielleicht gibt es da schon vorher Verschwörungstheorien, vielleicht gibt es da ganz ähnliche Denkformen. Wenn es die nicht gibt, dann müssten wir schließen, dass das Verschwörungsdenken exportiert worden ist als ein Produkt des europäischen Imperialismus. Aber wie gesagt, da muss einfach noch mehr geforscht werden. Was aber ganz klar ist, ist, dass dieser Prozess der Stigmatisierung von Verschwörungstheorien, der in der westlichen Welt nach 1945 stattfindet, wo Verschwörungstheorien aus der Mitte der Gesellschaft an die Ränder wandern und von offiziellem Wissen zu stigmatisiertem Gegenwissen werden, in vielen anderen Teilen der Welt nicht in diesem Maße oder überhaupt nicht stattgefunden hat. In der arabischen Welt zum Beispiel sind Verschwörungstheorien bis heute völlig akzeptierte Wissensformen. Die *Protokolle der Weisen von Zion* werden bis heute in Saudi Arabien millionenfach gedruckt. Oder wenn wir uns den Diskurs der iranischen Regierung anschauen, dann trieft er von Verschwörungstheorien. Selbst wenn wir nach Osteuropa gehen, hat diese Stigmatisierung ihre Grenzen. In Ungarn oder Polen zum Beispiel sind Verschwörungstheorien bis heute deutlich weiter verbreitet und akzeptierter als in Mittel- und Westeuropa. Wenn wir nach Russland schauen, dann steigert sich das nochmals.

Sind Verschwörungstheorien ein Symptom der Krise und welche Funktion erfüllen diese für Individuen und Gruppen?

Michael Butter: Es wird ja ganz oft gesagt, dass Verschwörungstheorien vor allem in Krisenzeiten aufblühen. Ich bin mir nicht ganz sicher, ob das wirklich stimmt. Ich glaube, es ist einfach natürlich, dass Historikerinnen und Historiker sich meistens Umbruchs- und Krisenmomente anschauen, weil die historisch interessanter sind, und dann finden sie die Verschwörungstheorien. Wenn man sich vielleicht andere Momente anschauen würde, würde man diese Verschwörungstheorien auch finden. Aber da schaut man dann oft nicht so genau hin. Wir haben im Grunde durch das 17., 18., 19. Jahrhundert hindurch eine solche Kontinuität im Glauben an Verschwörungstheorien, dass es schwer vorstellbar ist, dass das in Krisenzeiten noch einmal zugenommen hat. Aber da werden sie vielleicht dann eben als Erklärung nachgefragter, da wird das vielleicht noch einmal dringlicher.

Wenn wir jetzt auf die psychologische Komponente kommen, muss man sagen, diese Frage lohnt sich vor allem, wenn wir über die Zeit nach 1945 reden, wo es nicht mehr normal ist, an Verschwörungstheorien zu glauben. Es ist völlig klar: Wenn Sie im 19. Jahrhundert leben, und alle Autoritätsfiguren sagen, so funktioniert die Welt, das ist einfach eine Abfolge von Komplotten, dann lohnt es sich nicht, nach den psychologischen Mechanismen zu fragen, warum Menschen das glauben. Dann ist es einfach völlig normal. Genauso wie wir alle glauben, dass die Erde rund ist und um die Sonne kreist usw., ohne dass die meisten von uns das jetzt wirklich schlüssig belegen oder erklären könnten. Das ist einfach das, was wir gelernt haben, und die Experten, auf die wir uns verlassen, sagen das. Ähnlich war es damals bei Verschwörungstheorien.

In der Gegenwart oder seit 1945 ist es aber ganz klar, dass es sich lohnt, eben auch nach den psychologischen Dispositionen zu fragen, die den Verschwörungsglauben antreiben. Da kann man ganz klar sagen, in der westlichen Welt gibt es zwei Gruppen von Menschen, die besonders empfänglich sind. Das sind zum einen Menschen, die nach Eindeutigkeit streben, also Probleme mit Ambivalenz haben, und Menschen, die das Gefühl haben, einen Kontrollverlust erlitten zu haben. Eindeutigkeit liefern Verschwörungstheorien, weil verschwörungstheoretische Narrative eigentlich immer zirkulär sind. Man fängt immer hinten an, wem nützt das? Und dann strickt man die Indizienkette und dann kommt man wieder raus, wo man angefangen hat. Und insofern sind diese Narrative sehr stabil. Wenn die mal da sind, dann werden sie selten völlig über den Haufen geworfen. Und gerade in Zeiten der Verunsicherung, wie dem Beginn der Coronakrise, bieten sie daher Orientierung. Man weiß dann zumindest, was passiert, wo es hinführen soll und wer angeblich dahintersteckt. Ganz ähnlich ist es mit den Menschen, die das Gefühl haben, einen Kontrollverlust erlitten zu haben. Das kann sich auf ihr Privatleben beziehen, also ihre eigene Biografie. Es kann sich aber auch auf die Gruppe beziehen, der sie sich zugehörig fühlen. Die erklären sich dann nämlich das Widrige, das geschieht, über ein großes Komplott, und das bietet ihnen nicht nur eine Erklärung, sondern es gibt ihnen auch in einem gewissen Maße Kontrolle zurück, weil sie dann ja auf einer höheren Ebene sich emanzipiert haben, zumindest verstehen, was da vor sich geht.

Darüber hinaus erfüllen Verschwörungstheorien eine klassische Sündenbockfunktion. Sie erlauben es, mit dem Finger auf irgendwen zu zeigen und zu sagen: „Die sind an allem schuld". Das ist natürlich psychologisch befriedigend, weil es entlastet. Denn wenn die anderen an allem schuld sind, dann ist man selbst oder die Gruppe, der man sich zugehörig fühlt, ja nicht schuld. Man muss also nicht bei sich nach irgendeinem Teil der Verantwortung suchen. Und ganz wichtig: Gerade in Zeiten, in denen es halt nicht mehr normal ist, an Verschwörungstheorien zu glauben, erlaubt der Glaube an Verschwörungstheorien es denjenigen, die diesen Glauben eben haben, auch, sich als Teil einer kleinen Elite zu begreifen, nämlich als jemand, der verstanden hat, wie die Welt wirklich funktioniert, während die da draußen alle schlafend und blind durch die Gegend laufen.

Wie würden Sie die Rolle amerikanischer Debatten und Konflikte für die internationale Verbreitung von Verschwörungstheorien einschätzen? Gibt es so etwas wie ein Import-Export-Geschäft von Verschwörungstheoretikern?

Michael Butter: Es ist kein Zufall, dass ganz viel der in Anführungszeichen frühen Forschung zu Verschwörungstheorien, im Grunde alles bis vor 10, 15 Jahren von Amerikanisten gemacht wurde, weil eben Amerika schon ein bisschen auch als das Land der Verschwörungstheorien galt, sei es wegen des Militia Movement der 90er, sei es wegen der Fernsehserie *Akte X*. In den USA war das Thema in der Populärkultur schon angekommen, bevor es im deutschsprachigen Raum überhaupt ein Thema wurde. Entsprechend sind natürlich auch ganz viele Verschwörungstheorien bis heute auch Importe aus den USA. Das war natürlich im 18. oder 19. Jahrhundert mal anders. Damals waren es die europäischen Verschwörungstheorien, die dann über den Atlantik exportiert wurden. Mittlerweile hat sich das entsprechend umgedreht. Das hat auch damit zu tun, dass Verschwörungstheorien immer Machttheorien sind. Und zwar Machttheorien, die die Macht immer irgendwo anders lokalisieren als da, wo sie augenscheinlich zu sein scheint. Und wo schaut man dann hin? Entweder nach Brüssel oder in die USA und identifiziert dort dann die Verschwörer.

Man muss allerdings sagen, dass wir bisher sehr wenig darüber wissen, wie das genau funktioniert, wie genau diese Daten- und Ideenflüsse sind. In einem europäischen Verbundprojekt schauen wir uns das daher bis Ende 2025 einmal genau an. Konkret geht es um den Einfluss der Digitalisierung auf europäische Verschwörungstheorien. Wir untersuchen verschiedene Regionen Europas. Es gibt ein Projekt zum deutschsprachigen Raum, es gibt eines zum Vereinigten Königreich, es gibt eines zum Balkan, es gibt eines zum Baltikum und eines zu Polen und der Slowakei. Der erste Schritt ist, dass wir in jeder Region die Hauptverbreiter online identifizieren und untersuchen, wo deren Erzählung und Ideen herkommen. Das kann man heutzutage mit so Netzwerkanalysen alles wunderbar visualisieren. Es ist zum Beispiel vollkommen klar, wenn wir uns den Balkan anschauen oder auch das Baltikum, dass da auch viel aus Russland importiert wird. Das haben wir in Deutschland oder in Österreich und der Schweiz mittlerweile natürlich auch. Es gibt also sehr enge Austauschprozesse zwischen Sendern wie Russia Today und der deutschsprachigen Verschwörungstheorie Community. Aber insgesamt ist es, glaube ich, keine sehr steile These zu sagen, dass gerade im deutschsprachigen Raum der größte Exporteur der Verschwörungstheorien, die da zirkulieren, immer noch die USA sind.

Welche Rolle spielt die Erzählbarkeit von Verschwörungstheorien? Befriedigen diese ein bestimmtes kulturelles Bedürfnis?

Michael Butter: Verschwörung ist ja im Grunde das Strukturmerkmal praktisch jeder zweiten Fernsehserie, die man sich anschauen kann und die ja in den letzten zwei Jahrzehnten auch zu Recht so gehypt worden sind und ganz anderen kulturellen Status erlangt haben. Warum? Weil natürlich Verschwörung, und *Akte X* wäre da die Blaupause dafür, die perfekte Handlungsstruktur ist, um Einzelepisoden und das große Ganze miteinander in Verbindung zu setzen und um natürlich auch immer weitererzählen zu können. Denn wenn alles miteinander verbunden ist und nichts so ist, wie es scheint, wie eben Verschwörungstheorien annehmen, dann kann man ganz überraschende Wendungen einführen, wo auf einmal alles, was irgendwie drei Jahre lang gewiss schien, wieder in Frage gestellt wird, oder man kann es noch mal in eine ganz andere Richtung lenken. Das ist etwas, was in ganz vielen Serien ganz wichtig ist.

Das hat natürlich auch damit zu tun – und das ist ein Aspekt, der manchmal vergessen wird –, dass Verschwörungstheorien ja auch etwas wahnsinnig Unterhaltendes haben. Sich da hinzusetzen und sich zu überlegen, wie das alles miteinander zusammenhängt und da die Verbindungslinien herzustellen und zu rätseln. Das ist auch etwas Spielerisches, wo man sich wirklich so reinfuchsen kann. Und man darf auch nicht vergessen, dass viele Menschen Verschwörungstheorien eben als Unterhaltung rezipieren. Das hat sicherlich abgenommen, weil es mittlerweile einen auch einen durchaus zu Recht besorgten Diskurs zum Thema gibt. Aber das war bis vor wenigen Jahren noch ein wichtiger Grund, warum Leute auf Verschwörungstheorie-Webseiten gegangen sind und sich die Dinge da angeschaut haben.

Welche Rolle spielen Verschwörungstheorien bei der Radikalisierung und beim Extremismus?

Michael Butter: Es ist ganz schwierig, das allgemein zu beantworten. Ich glaube, es ist erstmal ganz wichtig zu betonen, dass nicht alle Verschwörungstheorien gefährlich sind, und selbst bei problematischen Verschwörungstheorien ist es ganz oft so, dass die von Leuten geglaubt werden, die komplett ungefährlich sind. Also wenn jeder, der an die Verschwörungstheorie des „Großen Austauschs" glaubt, zur Waffe greifen würde, dann sähe es sehr anders aus in Deutschland und in Österreich. Die allermeisten Menschen machen das nicht. Und insofern muss man sich immer anschauen, wer glaubt was, wann, in welcher Situation und was für Folgen kann das haben.

Aber Verschwörungstheorien können ein Katalysator für Radikalisierung sein und auch dazu führen, dass Menschen sich berufen, vielleicht sogar auch legitimiert fühlen, Gewalt auszuüben, weil sie denken, sie müssten gegen ein Komplott vorgehen. Ich glaube, generell ist es so, dass Verschwörungstheorien gefährlicher sind, wenn sie sich gegen ohnehin schon stigmatisierte Gruppen richten, also wenn sie Geflüchtete ins Visier nehmen oder Jüdinnen, und Juden oder Sinti und Roma, also Gruppen, wo die Bereitschaft, diesen gegenüber gewalttätig zu werden, in der Bevölkerung ohnehin schon etwas erhöht ist. Dann können Verschwörungstheorien dafür sorgen, dass es dann auch wirklich passiert. Verschwörungstheorien, die sich „nur" gegen Eliten richten, sind in dieser Hinsicht ein bisschen ungefährlicher. Denn an diese Eliten, die man da als Strippenzieher sieht, kommt man meistens nicht so gut heran, das ist dann mit großem persönlichem Risiko verbunden. Was einem dann noch bleibt, was aber zum Glück nicht so oft vorkommt, ist, dass man deren Stellvertreter angeht, das heißt die ausführenden Organe des Staates. Der Polizist, der von einem Reichsbürger vor ein paar Jahren erschossen wurde, wäre so ein Beispiel dafür. Der Anschlag von Timothy McVeigh auf das Oklahoma City Building in den Neunzigern wäre ein weiteres schreckliches Beispiel dafür. Wenn wir uns anschauen, wo Verschwörungstheorien wirklich zu massiver Gewalt geführt haben, dann ist das natürlich der Holocaust, der von der Idee der jüdischen Weltverschwörung motiviert wurde. Wir können aber auch nach Ruanda in den 1990er Jahren schauen, wo auch viele Verschwörungstheorien zirkulierten. Und ich glaube, dann kriegen die Dinge noch mal eine ganz andere Dimension, wenn das eben ethnisch aufgeladen ist, wenn es um Rassismus geht, um Antisemitismus.

Gibt es einen Zusammenhang zwischen Populismus und Verschwörungstheorien?

Michael Butter: So hat auch unser von Europäischen Forschungsrat gefördertes Projekt angefangen, mit der Beobachtung, dass in populistischen Bewegungen und populistischen Parteien – das zeigen im Grunde alle Umfragen – Verschwörungstheorien weiter verbreitet sind als unter den Anhängern von anderen Parteien. Also in Deutschland hätten wir die AfD, die da raussticht, in Österreich ist es die FPÖ, die heraussticht usw. Dann ist aber gleichzeitig auffällig, wenn wir uns die westliche Welt anschauen, wo Verschwörungstheorien stigmatisiert worden sind nach 1945, dass es in den allermeisten Fällen auch in diesen Bewegungen nicht die Mehrheit ist, die an Verschwörungstheorien glaubt, sondern eherine signifikante Minderheit, die manchmal knapp an die Hälfte rankommt, oft aber auch deutlich darunter liegt. Das gilt zum Beispiel also auch für den Wahlkampf von Donald Trump 2016 und dessen Unterstützer. Selbst unter Trumps Anhängern gab es nie eine Mehrheit, die an Verschwörungstheorien glaubte.

Aufbauend auf der Beobachtung, dass es bestimmte strukturelle Parallelen gibt zwischen Populismus und Verschwörungstheorie, wie etwa die Aufteilung der Welt in Gut und Böse, eben Elite gegen Volk oder Verschwörer gegen Opfer der Verschwörung, folgt, dass Verschwörungstheorien eine bestimmte Art sind, wie im Populismus erklärt werden kann, dass die Eliten gegen die Interessen des Volkes handeln. Diese Erklärung ist kompatibel mit anderen Erklärungen, die in einer populistischen Bewegung oder Partei zirkulieren können. Zum Beispiel kann das angeblich Handeln gegen die Interessen des Volkes erklärt werden, indem man sagt: „Die Eliten sind abgehoben, die haben einfach keine Idee, wie es dem Volk geht." Oder man unterstellt den Eliten, dass sie sich persönlich bereichern wollen, dass sie korrupt sind, aber eigentlich nur auf den persönlichen Vorteil schauen und nicht Teil eines großen, allumfassenden Planes sind. Und die verschwörungstheoretische Erklärung würde jetzt sagen: „Moment mal, die sind nicht abgehoben, die sind auch nicht individuell korrupt, sondern sie sind alle Teil eines großen Komplotts." In populistischen Bewegungen können diese Erklärungen miteinander koexistieren, da man sich auf so viel einigen kann, da man dieselben Slogans brüllen kann, sodass diese Differenzen nicht ausdiskutiert werden muss. Man konnte alle 14 Tage in Dresden „Merkel muss weg" skandieren und denken, dass die Frau ist einfach unfähig, oder dass die Frau sich bereichern will, oder eben, dass sie Teil der großen Weltverschwörung ist. Diese Unterschiede wurden dann oft gar nicht thematisiert.

Populistische Führungsfiguren tun dem in aller Regel, das ist auch ein Ergebnis unserer Forschung, Genüge, indem sie gerade eben in den Ländern, wo Verschwörungstheorien stigmatisiert sind und die nicht mehrheitsfähig sind, immer nur wieder Andeutungen machen. Eine Doktorandin von mir nennt das die verschwörungstheoretische Zuspitzung. Ganz anders ist das aber in Ländern wie Ungarn, wo es bis heute völlig normal ist, an Verschwörungstheorien zu glauben. Viktor Orban bedient diese Verschwörungstheorien viel offensiver, viel expliziter, viel intensiver und extensiver, weil das in der ungarischen Gesellschaft akzeptiert ist.

Was jetzt die Wissenschaftsskepsis angeht, da gibt es da natürlich auch einen Zusammenhang, der dann auch wirklich zu Verschwörungstheorien führen kann. Es gibt von den Schweizer Medienwissenschaftlern Mike Schäfer und Niels Mede das sehr schöne Konzept des „Science Related Populism". Populismus, so Mede und Schäfer, richtet sich nicht immer nur gegen die politische Elite, sondern kann sich auch gegen die wissenschaftliche Elite richten und kann im Grunde dann auf zwei Arten Erklärungen der wissenschaftlichen Elite infrage stellen, die oft auch koexistieren in diesen Diskursen. Das eine wäre zu sagen, die Wissenschaft ist schon schön und gut, das ist alles genau richtig, und ich fühle mich auch der wissenschaftlichen Methode verpflichtet. Nur die Experten, die ihr da habt, die in den Nachrichten zitiert werden, die in den Talkshows sitzen, das sind alles gekaufte Leute. Das heißt, man behauptet, dass diese Experten bewusst lügen, Fake News verbreiten, weil sie angeblich Teil eines großen Komplottes sind. Die Institution Wissenschaft ist korrupt, weil sie Leute nach oben spült, die immer nur das sagen, was die Mächtigen im Hintergrund hören wollen. Genau das wurde zum Beispiel Christian Drosten während der Pandemie vorgeworfen. Das wäre dann im Grunde eine Kritik an der Wissenschaft, die verschwörungstheoretische Züge annimmt, aber das wissenschaftliche Paradigma letztendlich nicht in Frage stellt. Tatsächlich nehmen diejenigen, die diese Kritik artikulieren, für sich in Anspruch: „Wir sind die besseren Wissenschaftler, wir arbeiten genauer, wir arbeiten ideologiefrei, und die Experten, die wir zitieren, das sind die wahren Experten." Damit verbunden, aber noch extremer ist eine Form der Wissenschaftskritik, die das wissenschaftliche Paradigma infrage stellt. Dabei werden der wissenschaftlichen Erkenntnis zum Beispiel esoterische Einsichten, zum Teil auch Übernatürliches entgegenstellt, indem man sagt, es gehe es vor allem um das Gefühl, die Wissenschaft könne überhaupt nicht erfassen, was passiere. Es gibt im Englischen dafür den schönen Ausdruck „Ipistemology", also nicht Epistemologie, wo es darum geht, dass wir die Welt erfahren. Es geht darum, wie ich, das „I", die Welt wahrnehme, das ist das Entscheidende dafür, wie die Welt wirklich ist. Und auch das kann natürlich zu Verschwörungstheorien führen. Wenn wir uns anschauen, was in der Coronapandemie passiert ist, dann sehen wir, dass sich diese Kritikformen oft vermischen, dass aber eigentlich die Kritik an der Wissenschaft als korrupter Institution dominiert. Das ist wichtig zu betonen, weil in der öffentlichen Wahrnehmung das Ganze oft verkürzt wird auf so eine Art Wissenschaftsleugnung, sodass man denke könnte, Verschwörungstheoretiker hätten mit Wissenschaft an sich gar nichts am Hut. Aber dann schaut man sich an, was die für Texte schreiben, auf ihren Webseiten oder in Büchern, und stellt fest, da wird eine Statistik nach der anderen zitiert, da wird auf wissenschaftliche Studien verwiesen, und dann sieht man, es ist viel eher so, dass die in den allermeisten Fällen behaupten, sie wären die besseren Wissenschaftler, die einfach sauberer und nachvollziehbarer arbeiten und eben nicht gekauft sind.

Welche Herausforderungen entstehen durch Verschwörungstheorien und Populismus für liberale Gesellschaften und was können wir dagegen unternehmen?

Michael Butter: Ich glaube, die große Herausforderung für Länder wie Österreich oder Deutschland ist, das Phänomen ernst zu nehmen, ohne in Alarmismus zu verfallen. Verschwörungstheorien können eben ein Katalysator sein, der zur Gewaltausübung führen kann. Medizinische Verschwörungstheorien können zu einer Gefahr für Leib und Leben werden, wenn wirklich eindeutig zu akzeptierendes medizinisches Wissen geleugnet und als Teil eines Komplotts abgetan wird und man sich deshalb zum Beispiel nicht gegen den Virus schützt. Natürlich können Verschwörungstheorien auch das Vertrauen in die Demokratie beschädigen. Wenn man denkt, die stecken eh nur unter einer Decke, oder die Wahlen sind gefälscht worden und all diese Dinge, das muss man ernst nehmen. Gleichzeitig muss man aber, glaube ich, auch sehen, dass wir jetzt nicht in einem Zeitalter der Verschwörungstheorie leben, wo diese Dinge populärer und einflussreicher sind als jemals zuvor. Wir müssen auf die Studien schauen, die uns zeigen, dass in den letzten zwei, drei Jahren der Glaube an Verschwörungstheorien stabil geblieben oder sogar, ein bisschen zurückgegangen ist und nicht sprunghaft zugenommen hat. Nur weil wir mehr darüber reden, weil das mehr im öffentlichen Bewusstsein ist, heißt das nicht, dass es eine tatsächliche Zunahme gibt. Das heißt, man muss sich, glaube ich, auch vor Verschwörungstheorie-Panik in Acht nehmen. Man darf nicht alle Positionen, die einem unlieb sind und die vielleicht auch hanebüchen und falsch sind, mit dem Label „Verschwörungstheorie" oder auch dem Label „Populismus" belegen. Das führt nämlich nicht dazu, dass der öffentliche Diskurs besser wird. Das heißt, es ist wichtig zu differenzieren, eben auch die Dinge nicht per se alle als Verschwörungstheorien zu verteufeln, auch genau zu überlegen, wo man die Begriffe anwendet. Dort aber, wo wir es wirklich mit Verschwörungstheorien zu tun haben und wo sie verbunden sind mit Extremismus und mit Menschenfeindlichkeit, muss man auch entschlossen gegen sie vorgehen.

Wir wissen mittlerweile alle, dass es sehr schwierig ist, diese Ideen aus den Köpfen der Leute rauszukriegen, wenn die da mal drin sind. Dieses sogenannte Debunking ist extrem schwierig. Viel besser funktioniert das sogenannte Prebunking, also wenn man Leute im Vorhinein aufklärt über das Funktionieren von Verschwörungstheorien, auch über die Argumente bestimmter Verschwörungstheorien. dann sinkt die Wahrscheinlichkeit, dass sie diese Theorien dann später glauben werden, wenn sie ihnen dann mal in anderer Form begegnen. Die Forschung spricht dann – das ist natürlich eine problematische Metapher – vom „Impfen". Man impft die Menschen gegen Verschwörungstheorien. Aber auch wenn die Metapher problematisch ist, diese Aufklärungsarbeit ist eine ganz wichtige. Das ist etwas, was sich momentan noch zu sehr auf Schulen fokussiert. Wenn man es dann mit Älteren zu tun hat, wird es schwieriger. Da wäre es, glaube ich, sehr wichtig, dass Gewerkschaften, dass Betriebe, aber auch Arbeitgeberverbände, noch mehr Aufklärungsarbeit leisten. Ich glaube, Aufklärung ist ganz wichtig.

Gleichzeitig, das ist vielleicht auch noch mal wichtig zu betonen: Verschwörungstheorien sind in aller Regel falsch im wörtlichen Sinne, aber sie sind ganz oft auch Reaktionen auf durchaus reale Ängste und Probleme, die Menschen haben. Das ist ja oft auch nicht nur ein Gefühl, sondern durchaus real. Solange soziale Ungleichheit zunimmt, Menschen in prekären Verhältnissen leben, werden sie auch mehr zu Verschwörungstheorien neigen als andere. Und insofern kann man natürlich auch an diesen Hebeln ansetzen. Das kostet aber sehr viel Geld, und deshalb habe ich gewisse Zweifel, dass das wirklich etwas passieren wird.

Dieses Interview führte Constantin Lager.

CLARA SCHLIESSLER

Alles eins? Zum Verhältnis von Autoritarismus, Verschwörungsmentalität und Esoterik[1]

1. Einleitung

Es sind Phänomene wie Verschwörungsmentalität und Esoterik, die uns vor die Aufgabe stellen, erneut zu schauen, was genau „autoritär" bedeuten kann, und uns dazu bringen, das Konzept des autoritären Charakters (Adorno et al., 1973 [1950]) noch einmal anzuschauen. Dass jene Phänomene beispielsweise bei den Demos gegen die Corona-Maßnahmen und den dort versammelten Menschen auffällig häufig gemeinsam vorkommen, stellt uns (auch) wissenschaftlich vor Herausforderungen. Denn es ist an dieser Stelle nicht die klassische extreme Rechte (die die Proteste zwar regelmäßig organisiert, vereinnahmt oder unterwandert), die uns vor Rätsel stellt, kann man diese doch relativ routiniert mit dem verstehen, was gemeinhin und auch in der Sozialpsychologie als Autoritarismus – oder in der englischen Zuspitzung als *right-wing-authoritarianism* (RWA, Altemeyer, 1981) – bezeichnet wird. Es sind vielmehr die anderen, die irritieren: Diejenigen, die zunächst weltoffen, anti-autoritär, pluralistisch, demokratiefordernd, widerständig, friedlich – und eben höchstens esoterisch-spirituell und an einer Ganzheitlichkeit orientiert – erscheinen. Gleichzeitig hat ein signifikanter Anteil von ihnen jedoch wenig dagegen einzuwenden, neben der extremen Rechten zu demonstrieren und auch mit der AfD, einer in Teilen extrem rechten Partei, zu sympathisieren. Hinzu kommt bei ihnen eine Affinität für Verschwörungserzählungen, teilweise sogar eine ausgeprägte Verschwörungsmentalität (z. B. Frei et al. 2021). Wie lässt sich das verstehen? Wie hängt Esoterik mit Verschwörungsmentalität zusammen? Und inwieweit können Menschen, die esoterisch oder verschwörungsgläubig sind als autoritär bezeichnet werden?

Dieser Beitrag hat zum Ziel, das Verhältnis von Esoterik, Verschwörungsmentalität und dem autoritären Syndrom aus Sicht einer psychoanalytischen Sozialpsychologie in den Blick zu nehmen. Ich möchte hier unter Berücksichtigung bestehender Theorie und Empirie unsere Überlegungen zu einer möglichen

---

[1] Ich danke Prof. Oliver Decker, Prof. Angela Moré und Simona Schliessler für ihre hilfreichen Anmerkungen.

Psychodynamik von Esoterik und Verschwörungsmentalität darlegen[2], kontextualisieren und zur Diskussion zu stellen. Zunächst werde ich auf die klassischen „Studien zum autoritären Charakter" (Adorno et al., 1973) verweisen, in denen, teils vergessen, Verschwörungsmentalität und Aberglaube bereits mitkonzeptualisiert wurden, und beide Phänomene für den hiesigen Zweck kurz definieren. Dass die Autor*innen damit bereits etwas Wichtiges erkannt hatten, belegen auch empirische Studien zu Zusammenhängen von Verschwörungsmentalität, Esoterik und Autoritarismus. Daran anschließend werden Esoterik und Verschwörungsmentalität in ihrer Überschneidung – der Verschwörungsspiritualität – beschrieben, das wahnhaft-verschmelzungssuchende Moment ihrer *inneren Psychodynamik* hervorgehoben und mit Erkenntnissen aus der psychodynamischen Entwicklungspsychologie in Verbindung gebracht, um sie schließlich als Symptome einer autoritären *gesellschaftlichen Dynamik,* die sich in den einzelnen Individuen niederschlägt, zu analysieren. Obwohl das wahnhafte Moment des Autoritären bereits in frühen Konzeptionen der Forschungsgemeinschaft um Adorno, Horkheimer, Fromm et al. Enthalten war, verengte sich die Rezeption des autoritären Charakters auf seine sadomasochistische Dynamik und den Dreiklang aus autoritärer Unterwerfung, autoritärer Aggression und Konventionalismus. Diese auch als väterlich-ödipal bezeichnete Variante wird hier schließlich durch eine als mütterlich-präödipal bezeichnete Autoritätsbindung, wie sie Chassegeut-Smirgel (1987) formuliert hat, ergänzt und dargelegt, dass im autoritären Syndrom nicht „alles eins" ist. Ohne dabei die Bedeutung von ‚Autorität' als zentralen Bezugspunkt aufzugeben, werden Verschwörungsmentalität und Esoterik als Erscheinungsformen dieser wahnhaft-verschmelzungssuchenden Tendenz des Autoritären vorgeschlagen und sich daraus ergebende Fragen thematisiert.

2. Anfänge

Adorno, Frenkel-Brunswik und die anderen Autor*innen der „Studien zum autoritären Charakter" (1973) hatten es in den 50er Jahren bereits so konzipiert: Verschwörungsmentalität und Aberglaube gehören bei ihnen zum autoritären Charakter. Aufbauend auf Forschungen von Horkheimer, Marcuse und Fromm („Studien über Autorität und Familie", 1987 [1936]) hatten sie mit ihrem Werk

---

2   Die hier vorgestellten zwei Psychodynamiken des Autoritären gehen zurück auf Forschungen der Arbeitsgruppe von Prof. Oliver Decker am Else-Frenkel-Brunswik-Institut der Uni Leipzig.

das Ziel, eine Erklärung für die breite Zustimmung der Deutschen zum Nationalsozialismus, für das „potenziell faschistische Individuum" (Adorno et al. 1973, 1) zu finden. Zentral war dabei die Berücksichtigung der Wechselwirkung von gesellschaftlichen Bedingungen – damit war vor allem auch die „Struktur des Wirtschaftssystems" (Adorno 2019, 45) gemeint – und der psychischen Vorgänge in den Subjekten selbst. Den Forschenden war schon früh klar, dass von den „ökonomischen Tatsachen" (Horkheimer 1987, 42) der Produktionsverhältnisse zwar ein starker Druck zur Unterwerfung ausgeht, die Subjekte die repressiven gesellschaftlichen Verhältnisse jedoch auch selbst teilweise positiv besetzen, ihre Wünsche und Bedürfnisse an sie heften und diese in ihnen einen „ehrfürchtigen, rauschhaften, masochistischen Schauer" (ebd.) erzeugen. Die psychoanalytische Sozialpsychologie mit ihrer Theoretisierung auch unbewusster psychischer Dynamiken kann dieses Moment der positiven Besetzung der marktförmigen Vergesellschaftung als Umgang mit den dazugehörigen Widersprüchen fassen.

Mit dem Vorverständnis, dass Autorität in der bürgerlich-kapitalistischen Vergesellschaftung eine „zentrale historische Kategorie" (Horkheimer 1987, 23) sei, konzeptualisierten Adorno et al. (1973) die sogenannte Faschismus-Skala mit neun Dimensionen[3], welche Persönlichkeitseigenschaften und Einstellungen eines „autoritären Charakters" messen sollten. Am bekanntesten wurden die drei ‚klassischen' Dimensionen der *autoritären Aggression*, der *autoritären Unterwürfigkeit* und des *Konventionalismus*, die seit den 80er Jahren das in der etablierten Sozialpsychologie gängige Konzept des *right-wing-authoritarianism* ausmachen (vgl. Altemeyer 1981). Sie markieren einen „autoritären Charakter", der häufig mit dem Bild eines Radfahrers illustriert wird, der nach oben, vor Autoritäten, buckelt und nach unten, nach Schwächeren, tritt.

Was dabei über die Jahrzehnte der sozialpsychologischen Forschung unter den Tisch fiel: Auch *Aberglaube und Stereotypie* war eine der neun Dimensionen, die die Autor*innen bereits damals schon im Blick hatten. Sie wurde gemessen mit Items wie „Jeder Mensch sollte einen festen Glauben an eine übernatürliche Macht haben, die über ihm steht, der er gänzlich untertan ist und deren Entscheidungen er nicht in Frage stellt" (Adorno et al. 1973, 55). Und auch der Verschwörungsglaube fand seinen Platz in der Skala. Damals wurde er noch als Teil der Dimension *Projektivität* gefasst und zentral im Zusammenhang mit Antisemitismus gedacht: Die angeblichen bösen Verschwörer wurden regelmäßig

---

3   Konventionalismus, autoritäre Unterwürfigkeit, autoritäre Aggression, Anti-Intrazeption, Aberglaube und Stereotypie, Machtdecken und Robustheit, Destruktivität und Zynismus, Projektivität, Sexualität (Adorno et al. 1973, 46 ff.).

als Jüdinnen und Juden imaginiert. Schaut man sich folgendes Item dieser Dimension an, wird deutlich, dass damit mitgemeint ist, was wir auch heute als Verschwörungsmentalität messen: „Viel stärker als die meisten Menschen erkennen, wird unser Leben durch Verschwörungen bestimmt, welche die Politiker insgeheim aushekken (sic!)" (Adorno et al. 1973, 60).

Heute sprechen wir von einem autoritären *Syndrom*[4] und plädieren dafür, Verschwörungsmentalität und Esoterik bzw. Aberglaube als Teil dessen wieder ernst zu nehmen. Um dies zu begründen, sollen die beiden Phänomene zunächst kurz beschrieben werden.

3. Verschwörungsmentalität und Esoterik bzw. Aberglaube

Verschwörungsmentalität ist kein neues Phänomen (Butter 2019). Ihre Bedeutung, Funktion und Ausformung verändert sich unter den je gegebenen gesellschaftlichen Bedingungen, auch wenn sie als individuelles Persönlichkeitsmerkmal relativ stabil ist (Imhoff et al. 2022). Grundlegend ist mit Verschwörungsmentalität die Bereitschaft gemeint, strukturelle gesellschaftliche und politische Phänomene mit dem intendierten Handeln kleiner, geheimer und böswilliger Gruppen von Menschen zu erklären. Hier finden eine Spaltung und folgende Projektion statt: Eigene Wünsche nach (All-)macht und Kontrolle, aber auch eigene Aggressionen werden nicht ausgehalten, sondern abgespalten und in geheime böse Gruppen der Verschwörer*innen projiziert. Durch eine solche Personifizierung werden sie scheinbar „dingfest" gemacht und können dann bekämpft werden. Dies kann auf Kosten einer adäquaten Realitätswahrnehmung der Umwelt gehen. Obwohl sich zum Teil exzessiv mit bestimmten „Theorien" auseinandergesetzt und aufwendig recherchiert wird, führt dies nicht zu einer lebendigen Auseinandersetzung mit der Welt. Vielmehr wird mit dem verschwörungsideologischen Habitus des*der kritisch Hinterfragenden eine tatsächliche Auseinandersetzung mit der Realität abgewehrt. In selektiver Bedeutungsgebung werden nur solche Inhalte übernommen, welche an die schon fertige Verschwörungslogik andocken. Dass sich einzelne Erzählungen widersprechen

---

4   Wir sprechen heute von „Syndrom", um anzuzeigen, dass es sich um ein Bündel an gemeinsam auftretenden Symptomatiken und Erscheinungsformen handelt. Von den Begriffen des (Sozial-)Charakters oder der Persönlichkeit wird aufgrund der theoretischen Schwierigkeiten, diese mit sich bringen, abgesehen (vgl. Decker et al. 2018; siehe auch: Busch 2001).

können, kann deren fehlendem Bezug zur Realität nichts anhaben und keine korrigierende Wirkung entfalten. Die Realität ist – in Krisenzeiten wie z. B. einer Pandemie noch verstärkt – so beängstigend, dass sie in Teilen verleugnet wird und an ihre Stelle Fantasien treten müssen, die als „psychotisches Phänomen" (Bossert 2022, 119 f.) verstanden werden können. Auch quantitative Studien belegen Zusammenhänge zwischen Verschwörungsglauben und Defiziten bei der Realitätsprüfung (Drinkwater/Dagnall/Parker, 2012) sowie mit Wahn bzw. paranoiden Tendenzen (Grzesiak-Feldman/Ejsmont 2008; Darwin/Neave/Holmes 2011; Holm 2009). Verschwörungsmentalität geht heute zudem oft einher mit dem Gefühl, zu den Wenigen zu gehören, die wirklich verstanden haben, dass mächtige, geheime Eliten sich gegen „das Volk" verschworen haben und im Gegensatz zu den unwissenden „Schlafschafen" aufgewacht sind. Hier wird eine psychische Funktion dessen deutlich, nämlich sich besonders oder „einzigartig" zu fühlen (vgl. Imhoff/Lamberty 2017). Die verschwörungsideologische Weltsicht wird deshalb als ein psychisches Bedürfnis verstanden, zu dem niemand verführt werden muss, ist es doch als eine Möglichkeit des Umgangs mit gesellschaftlichen und inneren Widersprüchen im Subjekt angelegt: Ambivalenz kann mithilfe von Verschwörungsmentalität vereindeutigt, Unsicherheit und Ängste müssen nicht ausgehalten, sondern können narzisstisch abgewehrt werden (Schliessler et al. 2020).

Der Begriff der Esoterik ist etwas schwieriger zu fassen. Nimmt man nur den kleinen Ausschnitt Mitteleuropas in den Blick, so hat sie sich seit der Frühen Neuzeit in komplizierter Wechselwirkung mit Prozessen der Säkularisierung und der Aufklärung (Neugebauer-Wölk 2009) sowie mit außereuropäischen kulturellen, religiösen und spirituellen Praxen entwickelt.[5] Aus pragmatischen Gründen wird deshalb hier mit Esoterik – ähnlich wie für die Verschwörungsmentalität – das *Bedürfnis* in den Mittelpunkt gestellt, sich auf im globalen Norden beobachtbare heterogene und oft als Konsumgut angebotene Glaubensinhalte und -praxen zu beziehen, die auch als „holistisches Milieu" (Heelas 2007; Höllinger/Tripold 2012) zusammengefasst wurden.

Die bereits vom Inhaber des ersten Lehrstuhl zur Geschichte der esoterischen Bewegungen, Antoine Faivre (2001) beschriebenen Charakteristika der Esoterik haben ihre Gültigkeit in diesem Milieu nicht verloren: Das „Denken in Entsprechungen", d.h. was im Kleinen, beispielsweise im eigenen Leben

---

5   Auf die lange und rege (weiter-)geführte Diskussion um die Definition und Absteckung des Forschungsfeldes kann hier nicht eingegangen werden, siehe dazu z. B. Strube/Asprem (2021).

passiert, ist unmittelbar mit einem kosmischen Gesamtzusammenhang verbunden; die Idee einer beseelten Natur, die eine göttliche Einheit bildet; der Glaube an spirituelle Medien, die durch Deuten von Zeichen zwischen der materiellen und einer spirituellen Welt vermitteln; sowie das Streben auf einer spirituellen, inneren Reise Erleuchtung zu erlangen (ebd.). Auch im Esoterischen finden sich Spaltungs- und Projektionsprozesse: Etwas anders als bei Verschwörungsmentalität, kommt es hier jedoch zur Spaltung in ein gutes und böses *Prinzip*. Alles Gute wird dann in übernatürlichen Kräften, der Natur, einem Göttlichen platziert und diesem Macht und Kontrolle über das eigene Leben zugeschrieben. Das Schlechte wird häufig in einer als deformierend wahrgenommen modernen Gesellschaft verortet (vgl. Seeburger 2019). Ambivalenzen und Widersprüche werden auch hier mithilfe des entstehenden Schwarz-weiß-Denkens abgewehrt. Zentral ist zudem ein im zeitgenössischen Milieu implizit oder explizit artikulierter, paradoxer Wunsch: nämlich mit etwas Überindividuellem, Göttlichen in Verbindung zu stehen und dadurch Heilung zu erfahren, gepaart mit der Vorstellung, dieses Göttliche jedoch eigenständig und unabhängig in sich selbst finden zu können (vgl. Wood 2007). Hier scheint bereits die Gleichzeitigkeit von einem Verschmelzungswunsch mit einer göttlichen Ganzheit inklusive Selbstaufgabe einerseits und einer starken Betonung der eigenen Autonomie und Selbstverantwortung, andererseits auf. Esoterische Praxen und Glaubensinhalte versprechen diese darin enthaltene und für die menschliche Erfahrung konstitutive Widersprüchlichkeit falsch zu versöhnen.

Während mit Esoterik hier eine relativ gefestigte Haltung zur Welt gemeint ist, kann in Abgrenzung dazu Aberglaube mit Adorno (1962) als ein eher alltäglicher, weniger gefestigter Glaube an magische Phänomene oder das Schicksal verstanden werden, der deshalb auch mit weniger Kosten verbunden ist (vgl. Mandal, 2018). Abergläubige sind „ungläubig magisch[] Denkende[]" (Schmid-Noerr 2015, 51), die in ihrem Leben noch „nach den Maßstäben der instrumentellen Rationalität" (ebd.) handeln und mit dem Glauben an Übernatürliches eher spielen, als ihr Leben danach auszurichten. Die Grenzen sind dabei fließend.

4. Aktuelle Empirie: Zusammenhänge mit Autoritarismus

Dass Verschwörungsmentalität bzw. Esoterik mit Autoritarismus zusammenhängen, kann in aktuellen empirischen Studien immer wieder belegt werden. So wurden im Rahmen der Leipziger Autoritarismus Studie (LAS) seit 2018 Verschwörungsmentalität (Decker et al. 2018) und seit 2020 zusätzlich Aberglaube als Teil des Autoritären Syndroms konzipiert (Decker et al. 2020; Dilling et al. 2022) und als regressive – und eben autoritäre – Verarbeitungsmodi gesellschaftlicher Erfahrung herausgestellt (Schliessler et al. 2020). Auch die Forschung von Amlinger und Nachtwey (2022), die ihren Typ des „libertären Autoritären" u. a. an den verschwörungs- und esoterikaffinen Protestierenden auf den Corona-Demos entwickelt haben, bezieht sich auf das Konzept der „Studien zum Autoritären Charakter".

Da Autoritarismus sich als entscheidendes Korrelat für die Ausbildung antidemokratischer Einstellungen bewährt hat (Grzesiak-Feldman 2015), lohnt auch ein Blick in die Zusammenhänge mit Verschwörungsmentalität bzw. Esoterik mit solchen Einstellungen: So deuten Studien darauf hin, dass Verschwörungsmentalität als Mediator zwischen subjektiven Gefühlen politischer, gesellschaftlicher und ökonomischer Deprivation und Rechtsextremismus (Schliessler et al. 2020) dient. Zudem konnten Zusammenhänge mit (rechts-)extremistischen Einstellungen (Baier/Manzoni 2020; van Prooijen et al. 2015) und Ressentiments gegenüber Muslimen, Sinti und Roma, Asylsuchenden und Transmenschen (Rees/Lamberty 2019) sowie, ganz zentral, mit Antisemitismus (Imhoff 2020; Imhoff/Decker 2013) gezeigt werden. Bei einer Untersuchung verschiedener Typen von Verschwörungsgläubigen in Deutschland wurde außerdem deutlich, dass diese sich fast ausschließlich weiter rechts als die Mitte einschätzen und dass Verschwörungsglaube mit einer Abwertung verschiedener marginalisierter Gruppen einhergingen (Dilling et al. 2022). Auch konnten Imhoff et al. (2021) festhalten, dass mit steigendem Verschwörungsglauben die Bereitschaft, sich demokratisch zu engagieren sinkt, während die Bereitschaft zu illegalen Aktivitäten (z. B. Wahlbetrug und Gewalt) ansteigt. Allerdings: Auch wenn viele Studien Zusammenhänge zwischen (right-wing) Autoritarismus und Verschwörungsglauben feststellen konnten (Abalakina-Paap et al. 1999; Grzesiak-Feldman 2015; Milošević Đorđević et al. 2021), gibt es andere, die diesen Zusammenhang nicht finden (z. B. Baier/Manzoni, 2020). Dies könnte zum einen daran liegen, dass es eine starke Heterogenität innerhalb des verschwörungsideologischen Milieus gibt (vgl. Dilling et al. 2022). Zum anderen könnte es daran liegen, dass Autoritarismus in diesen Studien nur mit Items zu autoritärer Aggression, autoritärer Unterwerfung und Konventionalismus (also *right-wing-authoritarianism*) gemessen wurde, und andere Dynamiken des Autoritären, wie sie sich im Verschwörungsdenken zeigen, nicht abbilden. Man kann diese widersprüchlichen Ergebnisse dann als empirischen Hinweis darauf verstehen, dass die Reduktion auf die drei ‚klassischen' Dimensionen des Autoritarismus zu kurz greift und eine Erweiterung bzw. Rückkehr zum ursprünglichen autoritären Syndrom lohnend ist.

Im Falle von Esoterik und Aberglaube ist die Forschungslage noch etwas ambivalenter, denn Studien nutzen sehr verschiedene Konstrukte und Skalen, um wahlweise esoterischen Glauben, Aberglauben, Glauben an alternative oder „ganzheitliche Spiritualität" oder Glauben an paranormale Phänomene zu operationalisieren. Höllinger (2004) beispielsweise differenziert zwischen verschiedenen Typen von New Age-Anhänger*innen und findet: Während der Fokus auf „ganzheitliche Spiritualität", alternative Heilmethoden und Körper-Geist-Praktiken wie Yoga eher mit liberalen Werten sowie einem gewissen Interesse an sozio-politischen Veränderungen einhergehen, hängt eine eher esoterisch-magische Weltsicht mit etwas höherer Zustimmung zu autoritären Einstellungen, einer Law-und-Order Politik sowie der Abneigung gegenüber Fremden zusammen (Höllinger 2004; 2017). Canetti-Nisim und Beit Hallahmi (2007) finden einen vermittelnden Effekt von New Age-Glauben, welcher Autoritarismus reduziert und die Unterstützung für demokratische Prinzipien erhöht. Andererseits zeigen sich durchaus Zusammenhänge zwischen dem (Aber-)Glauben an übersinnliche Kräfte und rechtsextremen Einstellungen (Hubera/Yendell 2019; Schliessler et al. 2020) sowie zwischen dem Glauben an Astrologie und Magie bzw. Nutzen von esoterischen Praktiken (u. a. Wahrsagerei, Tarotkarten) und autoritären Einstellungen (Björkqvist et al. 1996; Heard/Vyse 1998). Auch hier könnte die Uneindeutigkeit der Ergebnisse zumindest zum Teil mit den Operationalisierungen von Autoritarismus zusammenhängen, welche ausschließlich *right-wing-authoritarianism* umfassen.

Wie erklären sich nun diese Zusammenhänge zwischen Autoritarismus und Verschwörungsmentalität bzw. Esoterik? Die psychoanalytische Sozialpsychologie eröffnet die Möglichkeit, die *Ebene innerer psychischer Vorgänge* zu in den Blick zu nehmen und deren Wechselwirkungen mit den gesellschaftlichen Bedingungen zu verstehen. So ist es dann möglich, die Zusammenhänge zwischen Verschwörungsmentalität und esoterischem Aberglauben dadurch zu erklären, dass ihnen ein ähnliches psychisches Geschehen zugrunde liegt. Statt also Esoterik nur als „Denkform" (Faivre 2001) zu verstehen oder Verschwörungsglaube schlicht auf hyperaktives Mustererkennen zu reduzieren, was die Phänomene auf *kognitive* Prozesse verengt, gilt es hier die *Psychodynamik* zu verstehen. Das bedeutet konkret die Frage nach den psychischen und affektiven Funktionen, die Verschwörungsmentalität und Esoterik für ihre Träger*innen unter den gegebenen gesellschaftlichen Bedingungen haben. Welche Bedürfnisse erfüllen sie? Was kann mit ihnen abgewehrt werden? Welche Befriedigung versprechen sie? Welche Wünsche scheinen sie zu erfüllen? Für die Beantwortung dieser Fragen ist es sinnvoll, sich die Gemeinsamkeiten der beiden Phänomene anzuschauen.

5. Verschwörungsspiritualität

Verschwörungsmentalität und Esoterik teilen eine große Überschneidungsfläche: die so genannte Verschwörungsspiritualität (Conspirituality; Ward/Voas 2011). Beide haben sich, historisch eng verwoben, in einem „cultic milieu" (Asprem/Dyrendal 2015, 367) entwickelt. Die Verschwörungsspiritualität begründet sich aus drei geteilten Leitsätzen beider Phänomene: „Nichts passiert durch Zufall", „Nichts ist wie es scheint" und „Alles ist miteinander verbunden" (Barkun 2013, 3). Das bedeutet: Erstens gehen die beiden Phänomene von einem zugrundeliegenden Plan aus, indem Ereignisse entweder als Folge verschwörerischer Machenschaften oder durch eine beseelte, göttliche Natur oder das Schicksal beeinflusst, gedeutet werden. Nichts passiert „einfach so", und deshalb kann allem Eigensinn und Bedeutung zugesprochen werden – auch wenn diese nicht bestehen. Zweitens gibt es etwas zu entdecken, was zunächst hinter einer Fassade von geheimen Mächten absichtlich versteckt oder für das uninitiierte Auge unsichtbar bleibt und erst – z. B. durch Deuten von Zeichen – enthüllt werden muss. Drittens scheinen sowohl für Verschwörungsgläubige als auch für Esoteriker*innen überall Beziehungen zwischen auch entfernten und unwahrscheinlichen Dingen auf (Panrelationismus; Müller 1987, zitiert nach Rieken 2013, 136). So finden Verschwörungsgläubige ihre „Theorie" in allem, was sie umgibt, bestätigt. Durch übertriebene Herstellung von Verbindungen meinen sie ein Muster zu erkennen, das es nicht gibt, welches aber zur einfachen Erklärung oft komplizierterer Zusammenhänge dient. In der Esoterik findet dies seine Entsprechung in dem Glauben, dass Mikrokosmos und Makrokosmos direkt miteinander verbunden sind und „alles eins" ist. Durch solche Vorgänge wird unbeteiligten Personen, leblosen Dingen oder gesellschaftlichen Strukturen Intentionalität oder ein Seelenleben zugeschrieben, die diese nicht haben. Damit ist der (selektive) *Realitätsverlust* der beiden Phänomene angesprochen, die, so haben es Horkheimer und Adorno (2019 [1944]) schon im Falle des Antisemitismus beschrieben, im „Größen- wie im Verfolgungswahn" (Horkheimer/Adorno 2019, 199) „die Umwelt sich ähnlich" (ebd.) machen, d. h. nach den eigenen Fantasien umgestalten. Das drückt sich im Esoterischen durch wahnhaft anmutende Erfahrungen übernatürlicher oder spiritueller Fähigkeiten wie beispielsweise dem Sehen von Auren aus. Und im Verschwörungsdenken darin, dass eine kleine mächtige imaginierte Gruppe wahnhaft zum „Verfolger" (ebd.) gemacht wird. Zudem lässt sich im Verschwörungsglauben und verstärkt noch im Esoterischen, die Nutzung einfacher Analogiebildungen feststellen: Die Unterscheidung, ob etwas *wie* etwas anderes ist bzw. es repräsentiert, oder es das

Gleiche *ist,* wird nicht mehr gemacht (Eco 1989) und so die Wahrnehmung der Differenz zwischen Dingen aufgehoben.

Sowohl der (selektiv) aufgegebene *Realitätsbezug* als auch die weiter oben beschriebenen psychischen Prozesse der *Spaltung* und *Projektion* sind also zentrale geteilte psychodynamische Vorgänge von Verschwörungsmentalität und Esoterik und somit auch relevant für die Erklärung ihrer Überschneidungsform, der Verschwörungsspiritualität.

6. Individuelles und Gesellschaftliches

6.1 Individuelle Psychodynamik

Die psychodynamischen Vorgänge der Spaltung, Projektion und des Realitätsverlusts erinnern an frühkindliche psychische Prozesse, wie vor allem die psychoanalytische Entwicklungspsychologie sie beschreibt.

Verschiedene Autor*innen haben in empirischen (Fall-)Studien bzw. theoretischen Arbeiten bereits Verschwörungsmentalität bzw. Esoterik und Aberglauben mit frühkindlichen Funktionsweisen in Verbindung gebracht (z.B. Rieken 2014, Brauner 2020; Bossert 2022). Auch wenn diesen Studien durchaus unterschiedliche Theoretisierungen kindlicher Entwicklung zugrunde liegen, teilen sie doch die Annahme, dass es sich bei Verschwörungsmentalität bzw. Esoterik psychodynamisch um eine Regression, d.h. ein Zurückfallen auf frühe Formen psychischer Verarbeitung kommt:

Rieken (2013) sieht eine Verbindung von Aberglauben und dem magischen Denken, wie es Kinder ab dem zweiten Lebensjahr erfahren. Sind sie noch nicht vollständig in der Lage zu verstehen, dass andere Menschen auch Anderes denken, wissen, fühlen können als sie selbst – bzw. unbelebte Dinge auch überhaupt nichts fühlen können. Sie interpretieren alles auf sich selbst bezogen, d.h. egozentristisch, und die Welt animistisch und intentional (Rieken 2013, 138). Brauner (2019; 2020) bringt aus Sicht der mentalisierungsbasierten Psychoanalyse Verschwörungsdenken mit einem noch früheren Stadium kindlicher Entwicklung, dem „Äquivalenzmodus" (Brauner 2019, 23), in Zusammenhang. In diesem Modus herrschen „prämentalisierende[] Reflexionsmodi" (ebd.) vor, bei denen das Kind noch kein Begriff von seiner Ungetrenntheit von der Bezugsperson hat und „eigene Überzeugungen und Gefühle für übertrieben real gehalten werden" (ebd., 11). Bossert (2022) hingegen orientiert sich zur Erklärung von Verschwörungsdenken an den psychoanalytischen Theoretiker*innen Klein und Bion, welche vor allem die paranoid-schizoiden bzw. psychotischen Funktionsweisen frühkindlicher psychischer Entwicklung herausgearbeitet haben. Auch wenn die Autor*innen unterschiedliche Vorstellungen kindlicher Entwicklung innerhalb der Psychoanalyse vertreten, gehen alle von einem frühkindlichen Zustand der Ungeschiedenheit, der noch nicht fest etablierten Anerkennung von Differenz zwischen dem Kind und Umwelt, innen und außen, und damit auch von Realität und Fantasie aus.

Am Anfang, in der psychoanalytisch „präödipal-narzisstisch" genannten Zeit, hat das Kleinkind noch kein Gefühl für sich selbst und die Getrenntheit von der Bezugsperson. In diesem Modus einer Ungeschiedenheit vom Primärobjekt (der Bezugsperson) gelingt die Differenzierung zwischen eigenen inneren Zuständen und äußerem Geschehen noch nicht, sodass psychisches Geschehen mit äußeren Phänomenen vermischt und für real gehalten wird. Zentral ist zudem der Umgang mit aversiven Empfindungen, wie Hunger oder Ängsten, die in dieser frühen Phase nicht gut ausgehalten werden können und abgespalten sowie in andere projiziert werden müssen. Eng damit zusammen hängt, dass beim kleinen Kind eine „vorübergehend grandiose Vorstellung vom eigenen Selbst" (Mentzos 2009, 67), ein „Größen-Selbst" (ebd.) vorherrscht, welchem durch die Abwehrmechanismen der Spaltung und Projektion nur die guten, idealen Anteile erhalten bleiben. Auch die Fähigkeit zur Symbolbildung ist erst im Entstehen begriffen (vgl. Segal 1988).

Die Psychoanalytikerin Melanie Klein fand für diese ganz frühe psychische Funktionsweise den Begriff der „paranoid-schizoiden Position" (2000, 9)[6]: Damit stellt sie das Wahnhafte des psychischen Funktionierens dieser Zeit ins Zentrum: die paranoide Angst des Säuglings und die (schizoide) Spaltung des Ichs und der Objekte.

In der Tat können spätere klinische Diagnosen aus dem schizophrenen Formenkreis mit einer Fixierung auf diese Position in Verbindung gebracht werden, wenn es in dieser Zeit an einen schweren Mangel an haltender Zuwendung und Versorgung kommt. Weil reifere psychische Funktionsweisen sich weniger gut ausbilden, muss auf diese frühen Funktionsweise zurückgegriffen werden. Dieser paranoid-schizoiden Position stellt Klein auch die „depressive Position" gegenüber, in der die Ängste besser ausgehalten werden können und nicht mehr dermaßen abgespalten und projiziert werden müssen. Es ist nun vermehrt möglich, zwischen Eigenem und Äußerem zu unterscheiden und beide – sowohl das frühe Selbst als auch das äußere Objekt – können nun gute und böse Elemente

---

6   Für eine detaillierte Übersicht über Kleins Theorie, die hier nicht geleistet werden kann, siehe Staehle (2013).

enthalten. „Depressiv" wird ist diese Position genannt, weil sie mit der Anerkennung eines Verlustes einhergeht: des Verlustes des Omnipotenzgefühls bzw. die schmerzhafte Anerkennung von Trennung und Differenz vom Primärobjekt. Gewonnen wird hingegen eine differenziertere und vor allem realitätsgerechtere Wahrnehmung und Bezugnahme zur Umwelt und der in ihre lebenden Bezugspersonen; das Realitätsprinzip wird installiert. Beide Positionen, die paranoid-schizoide und die depressive, entstehen also in der frühen Kindheit, bleiben aber als Verarbeitungsmodi lebenslang oszillierend, als Teil „normalen" psychischen Geschehens, erhalten. Auch bei nicht pathogenen Entwicklungsverläufen kann, vor allem in krisenhaften Momenten, vorübergehend auf frühkindliche, paranoid-schizoide Funktionsweisen regrediert werden.[7]

Wenn das nun aber normale frühkindliche Entwicklungspositionen sind, auf die auch bis ins Erwachsenenalter normalerweise immer mal wieder regrediert wird, warum oder unter welchen Umständen ist dies dann autoritär? Es wird autoritär, wenn die Subjekte auf einer solchen regressiven Position fixiert bleiben, d. h. sich Spaltung, Projektion und Realitätsverlust als vorherrschende Modi verfestigen und diese sich mit dazu passenden verschwörungsideologischen oder esoterischen Vorstellungen und Inhalten verbinden.

6.2 Gesellschaftliche Pathologie: Schiefheilung

Allerdings sollen Verschwörungsmentalität und Esoterik hier nicht primär als individuelle Psychopathologien verstanden werden. Zwei zentrale Unterschiede weisen darauf hin, dass in ihnen etwas Überindividuelles, Gesellschaftliches enthalten ist: Erstens ist bei einem krankheitswertigen Wahn, im Gegensatz zum dem Wahnhaften, das sich in Verschwörungsmentalität und Aberglaube zeigt, die wahnhafte Person selbst im Zentrum einer vermuteten Verschwörung. So hat es bei letzterer beispielsweise die CIA auf sie persönlich abgesehen und sie vermutet nicht unbedingt eine Verschwörung einer gegen das gesamte „Volk". Beim Verschwörungsglauben ist also die kollektive Betroffenheit zentral (vgl. Greenburgh/Raihani 2022). Zweitens ist die Alltagsbewältigung beim Verschwörungsglauben nicht primär eingeschränkt, was bei einer psychischen Störung mit wahnhafter Symptomatik wahrscheinlich wäre. Verschwörungsgläubige sind hingegen häufig sozial unauffällig (Blanuša/Hristov 2020). Und auch die pathologisch wahnhaft erscheinenden Elemente des Glaubens von Esoteriker*innen können

---

7 Tatsächlich sind psychische Regressionsprozesse auch für ein nicht-pathologisches psychisches Geschehen in gewissen Ausmaß üblich und wichtiger Bestandteil psychischer Gesundheit (z. B. im Schlaf).

Ausdruck einer esoterischen Subkultur und müssen nicht krankheitswertig sein[8]. Es ist möglich, dass sowohl Verschwörungsglaube als auch esoterischer Aberglaube ohne Leidensdruck oder reduziertes Funktionsniveau auftreten, sodass man hier auch, ähnlich wie Busch et al. (2016) es für den Antisemitismus beschrieben haben, von einer *Schiefheilung* sprechen kann. ‚Geheilt' werden müssen demnach die ‚Beschädigungen' der Individuen, die durch die moderne kapitalistische Vergesellschaftung entstehen, d. h. reale „Ohnmachts- und Abhängigkeitserfahrungen" (Brunner 2016, 27) sowie Erfahrungen von „Entfremdung" (ebd.), die die Menschen „angesichts der gesellschaftlichen Zwänge und versachlichten Herrschaftsverhältnisse" (ebd.) machen. Der moderne Antisemitismus liefert für diese unerwünschten Gefühle und inneren Konflikte eine gesellschaftlich bereits bestehende Projektionsfläche, er wird zu einem „kollektiv geteilten Container" (Brunner 2016, 24). Die – auch hier als wahnhaft zu bezeichnende – Vorstellung beispielsweise, dass bösartige, geheime jüdische Organisationen für die Probleme der Moderne verantwortlich seien (vgl. hierzu auch Adorno et al. 1973), funktioniert als (Schief-)Heilung, weil sie Anschluss an eine Masse ermöglicht, die diese Vorstellung teilt, mit anderen Worten: diesen gleichen ‚Container' auch nutzt. Somit verliert die eigentlich verzerrte, paranoide und damit ‚pathologisch' einzuschätzende Wahnvorstellung vom allmächtigen, bösen Juden ihren abweichenden, pathologischen Charakter, wenn genug Einzelne diese in einer Art „Massenwahn" teilen, es also ‚normalisiert' wurde, so zu denken. In dieser Masse ist es dann auch möglich, sich als Teil einer ganz besonderen Gruppe zu identifizieren und in einer Art „kollektivem Narzissmus" (Adorno 1961; zitiert nach Brunner 2016, 25) die Ohnmachtsgefühle abzuwehren und die Regression zu genießen.

Ähnliches gilt auch für Verschwörungsmentalität und Esoterik, wenn auch je nach Intensität des Glaubens in abgeschwächtem Maße (vgl. Knasmüller et al. 2023). Beide sind gesellschaftlich und historisch derart in unserer Kultur verwoben (man denke nur an passager auftretende Übernahmen von Aberglauben bei sich als rational verstehenden Menschen) und die Milieus, in denen beide rigide ihren Ausdruck finden, groß genug, um eine kollektiv geteilte Verarbeitung bzw. ‚Symptombildung' zu ermöglichen, ohne dass diese als krankheitswertig auffällt. So müssen die Charakteristika von Verschwörungsmentalität und Esoterik nicht als individuelle Pathologien verstanden werden, sondern können – bis zu einem gewissen Grad in einer bestimmten historischen Situation – als ‚normal' gelten:

---

8 Allerdings können sich Erkrankungen des schizoiden Formenkreises durchaus hinter esoterischen Glaubensinhalten und -praxen verbergen, so zunächst unentdeckt bleiben und der Übergang fließend sein (vgl. Hinterbuchinger/Mossaheb 2017).

„Die Glaubenssysteme [z. B. Esoterik und Verschwörungsmentalität; CS] halten etwas von jener Kollektivität fest, welche die Individuen vor der Erkrankung bewahrt" (Horkheimer/Adorno 2019, 206).

Verschwörungsmentalität und Esoterik sind somit nicht nur individuelle Kuriositäten, sondern haben eine bestimmte *subjektive* psychische Funktion für ihre Träger*innen. Sie sind gesellschaftlich bereitstehende Container für psychische Bedürfnisse innerhalb der aktuellen gesellschaftlichen Formation: Verschwörungsmentalität kann die in einer durch politische, ökonomische und soziale Deprivationserfahrungen geprägten gesellschaftlichen Formation vorhandenen bedrohlichen Kontrolllosigkeits- sowie kränkenden Ohnmachtsgefühle reduzieren (z. B. Bruder et al. 2013; van Prooijen/Acker 2015). Der Eindruck, die komplexen gesellschaftlichen Verhältnisse zu durchschauen, erzeugt ein Gefühl von Handlungsfähigkeit. Darüber hinaus ermöglicht der Glaube an Verschwörungserzählungen ein Identifizierungsangebot sowie die narzisstische Befriedigung und Überlegenheitsillusion von Einzigartigkeit gegenüber jenen, die noch nicht „aufgewacht" sind (Imhoff/Lamberty 2017; Lantian et al. 2017). Diese Einzigartigkeitsemphase und vor allem eine Allmachtsphantasie zur Abwehr von Ohnmachtsgefühlen, spielt auch bei Esoterik eine Rolle. Zusammengefasst kann man sagen, dass bei beiden die Abkehr von einer Auseinandersetzung mit einer kränkenden Realität als Funktion im Vordergrund steht.

Zur subjektiven kommt eine *gesellschaftliche* Funktion: Die Erfahrungen der Widersprüche und Krisen moderner Marktvergesellschaftung führen – werden sie mit Verschwörungsmentalität oder Esoterik verarbeitet – nicht zu kollektivem, veränderndem gesellschaftlichen Handeln. Beispielhaft sei hier auf die ideologische Komponente der zeitgenössischen, westlichen Esoterik verwiesen, die die Eigenverantwortung der nur scheinbar autonomen und freien Individuen ins Zentrum stellt (vgl. Wood 2007), die Abhängigkeit derselben Subjekte von materiellen Verhältnissen leugnet, was sich mit neoliberalen Anforderungen an spätmoderne Subjekte ‚wunderbar' vereinbaren lässt.

Auch im Verschwörungsglauben findet sich diese stillstellende, regressive Wirkung, wenn beispielsweise der Kapitalismus über den Irrweg einer antisemitischen Weltverschwörungserzählung kritisiert wird, nach der eine jüdische Finanzelite diesen fördere und somit für eine ‚materialistische Kultur', die ökonomischen Krisen und die weltweiten Ausbeutungsverhältnisse verantwortlich sei (vgl. Postone 1982; Schliessler et al. 2020). Indem sie den Individuen (Deutungs-)Angebote machen, regressiv mit den erlebten Widersprüchen umgehen, entlasten, verschleiern und stabilisieren sie dysfunktionale gesellschaftliche Macht- und Herrschaftsverhältnisse.

Es sind also zwei historisch spezifische Verarbeitungen der gesellschaftlichen Dynamik, die Adorno et al. bereits 1950 als *autoritäre* Dynamik der Vergesellschaftung verstanden haben. Und diese Verarbeitungen geschehen demnach innerhalb eines *autoritären Syndroms* bei den Individuen.

7. Das autoritäre Syndrom: Sadomasochismus und Verschmelzung

Die Autor*innen (Adorno et al. 1973) der ursprünglichen Konzeption des autoritären Charakters beziehen sich einerseits auf kritische Gesellschaftstheorie, andererseits auf die Psychoanalyse und Freuds Modell des psychischen Apparats. Dieses Modell geht von drei psychischen Instanzen aus: dem Es, dem unbewussten Teil und Sitz unserer Triebbedürfnisse; dem Ich, mit dem wir auf einer bewussten und realitätsnahen Ebene der Welt begegnen; und dem Über-Ich, u. a. als Sitz des Gewissens gedacht, das sich durch die von den Eltern als Autoritäten vermittelten gesellschaftlichen Normen und Werte, die im Laufe der Entwicklung verinnerlicht werden, entwickelt.

7.1 Sadomasochismus

Dem autoritären Charakter, so Adorno et al. (1973), liege ein „schwaches Ich" zugrunde. Die Entstehung dessen verorten sie in der bürgerlich-patriarchalen Kleinfamilie zu Beginn des 20. Jahrhunderts. Die damalige kapitalistische Gesellschaft war dadurch geprägt, dass die (Trieb-)bedürfnisse der Menschen autoritär unterdrückt wurden und an die repressiven gesellschaftlichen Normen angepasst werden mussten. Hier wird deutlich, dass die Autor*innen die Wechselwirkung von gesellschaftlicher Dynamik und psychischer Struktur von Individuen im Blick hatten. Sozialisationsinstanz war vor allem der Vater, der die damals vorherrschenden rigiden und repressiven gesellschaftlichen Normen und Werte innerhalb der Familie als Autorität verkörperte. Dem Kind blieb – wollte es der Gefahr der Strafe und des Liebesentzugs entgehen – nur, sich dieser väterlichen Autorität zu unterwerfen. Trotzdem beinhaltet diese Unterwerfung auch ein freiwilliges, ja lustvolles Moment, bringt sie doch die Hoffnung, irgendwann selbst an die Stelle des Vaters zu treten. Die Ge- und Verbote der (äußeren) Autorität des Vaters werden im Laufe der Entwicklung internalisiert und zur inneren Autorität, zum Über-Ich des Kindes. Gesellschaftliches Leben und Sozialität erfordern immer individuelle Triebunterdrückung, was zu einer grundlegenden Widersprüchlichkeit und Ambivalenz im Individuum führt. Die Art und Weise wie diese jedoch Anfang des 20. Jahrhunderts erfolgte – rigide, repressiv, ausgehend von einem patriarchalen Vater, der gesellschaftliche Position von sich und seinesgleichen schwinden sah – führte laut Adorno et al. (1973) jedoch auch zu einem besonders rigiden Über-Ich. Dieses gehe in der Folge mit übertriebener Strenge gegen eigene innere Regungen vor und unterdrücke sie schließlich auch ohne äußeren Druck eigenständig, sprich: Es verdrängt sie aus dem Bewusstsein. Die daraus entstehende Frustration und Aggression werde, statt sich auf ihre Quelle, die repressive Autorität, zu richten, an anderer Stelle ausagiert, nämlich bei als schwach oder fremd imaginierten Anderen.

Diese oft als „ödipal" bezeichnete Dynamik aus durchaus lustvoller Unterwerfung unter Autoritäten und Aggression gegen Schwächere wurde von Fromm bereits als „autoritär-masochistische[r] Charakter" (Fromm 1936, 111) bezeichnet. Als Resultat entstehe ein Ich, dass durch die Anforderungen des rigiden Über-Ichs, den Triebbedürfnissen aus dem Es und den Anforderungen der Realität, die anerkannt werden muss, bedrängt ist und somit „schwach" sei. Zudem werde es durch das für die beschriebene Zeit hohe Maß an gesellschaftlich geforderter Triebunterdrückung zusätzlich geschwächt, denn die ständige Verdrängung von Bedürfnissen ist anstrengend und geht auf Kosten der Reflexions- und Handlungsfähigkeit. Allerdings ermöglicht die Verinnerlichung der (väterlichen) Autorität in Form eines – wenn auch rigiden – Über-Ichs auch erst zumindest potenziell eine Emanzipation bzw. Autonomie gegenüber den Normen der Eltern. Denn nur unter der Voraussetzung, dass das Über-Ich eine vom Ich unterschiedene Instanz ist, wird es dem Menschen möglich, zwischen eigenen Wünschen und fremden Erwartungen (nicht nur der Eltern) zu unterscheiden. Die Übertragung der väterlichen Autorität auf andere äußere Autoritäten, die nicht unbedingt personal sein müssen, wie Schule, der Staat oder auch neoliberale Imperative, wie eine „starke deutsche Wirtschaft", der man sich unterwirft (Decker 2019), erneuert sich im Laufe des Lebens beständig und hält eine autoritäre Dynamik in Gang.

Laut Horkheimer und Adorno geht die autoritäre Persönlichkeit also auf eine bestimmte Lösung des Ödipuskomplexes zurück (vgl. Winter 2013, 97) und auch Fromm stellt das Wechselspiel zwischen autoritärer Unterwürfigkeit, autoritärer Aggression als das sadomasochistische Moment ins Zentrum.

7.2 Verschmelzung

Dass es neben dem sadomasochistisch-autoritären Syndrom mit dem schwachen Ich noch andere Syndrome gibt, haben Adorno und Frenkel-Brunswik et al. (1973) bereits beschrieben, wenn auch deren Psychodynamik nicht so detailliert ausgeführt. So beschreiben sie noch fünf weitere „Syndrome der [v]orurteilsvollen" (ebd., 314), potenziell faschistischen Individuen auf, unter anderem den „Rebell" und den „Spinner", deren Beschreibungen an die Typen, wie wir sie bei den Corona-Rebell*innen und den dazugehörigen Esoteriker*innen sehen, erinnern. Interessant ist deshalb, dass Adorno et al. (1973) gerade am Beispiel des Aberglaubens andeuten, dass es neben dem Sadomasochismus noch eine Psychodynamik des Autoritären gäbe, in der das Ich nicht als eigene Instanz verteidigt werden soll. So schreiben sie, Aberglaube sei weniger auf Ich-Schwäche zurückzuführen, sondern als Hinweis zu lesen, dass „das Ich bereits ‚aufgegeben' hat" (ebd., 56), weil es schon nicht mehr versuche, sein Leben selbst zu bestimmen. Wirft man zudem einen Blick in andere Texte der Kritischen Theorie (z. B. Horkheimer/Adorno 2019 [1944]; Horkheimer 1947; Adorno 1962), so wird deutlich, dass dort neben der sadomasochistischen schon früh auch wahnhafte, projizierende, nach Auflösung und Verschmelzung suchende, und von der Realität abgewandte Formen autoritärer Ressentiments beschrieben wurden. So steht bei Horkheimer und Adorno bereits in der Dialektik der Aufklärung, in These VI zum Antisemitismus „der Paranoiker" im Zentrum, der „auf die archaische Ungeschiedenheit von Liebe und Überwältigung [regrediert]." (Horkheimer und Adorno 2019, 202), d. h. auf eine *frühere* als die ödipale Phase.

Die Psychoanalytikerin Chasseguet-Smirgel ist diesen Tendenzen in ihren Überlegungen zum Autoritären nachgegangen und beschreibt eine Psychodynamik, in der Individuen nicht auf einen ödipalen Zustand, sondern auf den Zustand des präödipalen „primären Narzissmus regredieren; topisch: Ich und Über-Ich können nicht mehr ihre Kontrolle ausüben" (Chasseguet-Smirgel, 1987, S. 84f). Ihr Ansatz ermöglicht es, diese Ich-Aufgabe im Rahmen des autoritären Syndroms zu fassen und damit die Phänomene wie insbesondere Aberglaube bzw. Esoterik aber auch Verschwörungsmentalität als autoritär zu verstehen. Sie hat diese entscheidende Facette des Autoritären ausgearbeitet, die Adorno, Frenkel-Brunswik et al. (1973) schon in ihrer F-Skala mitgedacht, aber nicht ins Zentrum gestellt haben.

Laut Chasseguet-Smirgel (1987) steht bei einem Eintritt in eine autoritäre Masse nicht der Wunsch nach *Stärkung des Ich* im Fokus, vielmehr wird sich der *Preisgabe des Ich* hingegeben. Die vorrangige autoritäre Sehnsucht ist hier also nicht die nach einer Identifikation mit einem starken Vater bzw. Führer, sondern nach der einer Verschmelzung mit der als allmächtig erlebten Mutterinstanz bzw. dem Auflösen in einer Gruppe (ebd., 85). Psychoanalytisch gesprochen geht es also um eine Regression auf eine noch frühere, *präödipale* Entwicklungsstufe, also auf eine Zeit der Ungeschiedenheit, die sich aus Sicht des Erwachsenen als Fantasie, in einer Symbiose mit der Mutter gewesen zu sein, zeigt. Die Ich-Grenzen und das Verständnis für die Getrenntheit von der Bezugsperson existieren noch nicht, es gibt noch kein kohärentes Selbstgefühl, und so herrscht die Illusion der Omnipotenz: sich selbst hervorgebracht zu haben und sich die Bedürfnisse selbst befriedigen zu können. Alles, was diese Illusion der Allmacht gefährdet, wie beispielsweise ein Bedürfnis nach Hunger oder Wärme, das nicht sofort befriedigt wird, wird, um die Illusion aufrechtzuerhalten, vom Eigenen, „Guten" abgespalten und auf etwas als fremd und äußeres als „schlechtes" Wahrgenommenes projiziert werden.

In der Psychodynamik der *Verschmelzung* des autoritären Syndroms fallen die Individuen auf diesen Zustand der frühen Ungeschiedenheit, in der die psychischen Instanzen noch nicht ausgebildet sind, zurück. Das bedeutet, auch „Ich und Über-Ich können nicht mehr ihre Kontrolle ausüben" (Chasseguet-Smirgel 1987, 84 f.), weil das Über-Ich vorübergehend verschwindet und das Ich in der Illusion mit dem allmächtigen Ideal verschmilzt: eine erhebliche Allmachtsphantasie, die hilft die narzisstische Wunde zu heilen, indem die kränkende Realität verleugnet wird. In dieser Art der autoritären Psychodynamik, in der eine Identifikation mit einer Autorität im Sinne einer Mutterbindung im Vordergrund steht, ist das Realitätsprinzip aufgegeben und es herrscht das Lustprinzip. Statt die Realität des väterlichen Gesetzes anzuerkennen, wie es die Identifikation mit einer Vaterautorität fordert, gilt hier die „mystisch-politische Überzeugung" (Chasseguet-Smirgel 1987, 90) als real. Die Welt wird gemäß den eigenen Wünschen gestaltet. Während im Sadomasochismus sich also noch ein Begehren nach Differenz äußert, geht es in dem Verschmelzungswunsch nur noch „um deren Beseitigung zugunsten des Grandiositätserlebens" (Decker et al. 2020, 192). Jegliche Form von Abhängigkeit sowie Begrenzung, sei es der eigenen Fähigkeiten oder von außen, wird verleugnet.

Chasseguet-Smirgel (1987) hier heranzuziehen ist durchaus problematisch, weil sie, während sie die mütterlich-präödipalen Autoritätsbindung als die *eigentliche* autoritäre Dynamik herausstellen will und jegliche Verschmelzungswünsche also faschistoid verdächtigt, den väterlich-ödipalen Weg hingegen als ‚gesunde' Lösung normativ setzt (vgl. Moré 2001).[9] Hier (siehe auch Decker et

---

9   Auch ihre Annahme eines „primären Narzissmus" gilt in der neueren psychoanalytischen Theoriebildung verschiedenster Schulen als überholt. Allerdings entkräftet dies Chasseguet-Smirgels Überlegungen nicht in ihrem Kern. Denn auch wenn heute nicht mehr von einer tatsächlichen symbiotischen Einheit zwischen primärer Bezugsperson und Kind ausgegangen werden kann, *wird* diese frühe Phase, bevor das werdende Subjekt durch Mangelerfahrungen die Differenz zwischen sich und Bezugsperson anerkennen lernt, nachträglich in der Rückschau des gewordenen Subjekts eine der Wunscherfüllung, Befriedigung ohne Omnipotenz *gewesen sein* (vgl. Kirchhoff 2009).

al. 2020; Dilling et al. 2022) wird hingegen dafür pladiert, die beiden Autoritätsbindungen als zwei Dynamiken des autoritären Syndroms zu verstehen, die nebeneinander bestehen bleiben. Auf der einen Seite gibt es den Wunsch nach Stützung des schwachen Ichs durch eine starke Autorität, der väterlich-ödipale Weg. Auf der anderen Seite gibt es den Wunsch nach Aufgabe des Ichs und Verschmelzung mit einer Autorität bzw. Macht, der mütterlich präödipale Weg. In einem Messmodell konnte für eine solche Konzeptualisierung auch empirisch mit den zwei Dimensionen *Sadomasochismus* und *Verschmelzung*[10] erste Evidenz gefunden werden (Decker et al. 2020). Während bei dem ‚klassisch autoritären Charakter' mit starkem Gewicht auf den Elementen der autoritären Aggression, der autoritären Unterwerfung und des Konventionalismus eine sadomasochistische Dynamik im Vordergrund steht, zeigt sich bei Verschwörungsmentalität und (esoterischem) Aberglauben tendenziell eine Psychodynamik, die durch schädliche Regression auf ein präödipales Niveau Verschmelzung anstrebt. Natürlich lassen sich die Elemente nicht trennscharf zuordnen, sondern kommen in unterschiedlichen Mischverhältnissen, d. h. „Legierungen" vor (ebd.; vgl. auch Dilling et al. 2022).

8. Verschwörungsmentalität und Esoterik: die Rolle von autoritärer Unterwerfung und Aggression

Wenn Verschwörungsmentalität und Esoterik bzw. Esoterik nun aber zum autoritären Syndrom gehören, wie gefährlich sind sie dann für demokratische Gesellschaftsformen? Beide beinhalten Regressionen auf die psychischen Verarbeitungsmechanismen der Spaltung und Projektion sowie der Tendenz zur Realitätsverleugnung, welche – wenn sie exzessiv genutzt werden – einer realitätsbezogenen Verarbeitung der Welt entgegenstehen und so anfällig für regressive und autoritäre politische Angebote machen. Ob mit ihnen jedoch ‚Krieg zu machen ist' (vgl. Decker), d. h. ob sie gefährlich im Sinne von „potenziell faschistisch"

---

10 In den Veröffentlichungen dazu in der Leipziger Autoritarismus Studie 2020 (Decker et al. 2020; Schliessler et al. 2020) bzw. 2022 (Dilling et al. 2022) wurde für die zweite Dimension noch die vorläufige Bezeichnung „Projektivität" gewählt. Diese werde ich an dieser Stelle aus Gründen der Akzentuierung aufgeben, da die pathische Projektion – wenn auch in unterschiedlichem Ausmaß – als ein übergreifendes Moment allen Elementen des autoritären Charakters zugrunde liegt. Stattdessen wird nun der Begriff „Verschmelzung" verwendet, um den zentralen Wunsch, der sich in dieser Psychodynamik ausdrückt, hervorzuheben.

(vgl. Adorno et al. 1973, 1) sind, hängt, neben der Vereinnahmung von politischen Ideologien, auch von der Beimischung der anderen Elemente der autoritären Aggression und der autoritären Unterwerfung ab. Die verschwörungsspirituellen „Corona-Rebell*innen" verblüffen heute zwar gerade mit scheinbar antiautoritärem Gebaren und mit scheinbar fehlender Unterwerfungsbereitschaft, wie es auch Amlinger und Nachtwey (2022) ihrem Typus des libertären Autoritären bescheinigen (z. B. 17, 236f). Die Frage ist jedoch, ob dem wirklich so ist oder dabei nicht der Selbstbeschreibung dieses Milieus aufgesessen wird. Denn auch, wenn autoritäre Aggression und Unterwerfung eher die sadomasochistische Dynamik ausmachen, sind sie beide doch in den Erscheinungsformen von Verschwörungsmentalität und Esoterik nicht ganz verschwunden. Adorno schrieb über den autoritären Charakter, er „erlebt ebenso viel Befriedigung durch die eigene Unterwerfung, wie durch den Hass auf jene, die von der Gesellschaft als ‚Schwächere' oder ‚Unterlegene' markiert worden sind" (Adorno et al. 1973, 759). Warum diese Lust an Unterwerfung unter Autoritäten oder Ideen psychodynamisch verschwunden sein soll, bleibt erklärungsbedürftig. Nimmt man zudem die oben beschriebene Genese der sadomasochistischen Psychodynamik ernst, so wird nämlich klar, dass autoritäre Unterwerfung und autoritäre Aggression definitorisch zusammengehören. Positiv besetzte autoritäre Unterwerfung unter eine Autorität, die Triebunterdrückung fordert, erzeugt gleichzeitig immer Aggression, die autoritär nicht gegen die repressive Autorität, sondern gegen Andere oder Schwächere gerichtet werden muss.

Vielleicht ist es daher hilfreich zu fragen, was an den Elementen des Autoritären – heute anders als damals – *verdrängt* bzw. *verleugnet* werden muss, weil es nicht zum Selbstbild passt. Der klassische Neonazi mit sadomasochistischer autoritärer Dynamik versteckt seine Aggression gegenüber den ‚anderen' und seine Begeisterung für die ‚richtige', starke Autorität nicht. Diejenigen, die auf die autoritäre Psychodynamik der Verschmelzung regredieren, haben ein etwas anderes Selbstbild und damit auch ein anderes Verhältnis zu Aggression und Unterwerfung, zumindest auf der manifesten Ebene. Hier ist es deshalb sinnvoll, die beiden Phänomene Verschwörungsmentalität und Esoterik getrennt zu betrachten, unterscheiden sie sich doch im Hinblick darauf, inwieweit die autoritäre Unterwerfung und die autoritäre Aggression auf einer bewussten Ebene angenommen werden kann oder eben verdrängt werden müssen.

Beim esoterischen Aberglauben mit seiner „Tendenz [...] die eigene Verantwortung äußeren, der eigenen Kontrolle entzogenen Kräften zuzuschreiben" (Adorno et al. 1973, 56) zeigt sich die autoritäre Unterwerfungsbereitschaft durchaus explizit. Zwar gibt es in der spätmodernen Esoterik, wie sie als Konsumgut allgegenwärtig ist, auch das Element einer behaupteten „self-authority" (vgl. Wood 2007), der Vorstellung also, man selbst sei sich die einzige Autorität. Dies kann jedoch als „Selbstmissverständnis" (Seeburger 2021, 551) entlarvt werden. Denn unterworfen wird sich weiterhin, wenn auch oft nicht mehr einem, sondern multiplen Gurus (Wood 2007, 111) oder auch nicht-personifizierten Autoritäten, beispielsweise dem Schicksal oder „der Natur". Die Abgabe der Kontrolle und Abhängigkeit vor allem an abstrakte Autoritäten kann dabei leichter bejaht werden. Adorno sprach deshalb auch von der Lust daran, sich „der Stärke eines übermächtigen Wesens [] preis[zu]geben" (Adorno 1957, 153, zitiert nach Schmid-Noerr 2015, 67). Allerdings hat die Unterwerfung bei dem Wunsch nach Verschmelzung gegenüber der sadomasochistischen Unterwerfung etwas Spezifisches, kann man doch fragen inwieweit die Aufgabe des Ich und der Wunsch mit einer höheren Instanz zu *verschmelzen* noch als handfeste Unterwerfung zählen. Denn es braucht für das Verhältnis von Dominanz und Unterwerfung immer zwei, und ist mit dem Wunsch „eins zu sein", diese Dualität als Voraussetzung für Unterwerfung nicht aufgehoben?

Bei der Verschwörungsmentalität mit dem Selbstverständnis als kritische, widerständige, autonome Denker*innen, die meinen, als Einzige hinter die Kulissen politischer Arenen schauen zu können, ist dieses Moment der Unterwerfung verdeckter. Allerdings sollte gerade die explizite Zurückweisung und Degradierung von Expert*innen und anderen Autoritäten als für das eigene Urteil oder sogar Leben relevant aufhorchen lassen, scheint doch durch diesen heftigen und nach außen getragenen ‚Widerstand' eine *negative* Autoritätsbindung recht deutlich auf. So beschreibt Paret (2022) im Zuge einer Relektüre von Richard Sennetts Buch „Autorität" „Bindungen [...], die gerade durch sichtbare Distanznahmen aufrechterhalten werden (ebd., 254). Auch die Beobachtung, dass Verschwörungsgläubige unkritisch ‚alternativen' Nachrichtenquellen glauben und sich zu starken Führer-Persönlichkeiten wie Putin oder Trump (vgl. Kumkar 2017) hingezogen fühlen, ruft danach, diejenigen den Betroffenen selbst unbewussten Momente des Phänomens zu beachten und die Bedeutung der autoritären Unterwürfigkeit hier nicht gänzlich zu verwerfen.

Auch in Bezug auf die autoritäre Aggression zeigen sich Unterschiede: Im Esoterischen ist zwar die offene, lustvolle Bejahung der Unterwerfung unter eine (spirituelle) Autorität expliziter artikulierbar, die aggressiven Elemente sind es hingegen weniger. So sind esoterische Praxen und Glaubensinhalte oft von einem betont harmonistischen Umgang geprägt, der ein offenes Herz und eine liebende Verbindung zu Mitmenschen fordert (z.B. Watts 2020). Wenn jedoch alles miteinander verbunden, „alles eins" ist, hat manifeste Aggression keinen

Platz und muss verleugnet werden. Die „verführerische Phantasie der Verschmelzung" (Brunner 2015, 25) und die Aufgabe des Ich im Esoterischen wecken aber auch „Ängste davor, voll und ganz verschlungen zu werden" (ebd.). Dies kann sich in aggressiven Gefühlen von Neid und Abgrenzungswünschen gegenüber anderen Gruppenmitgliedern ausdrücken. In der damit zusammenhängenden Sorge, aus der Verschmelzung „ausgestoßen zu werden und selbst zum verfolgten Objekt" (ebd.) zu werden, zeigt sich das aggressive Potenzial einer solchen Fantasie. Bei Verschwörungsmentalität ist die autoritäre Aggression weniger versteckt. Man befindet sich im Widerstand, die korrupten Politiker*innen, Eliten, Wissenschaftler*innen können mit Bestrafungsfantasien belegt und Hass kann offener artikuliert werden[11].

Durch die offenere Artikulation von Aggression und die Projektion auf gesellschaftliche Gruppen oder Akteure zeigt sich die direktere Gefahr von Verschwörungsmentalität als „Radikalisierungsmultiplikator" (Bartlett/Miller 2010, 4). Der Glaube an Machenschaften, die von geheimen mächtigen Gruppen hinter dem Rücken und zum Schaden der Mehrheit ausgeheckt werden, enthält zudem Vorstellungen über Politik und Gesellschaft. Esoterik bzw. Aberglaube hingegen ist nicht zwangsläufig mit nicht mit politischen Inhalten assoziiert, auch wenn diese Weltdeutungen gewisse politische Schlussfolgerungen naheliegt. Sie agiert eher von Welt und Gesellschaft abgewandt, ist tendenziell mit einem Rückzug in das eigene Selbst verbunden und deshalb zunächst ‚präpolitisch'. Hinter diesem zunächst präpolitischen Charakter kann sich nichtsdestotrotz eine regressiv-autoritäre Dynamik verbergen und diese kann, vor allem, wenn er mit der verkürzten und verschwörungsideologischen Deutungsangeboten in Kontakt gebracht, durchaus ‚politisiert' werden, da beide sowohl inhaltliche Überschneidungen haben als auch beidem eine ähnliche Psychodynamik der Regression auf sehr frühe Formen psychischen Erlebens zugrunde liegt.

9. Schlussüberlegungen

Verschwörungsmentalität und Esoterik könnten schließlich mit Rückgriff auf die früheren Arbeiten und Vorarbeiten zum autoritären Charakter sowie durch neuere empirische Forschung als Teil des autoritären Syndroms verstanden

---

11   Siehe auch Fromms (1987 [1936]) Unterscheidung zwischen einem positiv-autoritären Charakter, der die „feindselige Seite seiner ambivalenten Gefühlseinstellung zur Autorität verdrängt" (S. 131) und einem „rebellische[n] negativ-autoritäre[n]" (ebd.), der seine Liebe zu ihr verdrängt.

werden. Trotzdem ist im Autoritären eben nicht „alles eins". Neben der sadomasochistischen Dynamik lässt sich eine autoritäre Psychodynamik der Verschmelzung mit den Erscheinungsformen der Verschwörungsmentalität und der Esoterik beschreiben.

Zwei zentrale, sich anschließende Fragenkomplexe können in Rahmen dieses Texts nicht aufgegriffen werden, sollen jedoch als zukünftig zu bearbeitende Felder in Bezug auf dem hiesigen Entwurf der zwei Psychodynamiken des Autoritären angerissen werden: Erstens die Frage nach der Rolle von Geschlecht: Bei der Reflexion, inwieweit lustvolle autoritäre Unterwerfung und autoritäre Aggression heute anders als damals verdrängt oder verleugnet werden müssen, sind weiterhin wirkungsvolle vergeschlechtlichte Rollenbilder zu beachten. Empirisch konnte vielfach bestätigt werden, dass Esoterik vielmehr als Verschwörungsmentalität ein mehrheitlich von Frauen genutzter Umgang mit autoritärer Vergesellschaftung ist (z. B. Bader et al., 2017; Schliessler et al., 2020; Silva/Woody, 2022), weil sie die klassischerweise in der weiblichen Geschlechtsrolle (immernoch) verpönten Eigenschaften wie Aggression verdrängt bzw. verleugnet. Else-Frenkel-Brunswik und Sanford (1946) beschrieben damals Ähnliches für den Antisemitismus als autoritäres Ressentiment. Beiden, Männern und Frauen, attestieren sie zwar eine gleiche Persönlichkeitsstruktur. Aber, so die Autor*innen auf der Ebene der Erscheinungsformen unterscheiden sie sich: Je nach Geschlecht müssen unterschiedliche Elemente verdrängt werden: „Die antisemitischen Mädchen zeigen eine konventionelle weibliche Fassade und sind dahinter voll Aggression. Der antisemitische Mann versteht sich als männlich, aggressiv, und hartgesotten; dahinter liegt aber der Wunsch nach Passivität und Abhängigkeit" (Frenkel-Brunswik/Sanford 1946, 143f zitiert nach Winter 2013, 110). Zeigt sich das autoritäre Syndrom also nur auf manifester Ebene in unterschiedlichen Erscheinungsformen, sieht latent aber für alle Geschlechter gleich aus? Oder ist es sinnvoll von spezifisch-vergeschlechtlichten autoritären Psychodynamiken zu sprechen, die beispielsweise mit einem unterschiedlichen Umgang mit frühsten Trennungs- und Differenzerfahrungen (vgl. „Sexualitätsdilemma"; Pohl 2004, zitiert nach Winter 2013, 348) in Zusammenhang stehen (vgl. Winter 2013, 347 ff.)? Und welche Folgen hat dies dann für eine mögliche Geschlechtsspezifik in der Operationalisierung des autoritären Syndroms und seiner Erhebung mithilfe quantitativer Messinstrumente (vgl. Umrath 2022)?

Auch mit der Bezugnahme auf *Vater*autorität und Ödipalität als entscheidend für die sadomasochistische Dynamik und *Mutter*bindung und Präödipalität bei der Psychodynamik der Verschmelzung ist grundlegend der Bereich der Geschlechtlichkeit angesprochen. Bei dem Bedeutungswandel, den der (patriarchale) Vater, aber auch die Mutter sowie Familie insgesamt erlebt haben, stellt sich die Frage inwieweit der Konnex Vater→Ödipalität bzw. Mutter→Präödipalität noch zwangsläufig bestehen bleiben muss. Ist es stattdessen nicht fruchtbarer, den Umgang mit Trennung aus der frühkindlichen Ungeschiedenheit und Erfahrungen von Differenz in den Mittelpunkt zu stellen, ohne die Entwicklungsschritte direkt an Vater- bzw. Mutterrolle zu koppeln? Daran schließt die Frage an, ob es sinnvoll ist, die sadomasochistische Dynamik heute noch als *ödipal* zu bezeichnen. Denn, auch wenn patriarchale gesellschaftliche Verhältnisse noch nicht überwunden sind, gibt es den ödipalen Vater wie er von Freud und anschließend von Adorno et al. gedacht wurde, in dem Sinne nicht mehr als die stehende Autorität, die wie früher mit notwendiger Triebunterdrückung in Zusammenhang steht. Heute sind es mehr und mehr abstrakte, durch gesellschaftliche Institutionen vermittelte Ge- und Verbote, die das Kind verinnerlicht. In einigen Forschungszusammenhänge wird sogar theoretisiert, dass es heute gesellschaftlich überhaupt nicht mehr um eine *verbietende* Autorität gehe, sondern in einer „postödipalen Gesellschaft" (vgl. Soiland et al. 2022) vielmehr das *Ge*bot oder der „Imperativ des Genießens" (ebd.) im Vordergrund stehe.

Damit verbunden ist auch der zweite Fragenkomplex, nämlich nach der Gültigkeit von *Autorität* als zentralem Vergesellschaftungsmoment und damit die Frage nach der Aktualität des autoritären Syndroms für das Verständnis heutiger regressiver Ressentiments: Auch im ursprünglichen Forschungszusammenhang um den autoritären Charakter wurde bereits thematisiert, inwieweit sich die gesellschaftlich-ökonomischen Bedingungen seit der Zeit der bürgerlich-patriarchalen Kleinfamilie geändert haben (z.B. Adorno 2019; Marcuse 1963) und was das für den autoritären Charakter bedeutet. Diese Diskussion wird bis heute weitergeführt und reicht von dem frühen Vorschlag, ihn durch einen „narzisstischen Sozialisationstyp" (Ziehe 1975) bzw. später einen postfordistischen Sozialcharakter (Eichler 2013) zu ersetzen sowie dem Urteil, er sei ungeeignet, heutigen Populismus zu erfassen (z.B. Gerber 2020) einerseits, bis zu der Versicherung, er könne heute noch Gültigkeit beanspruchen (z.B. Kirchhoff/Stögner 2020; Decker et al., 2022) andererseits.

Vieles weist darauf hin, dass immer noch das Verhältnis zur Autorität „die kritische Größe ist, die über Offenheit und Demokratiefähigkeit entscheidet" (Decker et al. 2020, 182; Decker 2022). Auch wenn sich bürgerlich-patriarchale Familienverhältnisse und die Struktur von Lohnarbeit verändert haben, besteht die kapitalistische Produktionsweise weiter – und sie fordert weiterhin eine Unterwerfung, welche von den Subjekten eben auch lustvoll besetzt werden kann, sowie eine autoritäre Aggression, die gegen andere Objekte als die Quelle der Repression gerichtet wird und teilweise Befriedigung schafft. Die Frage ist vielmehr, inwieweit diese durchaus strukturgebende Autorität noch eine personelle (vgl. Decker 2019), oder eine klassisch „väterliche" ist. In welcher spezifischen Art und Weise Autorität den heutigen Subjekten entgegentritt und wie diese vor allem in Verschwörungsmentalität bzw. esoterischem Aberglauben verarbeitet wird, bleibt demnach Gegenstand weiterer empirischer Forschung.

Literatur

ABALAKINA-PAAP, Marina u. a. (1999): Beliefs in Conspiracies. In: Political Psychology, 3/1999, S. 637–647.

ADORNO, Theodor. W. (1962): Aberglaube aus zweiter Hand. In: Gesammelte Schriften (Bd. 8). Frankfurt/M., S. 147–176.

ADORNO, Theodor W. (2019): Bemerkungen zu ‚The Authoritarian Personality' und weitere Texte. Frankfurt/M.

ADORNO, Theordor W. u. a. (1973 [1950]): Studien zum autoritären Charakter. Frankfurt/M.

ALTEMEYER, Bob (1981): Right-Wing-Authoritarianism. Winnipeg.

ASPREM, Egil/Dyrendal, Asbjørn (2015): „Conspirituality Reconsidered: How Surprising and How New is the Confluence of Spirituality and Conspiracy Theory?". In: Journal of Contemporary Religion, 3/2015, S. 367–82.

BADER, Christopher D. u. a. (2017): Paranormal America: Ghost Encounters, UFO Sightings, Bigfoot Hunts, and Other Curiosities in Religion and Culture. New York.

BAIER, Dirk/Manzoni, Patrik (2020): Verschwörungsmentalität und Extremismus – Befunde aus Befragungsstudien in der Schweiz: Monatsschrift für Kriminologie und Strafrechtsreform, 2/2020, S. 83–96.

BARKUN, Michael (2013): A Culture of Conspiracy. Apocalyptic Visions in Contemporary America. Berkeley.

BJÖRKQVIST, Kaj u. a. (1996): A cross-cultural investigation of world view: Student samples from ten countries. In: Holm, Nils G./Björkqvist, Kaj (Hg.): World Views in Modern Society: Empirical Studies on the Relationship between World View, Culture, Personality and Upbringing. Forsberg, S. 13–28.

BLANUŠA, Nebojsa/Hristov, Todor (2020): Psychoanalysis, Critical Theory and Conspiracy Theorie. In: Butter, Michael/Knight, Peter (Hg.): Routledge Handbook of conspiracy theories. London, S. 67–80.

BRAUNER, Felix (2019): Emotionsdynamiken im Autoritären Syndrom – Implikationen aus einem mentalisierungstheoretischen Forschungsansatz. In: Psychoanalyse – Texte zur Sozialforschung, 23/1, S. 3–29.

BRAUNER, Felix (2020): „Vertraut mir, ihr solltet niemandem vertrauen". In: Psychosozial, 1/2020, 43/1, S. 27–38.

BRUDER, Martin u. a. (2013): Measuring Individual Differences in Generic Beliefs in Conspiracy Theories Across Cultures: Conspiracy Mentality Questionnaire. In: Frontiers in Psychology, 4/2013, S. 1–15.

BRUNNER, Markus (2016): Vom Ressentiment zum Massenwahn. In: Busch, Charlotte u. a. (Hg.): Schiefheilungen. Zeitgenössische Betrachtungen über Antisemitismus. Wiesbaden, S. 13–36.

BUSCH, Hans-Joachim (2001): Subjektivität in der spätmodernen Gesellschaft: Konzeptuelle Schwierigkeiten und Möglichkeiten psychoanalytisch-sozialpsychologischer Zeitdiagnose. Göttingen.

BUSCH, Charlotte u. a. (2016): Schiefheilungen: Zeitgenössische Betrachtungen über Antisemitismus. Berlin.

BUTTER, Michael (2019): „Nichts ist wie es scheint": Über Verschwörungstheorien. Frankfurt/M.

CANETTI-NISIM, Daphna/Beit-Hallahmi, Benjamin (2007): The Effects of Authoritarianism, Religiosity, and „New Age" Beliefs on Support for Democracy: Unraveling the Strands. In: Review of Religious Research, 48/4, S. 369–384.

CHASSEGUET-SMIRGEL, Janine (1987): Das Ichideal: Psychoanalytischer Essay über die „Krankheit der Idealität". Frankfurt/M.

DARWIN, Hannah u. a. (2011): Belief in conspiracy theories. The role of paranormal belief, paranoid ideation and schizotypy. In: Personality and Individual Differences, 50/8, S. 1289–1293.

DECKER, Oliver (2019): Secondary Authoritarianism – The economy and right-wing extremist attitudes. In: Journal of Psychosocial Studies, 12/1, S. 203–213.

DECKER, Oliver (2022): Dynamiken des Autoritarismus. Ein Essay. In Frankenberg, Günter/Heitmeyer, Wilhelm (Hg.): Treiber des Autoritären: Pfade von Entwicklungen zu Beginn des 21. Jahrhunderts. Frankfurt/M.

DECKER, Oliver u. a. (2022): Die Leipziger Autoritarismus Studie 2022: Methode, Ergebnisse und Langzeitverlauf. In: Decker, Oliver u. a. (Hg.): Autoritäre Dynamiken in unsicheren Zeiten: Neue Herausforderungen – Alte Reaktionen?/Leipziger Autoritarismus Studie 2022. Gießen, S. 31–90.

DECKER, Oliver u. a. (2018): Das autoritäre Syndrom heute. In: Decker, Oliver u. a. (Hg.): Flucht ins Autoritäre. Rechtsextreme Dynamiken in der Mitte der Gesellschaft. Gießen, S. 117–156.

DECKER, Oliver u. a. (2020): Das autoritäre Syndrom: Dimensionen und Verbreitung der Demokratie-Feindlichkeit. In Decker, Oliver/Brähler, Elmar (Hg.): Alte Ressentiments – Neue Radikalität: Leipziger Autoritarismus Studie 2020. Gießen, S. 179–210.

DILLING, M. u. a. (2022): Wer sind die Verschwörungsgläubigen? Facetten der Verschwörungsmentalität in Deutschland. In: Decker, Oliver u. a. (Hg.): Autoritäre Dynamiken in unsicheren Zeiten: Neue Herausforderungen – Alte Reaktionen?/Leipziger Autoritarismus Studie 2022. Gießen, S. 209–244.

DRINKWATER, Ken u. a. (2012): Reality testing, conspiracy theories, and paranormal beliefs. In: Journal of Parapsychology, 76/1, S. 57–77.

ECO, Umberto (1989): Das Foucaultsche Pendel. München.

FAIVRE, Anton (2001): Esoterik im Überblick. Geheime Geschichte des abendländischen Denkens. München.

FRENKEL-BRUNSWIK, Else (1949): Tolerance toward ambiguity as a personality variable. In: American Psychologist, 3/268, S. 385–401.

FREI, Nadine u. a. (2021): Die Proteste gegen die Corona-Maßnahmen: Eine soziologische Annäherung. In: Forschungsjournal Soziale Bewegungen, 34/2, S. 249–258.

FREUD, Sigmund (1921): Massenpsychologie und Ich-Analyse. Berlin.

FROMM, Erich (1936): Studien über Autorität und Familie. Sozialpsychologischer Teil. In: Gesamtausgabe. Analytische Sozialpsychologie (Bd. 1). Berlin, S. 139–187.

GREENBURGH, Anna/Raihani, Nichola J. (2022): Paranoia and conspiracy thinking. In: Current Opinion in Psychology, 47/101362, S. 1–5.

GRZESIAK-FELDMAN, Monika (2015): Are the high authoritarians more prone to adopt conspiracy theories? The role of right-wing authoritarianism in conspiratorial thinking. In: Bilewicz, Michal u. a (Hg.): The psychology of conspiracy: A festschrift for Miroslaw Kofta. London, S. 99–121.

GRZESIAK-FELDMAN, Monika/Ejsmont, Anna (2008): Paranoia and conspiracy thinking of Jews, Arabs, Germans, and Russians in a Polish sample. Psychological Reports, 102/3, S. 884–886.

HEARD, Kenneth V./Vyse, Stuart A. (1998): Authoritarianism and Paranormal Beliefs. In: Imagination, Cognition and Personality, 18/2, S. 121–126

HEELAS, P. (2007): The Holistic Milieu and Spirituality: Reflections on Voas and Bruce. In: Flanagan, Kieran/Jupp, Peter C. (Hg.): A Sociology of Spirituality. Farnham, S. 63–80.

HINTERBUCHINGER, Barbara/Mossaheb, Nilufar (2017): Esoterik und Psychose. In: Journal für Neurologie, Neurochirurgie und Psychiatrie, 3/2017, S. 103–105.

HOLM, Nils (2009): Conspiracy theorizing surveillance: Considering modalities of paranoia and conspiracy in surveillance studies. In: Surveillance and Society, 7/2009, S. 36–48.

HÖLLINGER, Franz (2004): Does the counter-cultural character of new age persist? Investigating social and political attitudes of new age followers. In: Journal of Contemporary Religion, 3/2004, S. 289–309.

HÖLLINGER, Franz (2017): Value orientations and social attitudes in the holistic milieu. In: The British journal of sociology, 2/2017, S. 293–313.

HÖLLINGER, Franz/Tripold, Thomas (2012): Ganzheitliches Leben: Das holistische Milieu zwischen neuer Spiritualität und postmoderner Wellness-Kultur. Bielefeld.

HORKHEIMER, Max (1987): Allgemeiner Teil. In: Horkheimer, Max u. a. (Hg.): Studien über Autorität und Familie. Springe, S. 3–76.

HORKHEIMER, Max/Adorno, Theodor W. (2019 [1944]): Dialektik der Aufklärung. Frankfurt/M.

HORKHEIMER, Max u. a. (1987 [1936]): Studien über Autorität und Familie. Springe.

HUBERA, Stefan/Yendell, Alexander (2019): Does religiosity matter? Explaining right-wing extremist attitudes and the vote for the Alternative for Germany (AfD). In: Religion & Society in Central & Eastern Europe, 1/2019. S. 63–82.

IMHOFF, Roland (2020): Verschwörungsmentalität und Antisemitismus. In: Bogerts, Bernhard u. a. (Hg.): Verschwörung, Ablehnung, Gewalt: Transdisziplinäre Perspektiven auf gruppenbezogene Aggression und Intoleranz. Berlin, S. 69–90.

IMHOFF, Roldand/Decker, Oliver (2013): Verschwörungsmentalität als Weltbild. In: Decker, Oliver u. a. (Hg.): Rechtsextremismus der Mitte. Gießen, S. 146–161.

IMHOFF, Roland/Lamberty, Pia (2017): Too special to be duped: Need for uniqueness motivates conspiracy beliefs. In: European Journal of Social Psychology, 6/2017, S. 724–734.

IMHOFF, Roland u. a. (2022): Tearing apart the „evil" twins: A general conspiracy mentality is not the same as specific conspiracy beliefs. In: Current Opinion in Psychology, 101349.

KIRCHHOFF, Christine (2009): Das psychoanalytische Konzept der „Nachträglichkeit": Zeit, Bedeutung und die Anfänge des Psychischen. Gießen.

KLEIN, Melanie (2000 [1946]). Bemerkungen über einige schizoide Mechanismen. In: Cycon, Ruth/Erb, Hermann (Hg.): Melanie Klein. Stuttgart.

KNASMÜLLER, Florian u. a. (2023): „Wider die Natur" Zur sozialpsychologischen Dimension des Bündnisses von Verschwörungsdenken und Spiritualität in den Corona-Protesten. Eine Fallanalyse. In: Zeitschrift für Religion, Gesellschaft und Politik, 1/2023, S. 1–28.

KUMKAR, Nils C. (2017): „Realitätsverlust und Autoritarismus. Das Krisenerleben des klassischen Kleinbügertums und die Attraktivität Donald Trumps. In: Psychologie und Gesellschaftskritik, 3–4/2017, S. 87–107.

LANTIAN, Anthony u. a. (2017): I know things they don't know! The Role of Need for Uniqueness in Belief in Conspiracy Theories. In: Social Psychology, 3/2017, S. 160–173.

MANDAL, Fatik B. (2018): Superstitions: A Culturally Transmitted Human Behavior. In: International Journal of Psychology and Behavioral Sciences, 5/2018, S. 65–69.

MARCUSE, Herbert (1963): Das Veralten der Psychoanalyse. In: Marcuse, Herbert (Hg.): Kultur und Gesellschaft (Bd. 2). Frankfurt/M., S. 85–106.

MENTZOS, Stavros (2009): Lehrbuch der Psychodynamik. Göttingen.

MILOŠEVIĆ Đorđević, u. a. (2021): Beyond general political attitudes: Conspiracy mentality as a global belief system predicts endorsement of international and local conspiracy theories. In: Journal of Social and Political Psychology, 1/2021, S. 144–158.

MORÉ, Angela (2001): Psyche zwischen Chaos und Kosmos: Die psychoanalytische Theorie Janine Chasseguet-Smirgels: eine kritische Rekonstruktion. Gießen.

NEUGEBAUER-WÖLK, Monika (2009): Aufklärung-Esoterik-Wissen. Transformationen des Religiösen im Säkularisierungsprozess. Eine Einführung. In: Neugebauer-Wölk, Monika (Hg.): Aufklärung und Esoterik. Berlin, New York, S. 5–28.

PARET, Christopher (2022): Ironien des Anti-Autoritären. Eine Relektüre von Richard Sennetts Autorität. In: Clemens, Manuel u. a. (Hg.): Die Wiederkehr des autoritären Charakters: Transatlantische Perspektiven. Wiesbaden, S. 246–276.

POSTONE, Moishe (1982): Nationalsozialismus und Antisemitismus. Ein theoretischer Versuch. In: Diner, Dan (Hg.): Zivilisationsbruch. Denken nach Auschwitz. Frankfurt/M., S. 242–254.

RIEKEN, Bernd (2013): Aberglaube in der psychotherapeutischen Praxis. Aus Sicht der Psychoanalyse, Ethnologie und volkskundlichen Erzählforschung. In: Kreissl, Eva (Hg.): Kulturtechnik Aberglaube: Zwischen Aufklärung und Spiritualität: Strategien zur Rationalisierung des Zufalls. Bielefeld, S. 125–144.

SCHLIESSLER, Clara u. a. (2020): Aberglaube, Esoterik und Verschwörungsmentalität in Zeiten der Pandemie. In: Decker, Oliver/Brähler, Elmar (Hg.): Alte Ressentiments – Neue Radikalität: Leipziger Autoritarismus Studie 2020. Gießen, S. 283–310.

SCHMID-NOERR, Gunzelin (2015): Aberglaube in der entzauberten Welt. In: Wolf, Merlin (Hg.): Zur Kritik irrationaler Weltanschauungen: Religion – Esoterik – Verschwörungstheorie – Antisemitismus. Schaffenburg, S. 49–70.

SEEBURGER, Jerome (2019): Notwendig esoterisches Bewusstsein. Bemerkungen zur Esoterik und zum Ideologiebegriff. In: Burzan, Nicole (Hg.): Komplexe Dynamiken globaler und lokaler Entwicklungen. Verhandlungen des 39. Kongresses der Deutschen Gesellschaft für Soziologie in Göttingen 2018.

SEEBURGER, Jerome (2021): Selbsterfüllendes Schicksal: Zur Kritik der esoterischen Ideologie. In: Beyer, Heiko/Schauer, Alexandra (Hg.): Die Rückkehr der Ideologie: Zur Gegenwart eines Schlüsselbegriffs. Frankfurt/M., S. 547–580.

SEGAL, Hanna (1988): Notes on symbol formation. In: Bott Spillius, Eva (Hg.): Melanie Klein today: Developments in Theory and Practice (Bd. 1). London, S. 160–177.

SILVA, Tony/Woody, Ashley (2022): Supernatural Sociology: Americans' Beliefs by Race/Ethnicity, Gender, and Education. In: Socius. Sociological Research for a Dynamic World, 8.

SPEIT, Andreas (2021): Verqueres Denken. Berlin.

ASPREM, Egil/Strube, Julian (2021): New approaches to the study of esotericism. Leiden; Boston.

STAEHLE, Angelika (2013): Paranoid-schizoide Position und die projektive Identifizierung. In: Kennel, Rosemarie (Hg.): Klein – Bion: Eine Einführung. Frankfurt/M., S. 65–84.

UMRATH, Barbara (2022): Rechtsextremismus, Autoritarismus, Geschlecht. In: Zeitschrift für kritische Theorie, 28/2022, S. 122–150.

VAN PROOIJEN, Jan-Willem/Acker, Michele (2015): The influence of control on belief in conspiracy theories: Conceptual and applied extensions. In: Applied Cognitive Psychology, 5/2015, S. 753–761.

WATTS, Galen (2020): Making sense of the study of spirituality: Late modernity on trial. Religion, 4/2020, S. 1–25.

WINTER, Sebastian (2013): Geschlechter- und Sexualitätsentwürfe in der SS-Zeitung Das Schwarze Korps: Eine psychoanalytisch-sozialpsychologische Studie. Gießen.

WOOD, Matthew (2007): Possession, power, and the New Age: Ambiguities of authority in neoliberal societies. Aldershot.

PAULINA FRÖHLICH, MICHELLE DEUTSCH

Die demokratische Relevanz von Einsamkeitserfahrungen Jugendlicher in Deutschland

1. Ergebnisse einer Mixed Methods Erhebung zu dem Zusammenhang von Einsamkeitserfahrungen und antidemokratischen Einstellungen Jugendlicher

1.1 Einsamkeit hat schwere Folgen für das Individuum und die Gesellschaft

Lange Zeit wurde Einsamkeit als ein Einzelphänomen von Menschen betrachtet, die entweder sehr alt und damit häufiger allein oder aber als skurril tituliert und damit Außenseiter sind. Diese unaufmerksame Einschätzung hat sich mittlerweile in diverse Forschungen als falsch erwiesen. Einsamkeit bedeutet, dass es eine wahrgenommene Diskrepanz zwischen den gewünschten und den tatsächlichen sozialen Beziehungen gibt – unter diesem Gefühl leiden Millionen Menschen in Deutschland (Luhmann 2021). In den letzten Jahren ist das Verständnis, Einsamkeit lediglich als eine Alterserscheinung einzuordnen, glücklicherweise zurückgedrängt worden. So schenkten Wissenschaft, Zivilgesellschaft und Politik der Einsamkeit von Jugendlichen zunehmend Aufmerksamkeit. Nicht zuletzt die Schutzmaßnahmen der Coronapandemie begünstigten und intensivierten Einsamkeitserfahrungen junger Menschen und führten zum Teil zu konkreten psychosozialen Folgeschäden (Bundesregierung 2023). Über diese Folgen von intensiven Einsamkeitserfahrungen ist bereits einiges bekannt. Sie, die Folgen sind es, welche die Alarmsignale der Politik erklingen lassen und ein eindeutiges Bild zeichnen: Einsamkeit ist kein Problem des Individuums, sondern der gesamten Gesellschaft. Bundesfamilienministerin Lisa Paus drückte es im Februar 2023 bei der Studienveröffentlichung von „Extrem Einsam?" (Neu u. a. 2023) wie folgt aus:

> *„Es ist nicht nur ein individuelles Problem, wenn Kinder und Jugendliche einsam sind. Sondern es ist unser aller gesellschaftliches Problem. Nicht nur wegen der Kinder und Jugendlichen, sondern auch wegen der drastischen Auswirkungen auf unsere Demokratie."*

Mitte Dezember 2023 beriet sich das Kabinett der Bundesregierung zu der nationalen Einsamkeitsstrategie, vorgelegt durch die Bundesfamilienministerin Paus. Die politische Sensibilität für das folgenschwere Thema Einsamkeit hat also beachtlich zugelegt.

Der Blick auf die Demokratie im Zusammenhang mit Einsamkeit ist jedoch neu. Am längsten und umfangreichsten sind die gesundheitlichen Folgen von Einsamkeit bekannt. Ähnlich wie Armut oder Arbeitslosigkeit gilt Einsamkeit als „krankmachender Faktor" (Malteser 2024). Von Herz-Kreislaufproblemen über Schlafstörungen bis hin zu einem ungesunden Lebensstil – Einsamkeit und soziale Isolation wirken sich negativ auf die menschliche Gesundheit aus. Eine Studie der Birmingham Young University untersuchte gar den Zusammenhang zwischen einem intakten sozialen Freundeskreis und der Sterblichkeit. Sie fanden heraus, dass Menschen mit einem funktionierenden Freundeskreis ein bis zu 50 % niedrigeres Sterberisiko haben (Holt-Lunstadt u. a. 2010). Eine gute Gesundheit ist nicht bloß für das Individuum entscheidend, sondern für die gesamte Gesellschaft. Neben den Folgen für die Gesundheit, ist ebenso belegt, dass ein Zusammenhang zwischen Einsamkeit und Armut besteht (Dittmann/Goebel 2022). Die Einsamkeit unter Nicht-Erwerbstätigen ist signifikant höher als unter jenen, die einer Voll- oder Teilzeitbeschäftigung nachgehen (Eyerund/Orth 2019). Auch hier gilt, ökonomische Nachteile sind nicht nur für den oder die Einzelne:n relevant, sondern auch für die Gesellschaft als Ganze.

Während sowohl gesundheitliche als auch ökonomische Folgen von Einsamkeit erkannt und belegt sind, wurde bisher wenig nach den Folgen für das *demokratische Mindset* gefragt. Was machen Einsamkeitserfahrungen mit dem Blick auf die Gesellschaft und die Demokratie? Begünstigt Einsamkeit die Zustimmung zu radikalen Positionen, Verschwörungserzählungen oder autoritären Einstellungen? Fühlen sich die Einsamen der Gesellschaft doch irgendwie verbunden? Da einerseits den Älteren der Gesellschaft bisher mehr Aufmerksamkeit in der Einsamkeitsforschung geschenkt wurde und andererseits insbesondere die Jüngeren unserer Gesellschaft die Zukunft der Demokratie prägen, widmet sich unsere Forschung den Jugendlichen und jungen Erwachsenen. Auf ihre gesellschaftliche Gestaltungslust kommt es nämlich an, wenn wir die großen Herausforderungen unserer Zeit demokratisch anpacken wollen. Anders formuliert: Blicken junge Menschen mehrheitlich pessimistisch in die Zukunft, schwindet bei ihnen der Glaube an Selbstwirksamkeit und sinkt ihre Zustimmung zu demokratischen Werten, dann sieht unser aller Zukunft düster aus. Um derartigen Tendenzen entgegenzuwirken, müssen die begünstigenden Auslöser für diese Einstellungen bekannt sein. Es scheint, Einsamkeit unter Jugendlichen spielt dabei eine entscheidendere Rolle, als bisher angenommen.

In einem Mixed Methods Verfahren sind wir vom Progressiven Zentrum gemeinsam mit den Autorinnen der Extrem-Einsam?-Studie Prof. Claudia Neu, Prof. Beate Küpper und Prof. Maike Luhmann deshalb der Frage auf den Grund gegangen, ob ein Zusammenhang zwischen der Einsamkeit Jugendlicher und ihren gesellschaftspolitischen Einstellungen, insbesondere der Zustimmung zu autoritärem Gedankengut, besteht.

1.2 Methodik der Befragung von Jugendlichen zu ihren Einsamkeitserfahrungen und demokratischen Einstellungen[1]

In die Untersuchung wurden Jugendliche zwischen 16 und 23 Jahren einbezogen. Damit umfasst die Studie sowohl die fortgeschrittene Jugendphase als auch die ersten Jahre der Volljährigkeit, wodurch in diesen Zeitabschnitt sowohl Schulabschluss, Übergänge und möglicherweise der Auszug aus dem Elternhaus fallen. Zunächst wurden zwei qualitative Erhebungen mit bundesweit rekrutierten Teilnehmer:innen durchgeführt, um die Lebenswelt einsamer junger Menschen besser zu verstehen und einen Eindruck von ihrem Gesellschaftsbild zu bekommen.

Im Februar 2022 hatten in einem ersten Schritt zehn Jugendliche die Möglichkeit, in digital durchgeführten, semi-strukturierten Tiefeninterviews zu berichten, wie sie Einsamkeit erleben und wie sie mit ihr umgehen. Hierfür wurden Jugendliche befragt, die auf Basis der zuvor abgefragten Einsamkeitserfahrungen als zumindest tendenziell einsam einzustufen waren. Dabei wurde darauf geachtet, dass keine Jugendlichen befragt wurden, die sich aktuell in psychotherapeutischer oder psychiatrischer Behandlung befinden. Des Weiteren setzt sich die Gruppe der Befragten gemischt nach Geschlecht, Migrationsgeschichte, ihrer aktuellen (Aus-)Bildungs- und Wohnsituation sowie ihrer Herkunft aus urbanen und ländlichen Räumen in Ost- und Westdeutschland zusammen.

Im zweiten Schritt wurden im März 2022 Jugendliche, die in einer Vorbefragung erhöhte Einsamkeitswerte sowie erste Radikalisierungstendenzen und/oder eine Nähe zu Verschwörungsmentalität aufwiesen, in digitalen Fokusgruppen angeregt, über ihre Erfahrungen und ihr Gesellschaftsbild zu diskutieren. An zwei hintereinander folgenden Tagen wurden zuerst eine Gruppe sieben junger Frauen und anschließend eine Gruppe sechs junger Männer zu

---

1 Die folgenden Ausführungen beruhen auf der von Neu u. a. im Auftrag des Progressiven Zentrums verfassten Studie.

Gesprächsrunden eingeladen. Die ausgewählten Teilnehmer:innen weisen unterschiedliche soziale Herkünfte, Bildungswege und Lebenssituationen auf. Neben dem Einsamkeitserleben ging es in den Fokusgruppen auch um Themen wie persönliche Lebensziele, Mediennutzung, die Coronapandemie oder den zu diesem Zeitpunkt seit einem Monat anhaltenden Ukraine-Krieg.

Zusätzlich zu den qualitativen Erhebungen wurde im Frühsommer 2022 mithilfe eines standardisierten Fragebogens (Computer-Assisted Web Interview; CAWI) eine quantitative Online-Befragung mit 1.008 Jugendlichen durchgeführt. Dabei entsprach die Auswahl der Teilnehmer:innen im Hinblick auf Alter, Geschlecht, Bundesland und Schulabschluss dem bundesdeutschen Durchschnitt, wobei die Repräsentativität der Ergebnisse durch eine Gewichtung der Einzelantworten gewährleistet wurde. Die quantitative Studie erhob dabei Daten bezüglich des Einsamkeitsempfindens, der politischen Selbstpositionierung, der politischen Selbstwirksamkeit und der Tendenzen zu autoritären Einstellungen der Befragten, auf die im Folgenden näher eingegangen wird. *Einsamkeit* wurde mit einer angepassten Übersetzung der UCLA Loneliness Scale gemessen, die jeweils drei Items (Fragen bzw. Aussagesätze) der Dimensionen Emotionale Einsamkeit, Soziale Einsamkeit und Kollektive Einsamkeit umfasst. Die UCLA Loneliness Scale wurde von Russell u. a. (1980) entwickelt und von Hawkley u. a. (2005) in drei Subdimensionen (hier noch als Isolation, Soziale Einsamkeit und Kollektive Einsamkeit bezeichnet) aufgeteilt. Die hier genutzte Form mit neun Fragen wurde erstmals bei Cacioppo u. a. (2015) verwendet und für die vorliegende Studie übersetzt. Dabei wird nach verschiedenen Gefühlen und Erfahrungen gefragt, die auf Einsamkeit hindeuten. So konnten die Befragten angeben, ob sie das jeweilige Gefühl „niemals", „selten", „manchmal" oder „immer" empfinden. Die in dieser Studie abgefragten Coping-Strategien bei Einsamkeit basieren auf einer übersetzten Auswahl des von Rokach und Neto (2000) entwickelten Instruments. Hier wurden sowohl die Nutzung und gegebenenfalls die Wirksamkeit der verschiedenen Strategien erfragt.

Die *politische Selbstpositionierung* wurde über eine etablierte 10-stufige Skala erhoben, auf der die Befragten angeben sollten, wo sie sich politisch zwischen ganz links und ganz rechts positionieren. Außerdem wurde nach politischen Zielen gefragt, die die Jugendlichen für wichtig erachten. Dazu wurde eine Reihe von acht möglichen politischen Zielen vorgegeben (beispielsweise zur Geschlechtergleichstellung oder zu einer Vermögenssteuer), die größtenteils für die Studie erstellt beziehungsweise dem Wahl-O-Mat der Bundeszentrale für politische Bildung (bpb 2021) entnommen und angepasst wurden und ebenfalls mit vier Antwortmöglichkeiten die jeweilige Zustimmung abfragten. Ergänzt wurde eine klassische Aussage zur Erfassung von Ausländerfeindlichkeit, die im ALLBUS (GESIS 2019) und unter anderem in der Leipziger Autoritarismusstudie (zuletzt Decker u. a. 2022) und in der FES-Mitte-Studie (Zick/Küpper 2021) verwendet wird.

Die Items zur Messung *politischer Selbstwirksamkeit* wurden von der Vodafone Jugendstudie (Vodafone Stiftung 2022) und der *Political Efficacy Kurzskala* (Beierlein u. a. 2012) adaptiert oder von den Autor:innen der Studie erstellt. Dabei wurde mithilfe von vier Zustimmungsgraden die Einstellung zu den Aussagen abgefragt. *Populismus* wurde anhand der Zustimmung zu drei Aussagen erfasst, die die drei Subdimensionen von Populismus spiegeln: Anti-Elitismus, Anti-Pluralismus sowie die Forderung nach Volkssouveränität. Die Auswahl der Items entspricht einer auf drei Fragen gekürzten Fassung des Bertelsmann Populismusbarometers (Vehrkamp/Merkel 2020), das seinerseits auf international gebräuchlichen und statistisch gut geprüften Skalen beruht, mit vier Antwortmöglichkeiten zwischen „Stimme voll und ganz zu" und „Stimme überhaupt nicht zu". *Verschwörungsmentalität* wurde anhand des gekürzten Adolescent Conspiracy Belief Questionnaire (ACBQ) gemessen, das mit einer 7-stufigen Antwortskala den Glauben an verschiedene Verschwörungserzählungen über die Regierung und über „geheime Gruppen" abfragt. Die Skala wurde von Jolley u. a. (2021) für die Nutzung bei jungen Menschen entwickelt und von den Studienautorinnen ins Deutsche übersetzt.

Eine Tendenz zu *autoritären Einstellungen* wurde mit einer gekürzten Auswahl der Skala „Autoritäre Einstellungen" erfasst, die vier Antwortmöglichkeiten zwischen „Stimme voll und ganz zu" und „Stimme überhaupt nicht zu" bietet (Ulbrich-Herrmann 2001). Die Skala wurde im Projekt „Jugend und Gewalt" an der Universität Bielefeld entwickelt und zum Beispiel vom Deutschen Jugendinstitut in der Studie „Aufwachsen in Deutschland 2019" (Walper u. a. 2021) bei Kindern, Jugendlichen und jungen Erwachsenen erprobt. Die *Billigung der Verletzung demokratischer Regeln sowie von politischer Gewalt* wurde durch jeweils ein Item aus verschiedenen Studien erfasst: Während die Frage zum ersten Teilaspekt aus der TUI-Jugendstudie (2018) entnommen und adaptiert wurde, entstammen die anderen beiden Items dem ALLBUS (GESIS 2019) oder wurden in der Langzeitstudie „Deutsche Zustände" (Heitmeyer 2011) und der FES-Mitte-Studie (Zick/Küpper 2021) verwendet. Wie zufrieden die Befragten mit der Demokratie sind, wurde mit von den Studienautorinnen erstellten und teilweise bereits in vergangenen Studien eingesetzten Items (Faus/Storks 2019) sowie mit einer leicht angepassten Form der Itembatterie des ALLBUS (GESIS 2019) abgefragt. Für die Fragen zu beiden Themengebieten waren vier Antworten zwischen „Stimme voll und ganz zu" und „Stimme überhaupt nicht zu" möglich.

Für die Konstrukte Einsamkeit, Internale politische Selbstwirksamkeit, autoritäre Einstellungen, Verschwörungsmentalität und Billigung politischer Gewalt wurden die jeweiligen Aussagen zu Summenindizes zusammengefasst. Ferner wurden klassische soziodemografische Merkmale wie Alter, Wohnort, Schulbildung oder Migrationsgeschichte zum Zweck der Gewichtung und als Kontrollvariablen abgefragt.

1.3 Ergebnisse der Befragungen[2]
1.3.1 Wer ist einsam?

Knapp jede:r zweite Jugendliche gab bei der quantitativen Befragung an, manchmal oder sogar immer unter emotionaler Einsamkeit zu leiden – sprich unter dem Gefühl, dass ihnen enge, vertrauensvolle Beziehungen fehlen. Bei jeder siebten befragten Person trifft dies sogar durchgängig zu, in absoluten Zahlen gesprochen handelt es sich hierbei um ca. 6.640.000 Personen in Deutschland, die zwischen 16 und 23 Jahren alt sind (Destatis 2022). Des Weiteren antworteten in der Studie 55 % der Befragten auf die Frage „Wie häufig hast du das Gefühl, dass dir Gesellschaft fehlt?" mit „manchmal" oder „immer". Hochgerechnet auf die gesamte Altersgruppe in Deutschland bedeutet das, dass mehr als dreieinhalb Millionen Jugendlichen zumindest manchmal der Kontakt zu anderen Menschen fehlt. Einsamkeit betrifft demnach besorgniserregend viele Jugendliche und junge Erwachsene und ist somit ein weit verbreitetes Problem.

Umso relevanter ist es, zu untersuchen, welche Jugendliche von Einsamkeit besonders betroffen sind. Durch die quantitative Erhebung ergaben sich folgende soziodemografische Unterschiede:

Im Vergleich zu Jugendlichen mit niedrigeren Einsamkeitswerten haben Jugendliche mit erhöhten Einsamkeitswerten eher eine Migrationsgeschichte, eher eigene Kinder und wohnen eher auf dem Land. Zudem ist bei ihnen der Anteil derjenigen, die noch bei den Eltern bzw. der Familie wohnen, geringer. Des Weiteren fühlen sich Einsame eher finanziell unter Druck gesetzt als Nicht-Einsame. Sie geben beispielsweise seltener an, dass ihr Haushalt sich ungeplante Ausgaben leisten kann. Beide Gruppen unterscheiden sich in unserer Erhebung hingegen nicht nach Geschlecht, Wohnort (Ost- oder Westdeutschland) oder

---

[2] Die folgenden Ausführungen beruhen auf der von Neu u.a. im Auftrag des Progressiven Zentrums verfassten Studie.

Religiosität. Es lohnt sich also festzuhalten, dass bei Einsamkeit nicht das Zufallsprinzip gilt. Stattdessen gibt es bestimmte Merkmale, die eine Einsamkeitserfahrung wahrscheinlicher machen.

1.3.2 Antidemokratische Haltungen – Von Autoritarismus bis hin zu Verschwörungsmentalität

Autoritäre Tendenzen spiegeln sich in autoritärer Aggression, Unterwürfigkeit und Konventionalismus wider – also darin, dass befürwortet wird, an dem, „was üblich ist", festzuhalten und sich daran anzupassen. In Form von sechs einschlägigen Aussagen werden autoritäre Einstellungen erfasst (z. B.: „Ich bewundere Menschen, die die Fähigkeit haben, andere zu beherrschen" oder „Ich sehe zu, immer auf der Seite der Stärkeren zu stehen"). Dabei war das Ergebnis, dass einsame Jugendliche allen Aussagen häufiger zustimmten als Nicht-Einsame. Dabei fällt auf, dass Jugendliche, die sich selbst politisch rechts positionieren, politische Gewalt am häufigsten billigen. Da dies jedoch auch der Fall bei Erwachsenen ist, macht das Alter keinen Unterschied bezüglich der Gewaltaffinität. Des Weiteren wurden ebenfalls keine Auswirkung des Merkmals Herkunft (Ost- oder Westdeutschland) in Bezug auf die Billigung von Gewalt festgestellt.

Unsere Befunde liefern ein besorgniserregendes Stimmungsbild, das sich ähnlich auch in verwandten Jugendstudien abbildet. Einsamkeitserfahrungen spielen dabei in begrenztem Ausmaß eine verschärfende Rolle. Wichtig ist festzuhalten, dass einsame und nicht-einsame junge Menschen sich in ihrer grundsätzlichen Unterstützung der Demokratie und ihrer politischen Ausrichtung – gemessen an der Unterstützung verschiedener politischer Ziele und ihrer politischen Selbstpositionierung – sowie auch in ihrer Neigung zum Populismus nur geringfügig unterscheiden. Allerdings sind demokratiegefährdende Einstellungen wie Verschwörungsmentalität, autoritäre Einstellungen und die Billigung politischer Gewalt unter einsamen Jugendlichen durchschnittlich stärker ausgeprägt als bei nicht-einsamen.

Nur gut die Hälfte der befragten Jugendlichen betrachtet die Demokratie als die beste Staatsform und dabei zeigt sich auch ein Unterschied zwischen Einsamen und Nicht-Einsamen: die gesamte Zustimmung lag bei 57 %, wobei sie bei Einsamen bei 51 % und bei Nicht-Einsamen bei 60 % lag. Zum Vergleich: Noch im Jahr 2019 – also vor der Pandemie – waren 77 % der von der Shell-Jugendstudie befragten Jugendlichen eher oder sehr zufrieden mit der Demokratie in Deutschland (Albert u. a. 2019). So wies auch die TUI-Jugendstudie (2022) darauf hin, dass seit 2018 die Zustimmung zur Demokratie als beste Staatsform kontinuierlich abnimmt.

Des Weiteren wurde festgestellt, dass etwa ein Fünftel der Jugendlichen populistisch eingestellt ist, wobei die Schulform bzw. der Bildungsabschluss dafür keine Rolle spielt. Eng mit Populismus verwandt und korrelierend ist außerdem die Neigung zu Verschwörungsmythen. Rund die Hälfte der Jugendlichen (50 %) glaubt, die Regierung verheimliche wichtige Informationen vor der Öffentlichkeit, wobei diese Überzeugung unter den Einsamen (58 %) noch deutlich stärker ausgeprägt ist als unter den Nicht-Einsamen (47 %). Ähnliches zeigt sich auch bei den Antworten auf die Behauptung „Die Regierung weiß oft über terroristische Anschläge Bescheid und lässt diese geschehen" (Gesamt: 35 %, Einsame: 46 %, Nicht-Einsame: 31 %) und bei der Aussage „Geheime Gruppen kontrollieren die Gedanken der Menschen, ohne dass diese davon wissen" (Gesamt: 27 %, Einsame: 36 %, Nicht-Einsame: 24 %). Zusammenfassend gesprochen bedeutet dies, dass rund 9 % der Jugendlichen eine deutliche Verschwörungsmentalität aufweisen und weitere 18 % zumindest dazu tendieren (Abb.1).

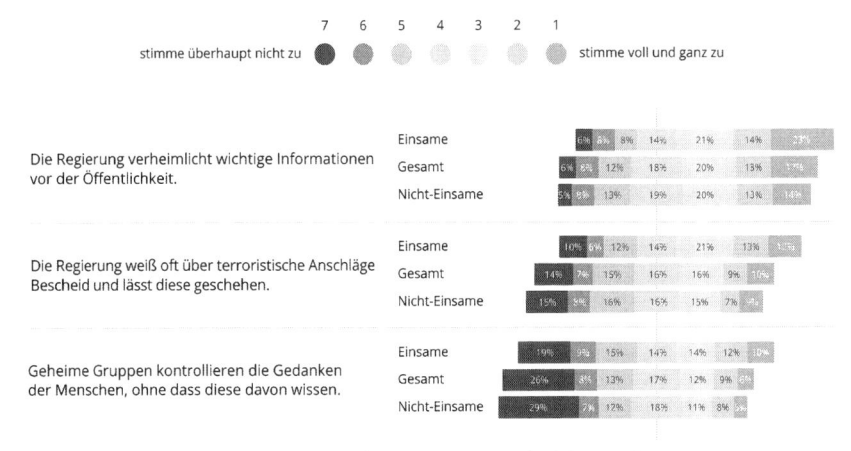

N = 1.008 (alle Befragten). Einsame: einsamstes Viertel der Befragten. Fehlende Werte: weiß nicht/keine Angabe.
Quelle der Fragen: Adolescent Conspiracy Belief Questionnaire (Jolley et al., 2021)

Abb. 1 Verschwörungsmentalität junger Menschen (Neu u. a. 2023)

Wie oben bereits beschrieben, hängt laut unserer Erhebung jugendliche Einsamkeit leicht, aber positiv mit antidemokratischen Einstellungen zusammen, also mit der Neigung zu Verschwörungsmentalität, der Billigung politischer Gewalt und mit autoritären Einstellungen, aber nicht mit Populismus.

1.3.3 Die Sache mit der Selbstwirksamkeit

Eine weitere wichtige Erkenntnis ist die Sache mit der Selbstwirksamkeit. Das Gefühl von Selbstwirksamkeit ist zentral für eine demokratische Gesellschaft. Denn nur wer sich selbst als relevant empfindet, sieht einen Sinn darin, sich zu beteiligen. Nur eine Gesellschaft, in der sich diverse gesellschaftliche Gruppen beteiligen, ist eine demokratische. Dabei wird zwischen internaler und externaler politischer Selbstwirksamkeit unterschieden. Erstere beschreibt die Einschätzung der eigenen Kapazitäten und Kompetenzen, am politischen Prozess teilnehmen zu können (z. B. durch Informationssuche und Gespräche und dadurch, dass man andere Menschen von den eigenen Positionen überzeugt). Die externe politische Selbstwirksamkeit betrifft die wahrgenommene eigene Einflussmöglichkeit im politischen System und damit dessen erwartete Responsivität. Aus Studien, wie der von Bernadi u. a. (2022) ist bereits bekannt, dass Einsamkeit das Gefühl politischer Selbstwirksamkeit negativ beeinflussen kann. Auch wir haben in unserer Befragung unter Jugendlichen die politischen Selbstwirksamkeitsgefühle von Einsamen und Nicht-Einsamen getestet und verglichen.

Als Ergebnis stellte sich heraus, dass nur rund ein Viertel der Befragten der Meinung ist, Politik beeinflussen zu können, also politisch wirksam zu sein. Dabei sind zwischen den Einsamen und Nicht-Einsamen hier nur leichte Unterschiede erkennbar. Wichtig ist hier zu bemerken, dass die Befragten teilweise zu jung sind, um an Bundestagswahlen teilzunehmen, was ihren politischen Wirkungsgrad natürlich mindert. Ein weiteres Ergebnis war, dass über das gesamte Aussagespektrum hinweg nur rund die Hälfte der Jugendlichen das Gefühl internaler politischer Selbstwirksamkeit hat, wobei dieses Gefühl bei den einsamen Jugendlichen tendenziell noch etwas schwächer ausgeprägt ist. Am deutlichsten zeigt sich unter den Einsamen eine Zurückhaltung darin, deutliche Positionen zu beziehen und sich auf kontroverse Debatten einzulassen. Eine solche ausgeprägte Positionierungsangst muss für eine partizipative Demokratie, die vom politischen Interesse und dem Meinungsaustausch ihrer Bürger:innen abhängig ist, eine Warnung sein. So sagen 51 % der Einsamen (und 37 % der Nicht-Einsamen), es stimme „voll und ganz zu", dass sie „es vermeiden mit Freunden und Bekannten über Politik zu sprechen, um nicht in Streit zu geraten".

1.4 Politischer Handlungsbedarf

Einsamkeit und demokratiegefährdende Einstellungen, wie Verschwörungsmentalität, hängen zusammen, so konnten wir zeigen. Zudem sind sowohl Einsamkeitserfahrungen als auch die Zustimmung zu Aussagen mit verschwörungsgläubigem Charakter im hohen Maße unter Jugendlichen vertreten. Des

Weiteren müssen wir feststellen, dass die intensive und durchaus lange Zeit der Coronaschutzmaßnahmen zum einen weitere und stärkere Einsamkeitserfahrungen begünstigt, sowie den Vertrauensverlust in die Politik verstärkt hat.

All diese Tendenzen geben Grund zur Sorge, vielmehr aber politische Handlungsaufträge auf. Übergreifend für die genannten Phänomene lassen sich folgende drei Forderungen zusammenfassen. Bei allen Dreien und darüber hinaus gilt jedoch: die Förderung der (politischen) Selbstwirksamkeit Jugendlicher ist eine der wichtigsten Stellschrauben. Deshalb ist bei jeglichen politischen Maßnahmen die Einbindung von jugendlichen Stimmen dringend geraten:

1. *Förderung öffentlicher Räume*: Öffentliche Räume sind egalitäre Begegnungsorte für alle Menschen unserer Gesellschaft. Hier sieht und hört man sich, hier nimmt man andere wahr. Diese Räume sollten zum ersten nicht weniger werden (z. B. durch zunehmende Privatisierung) und zum anderen so gestaltet sein, dass sie Einsamkeit und Isolation entgegenwirken bzw. vorbeugen. Hierbei geht es um einen flächendeckenden Erhalt und Ausbau daseinsversorgender Infrastrukturen und Institutionen, die nicht nur Dienstleistungen und Güter, sondern Teilhabe und Integration ermöglichen und Staatlichkeit repräsentieren (Kersten u. a. 2012).
2. *Förderung öffentlicher Angebote*: Öffentliche Freizeitangebote für Jugendliche (von der Hausaufgabenhilfe bis zum Skatepark) sind wichtig, um unabhängig vom elterlichen Einkommen aus anonymen Begegnungen Zugehörigkeiten werden zu lassen. Diese Möglichkeit haben rechtsradikale Akteure längst erkannt und insbesondere in Regionen mit mangelhaften öffentlichen Angeboten Gegenangebote geschaffen. Eine gut finanzierte, flächendeckende und bedarfsorientierte Jugendarbeit kann sowohl Einsamkeit als auch Demokratieentfremdung effektiv entgegenwirken.
3. *Förderung politischer Bildung und Medienkompetenz*: Da Einsamkeit und antidemokratische Haltungen häufiger mit geringerem Bildungsstand und niedrigerem Einkommen korrelieren (Entringer 2022; Zick/Küpper 2021) ist die öffentliche politische Bildung ein weiterer wichtiger Ansatzpunkt. So kann ein demokratisches Grundverständnis beispielsweise durch die Vermittlung von Medienkompetenz und politischer Diskussionskultur in und außerhalb von Schulen gestärkt werden.

Die Zukunft unserer demokratischen Gesellschaft und unseres sozialen Zusammenhalts bemisst sich insbesondere daran, welche Teilhabechancen Jugendliche an der Gestaltung des Gemeinwesens bekommen. Die alarmierend verbreitete Demokratieskepsis und das Gefühl, von der Politik nicht gehört und bei relevanten Themen übergangen zu werden, kann im Zusammenwirken mit Verschwörungserzählungen fatale Folgen für die Demokratie haben. Gerade mit Blick auf das Erstarken rechter Parteien und den anstehenden Landtagswahlen in Sachsen, Thüringen und Brandenburg 2024 sowie die Bundestagswahl 2025 ist eine Einsamkeitsprävention als auch -intervention wichtiger denn je.

Literatur

ALBERT, Mathias u. a. (2019): Jugend 2019. Eine Generation meldet sich zu Wort. In: Albert, Mathias u.a. (Hg.): Jugend 2019. Eine Generation meldet sich zu Wort, Bd. 18. Weinheim, S. 313–324.

BEIERLEIN, Constanze u. a. (2012): Political Efficacy Kurzskala (PEKS). Ein Messinstrument zur Erfassung politischer Kompetenz- und Einflussüberzeugungen. Mannheim.

BERNARDI, Luca u. a. (2022): Down But Not Yet Out: Depression, Political Efficacy, and Voting. In: Political Psychology, 44/2, S. 217–233.

BPB (2021). Wahl-O-Mat zur Bundestagswahl 2021. Bundeszentrale für politische Bildung. Online: https://www.bpb.de/themen/wahl-o-mat/bundestagswahl-2021/(Zugriff: 1.8.2024).

BUNDESREGIERUNG (2023): Abschlussbericht. Gesundheitliche Auswirkungen auf Kinder und Jugendliche durch Corona. Online: https://www.bmfsfj.de/resource/blob/214866/fbb00bcf-0395b4450d1037616450cfb5/ima-abschlussbericht-gesundheitliche-auswirkungen-auf-kinder-und-jugendliche-durch-corona-data.pdf (Zugriff: 1.8.2024).

CACIOPPO, John. T u. a. (2015): Building social resilience in soldiers. A double dissociative randomized controlled study. In: Journal of Personality and Social Psychology, 1/109, S. 90–105.

DECKER, Oliver u. a. (2022): Die Leipziger Autoritarismus Studie 2022: Methode, Ergebnisse und Langzeitverlauf. In: Decker, Oliver u.a. (Hg.): Autoritäre Dynamiken in unsicheren Zeiten. Neue Herausforderungen – alte Reaktionen? Die Leipziger Autoritarismus-Studie 2022. Giessen, S. 31–91.

DESTATIS (2022): Daten zur Bevölkerung in Deutschland nach Altersjahren. Online: https://www-genesis.destatis.de/genesis/online?sequenz=statistikTabellen&selectionname=12411 (Zugriff: 1.8.2024).

DITTMANN, Jörg/Goebel, Jan (2022): Einsamkeit und Armut. Kompetenznetz Einsamkeit. In: Institut für Sozialarbeit und Sozialpädagogik (Hg.): KNE Exptertise, 5/2022. Frankfurt/M.

ENTRINGER, Theresa (2022). Epidemiologie von Einsamkeit in Deutschland. In: Institut für Sozialarbeit und Sozialpädagogik (Hg.): KNE Expertise, 4/2022. Frankfurt/M.

EYERUND, Theresa/Orth, Anja Kathrin (2019): IW-Report 22/2019. Einsamkeit in Deutschland. Aktuelle Entwicklung und soziodemographische Zusammenhänge. Köln.

FAUS, Rainer/Storks, Simon (2019): Im vereinten Deutschland geboren – in den Einstellungen gespalten? OBS-Studie zur ersten Nachwendegeneration. In: OBS-Arbeitshefte, 96. Frankfurt/M.

GESIS (2019): Allgemeine Bevölkerungsumfrage der Sozialwissenschaften ALLBUS 2018. Köln.

HAWKLEY, Louise C. u. a. (2005): How Can I Connect With Thee?: Let Me Count the Ways. In: Psychological Science, 16/10, S. 798–804.

HEITMEYER, Wilhelm (Hg.) (2011): Deutsche Zustände. Folge 10. Berlin.

HOLT-LUNSTAD, Julianne u. a. (2010). Social Relationships and Mortality Risk: A Meta-analytic Review. In: PLOS Medicine, 7/7: e1000316.

JOLLEY, Daniel u. a. (2021): Measuring adolescents' beliefs in conspiracy theories: Development and validation of the Adolescent Conspiracy Beliefs Questionnaire (ACBQ). In: British Journal of Developmental Psychology, 39/3, S. 499–520.

KERSTEN, Jens u. a. (2012): Demografie und Demokratie: Zur Politisierung des Wohlfahrtsstaates. Hamburg.

LUHMANN, Maike (2021): Einsamkeit – Erkennen, evaluieren und entschlossen entgegentreten. Schriftliche Stellungnahme zur öffentlichen Anhörung am 19.4.2021. Bochum.

MALTESER (2024). Wie sich Einsamkeit auf Körper und Seele auswirkt. Die psychischen Folgen von Einsamkeit. Online: https://www.malteser.de/dabei/information-tipps/wie-sich-einsamkeit-auf-koerper-und-seele-auswirkt.html (Zugriff: 1.8.2024).

NEU, Claudia u. a. (2023): Extrem Einsam?. Die demokratische Relevanz von Einsamkeitserfahrungen unter Jugendlichen in Deutschland. Berlin.

ROKACH, Ami/Neto, Félix (2000): Coping With Loneliness in Adolescence: A Cross-Cultural Study. In: Social Behavior and Personality: an international journal, 28/4, S. 329–341.

RUSSELL, Dan u. a. (1980): The revised UCLA Loneliness Scale: Concurrent and discriminant validity evidence. In: Journal of Personality and Social Psychology, 39/3, S. 472–480.

TUI-STIFTUNG (Hg.) (2018): Junges Europa 2018. So denken Menschen zwischen 16 und 26 Jahren. Die Jugendstudie der TUI STIFTUNG. Hannover.

TUI-STIFTUNG (Hg.) (2022): Junges Europa 2022. So denken Menschen zwischen 16 und 26 Jahren. Die Jugendstudie der TUI STIFTUNG. Hannover.

ULBRICH-HERRMANN, Matthias (2001): Autoritäre Einstellungen. In Zusammenstellung sozialwissenschaftlicher Items und Skalen (ZIS). Köln.

VEHRKAMP, Robert/Merkel, Wolfgang (2020): Populismusbarometer 2020. Populistische Einstellungen bei Wählern und Nichtwählern in Deutschland 2020. Gütersloh.

VODAFONE Stiftung (2022): Hört uns zu! Wie junge Menschen die Politik in Deutschland und die Vertretung ihrer Interessen wahrnehmen. Düsseldorf.

WALPER, Sabine u. a. (Hg.) (2021): Aufwachsen in Deutschland 2019. Alltagswelten von Kindern, Jugendlichen und Familien. Bielefeld.

ZICK, Andreas/Küpper, Beate (Hg.) (2021): Die geforderte Mitte: Rechtsextreme und demokratiegefährdende Einstellungen in Deutschland 2020/21. Bonn.

MARKUS BRUNNER, FLORIAN KNASMÜLLER

Sozialpsychologische Betrachtungen von Protest und Radikalisierung in Corona-Zeiten

Die Konjunktur der öffentlichen Auseinandersetzung mit Verschwörungstheorien der vergangenen Jahre verdankt sich maßgeblich dem Ausbruch des Coronavirus und der infolgedessen aufgekommenen Protestbewegungen gegen die politischen Versuche, dessen Verbreitung auszubremsen. Pandemisch wurde, so die weitverbreitete Auffassung, nicht nur Covid-19, sondern auch das Misstrauen gegen politische und wissenschaftliche Institutionen und die etablierten Medien, das sich bei einer kleinen, aber nicht unwesentlichen Gruppe bis zum offenkundigen Verschwörungsdenken steigerte und als solches stärker öffentlich wahrnehmbar wurde. Die sog. Corona-Proteste wurden zum Sinnbild dieser Entwicklung, indem sie eine „Misstrauensgemeinschaft" (Pantenburg u. a. 2021) formten, die vermittelt durch Verschwörungstheorien „die Wissensgrundlage [aufkündigte], auf deren Basis politische Konflikte ausgehandelt werden" (Amlinger/Nachtwey 2021, 13). Kritische und warnende Blicke zogen die Proteste jedoch auch deshalb auf sich, weil sich Teile davon in Wort und Tat zunehmend radikaler äußerten, Journalist:innen und Politiker:innen bedrohten, die Polizei attackierten und die Rolle rechtsextremer Akteur:innen anwuchs und auf den Kundgebungen immer deutlicher hervortrat.

Wir werden uns in diesem Beitrag den Protesten, den darin artikulierten Verschwörungstheorien und der Frage nach der Radikalisierung aus einer sozialpsychologischen Perspektive nähern, die nach den Gefühls- und Konfliktlagen fragt und erkundet, wie diese im Kontext der Proteste bearbeitet werden. Wir fragen *erstens* danach, wieso Verschwörungstheorien und die Teilnahme an Corona-Protesten für die Teilnehmer:innen attraktiv werden und werden dies am Beispiel eines biographischen Interviews einer Protestierenden veranschaulichen, das im Kontext des interdisziplinären Forschungszusammenhangs ‚Forschungswerkstatt Corona-Proteste' zusammen mit Antje Daniel und Felix Maile von der Universität Wien erhoben und von uns mit der Methode der Tiefenhermeneutischen Kulturanalyse ausgewertet wurde. Unsere Ausführungen stützen sich zudem auf quantitative Befragungen, die wir gemeinsam mit den Kolleg:innen aus besagtem Arbeitszusammenhang im Kontext der Corona-Proteste in Österreich durchgeführt und veröffentlicht haben (siehe Forschungswerkstatt

Corona-Proteste 2021, 2023). *Zweitens* wollen wir aus einer massenpsychologischen Perspektive der Radikalisierung (der Einzelnen und/oder der Masse) und dem, was in der Ankündigung zur Tagung, auf der dieser Band beruht, „Verhärtung" genannt wurde, innerhalb der Proteste nachgehen.

1. Verschwörungsdenken als Modus der Krisen- und Konfliktbearbeitung und Konfliktbearbeitung

Verschwörungstheorien spielten in der Szene der Corona-Proteste eine wichtige Rolle. Unsere zweite Umfrage (Forschungswerkstatt Corona-Proteste 2023) Anfang 2022 ergab, dass über 85 % der Befragten der Ansicht waren, dass die Regierung die Corona-Maßnahmen zur Überwachung und Kontrolle der Bevölkerung ausnutze, und ähnlich viele stimmten der Aussage zu, dass die Regierung mit den Medien unter einer Decke stecke. Explizit verschwörungstheoretische Annahmen über geheime Organisationen, die großen Einfluss auf politische Entscheidungen hätten, und Politiker:innen lediglich Marionetten dahinterstehender Mächte seien, werden von 65–70 % der Befragten geteilt. Die Zustimmung zu konkreten Verschwörungstheorien fiel weniger eindeutig aus: Immerhin noch über 30 % der Protestteilnehmer:innen befürchteten, dass mit der Impfung das Ziel verfolgt werde, Menschen Mikrochips zu implantieren, um sie besser kontrollieren zu können – weitere 23 % schlossen diese These zumindest nicht explizit aus. Allerdings glaubte auch fast die Hälfte der Antwortenden nicht an durch die Impfung verabreichte Implantate. Im Hinblick auf die Vertrauenswürdigkeit von Studien über den Klimawandel war das Feld geteilt: Während ein Drittel der Befragten solche Studien für gefälscht erachtete, lehnt etwa ein Viertel diese These ab – weitere 39 % waren unentschieden. Soweit die Datenlage: Die Wahrnehmung von Politik, Medien und etablierten Expert:innen als gleichgeschalteter Block, der die Gefährlichkeit des Virus übertreibt, der Bevölkerung die Wahrheit verschweigt und sie hintergeht, um sie zu überwachen und kontrollieren zu können, wurde breit geteilt. Dahinter vermutete eine Mehrheit der Befragten geheime Organisationen, die die Zügel in der Hand halten und diese ‚P(l)andemie' steuern.

Worin besteht nun aber die Funktion dieser Verschwörungstheorien? Verschwörungstheorien sind aus einer sozialpsychologischen Perspektive als Antwort auf Ängste und innere Konfliktlagen zu begreifen. Sie werden genutzt, um eine bedrohliche oder bedrohlich erscheinende äußere Situation phantasmatisch so zu bearbeiten, dass sie so – zumindest im ersten Moment – erträglicher erscheint. Verschwörungstheorien erfüllen noch weitere Funktionen: Sie geben in unsicheren und unüberschaubaren Situationen Halt und Überblick. Sie geben diffusen Ängsten, aber auch der in der ängstigenden Situation auftauchenden Wut ein fassbareres Objekt. Zugleich werten sie diejenigen auf, die die Verschwörung durchschauen und nicht so verblendet und naiv sind wie die anderen, erlauben also die Distinktion der ‚Aufgewachten' von den ‚Schlafschafen' (Butter 2018; Hessel 2020; Knasmüller u. a. 2023; Schließler u. a. 2020). Dass die Verarbeitung einer gesellschaftlichen Krise wie der Corona-Pandemie auch in solchen Bahnen verlief, kann uns nicht wirklich überraschen.

Das Coronavirus erschien sehr plötzlich auf der Bildfläche, breitete sich rasant aus und erforderte deshalb auch sehr schnelle und rigide Gegenmaßnahmen. Zwar zeigten die Bilder vor allem aus Italien die Dramatik des Geschehens, am eigenen Leib erfahren wurde die Pandemie von den meisten aber zunächst einmal durch die staatlichen Notfall-Interventionen: Ausgangsbeschränkungen, die Schließungen von Grenzen, Läden, Kneipen, Schulen und Universitäten, die Weisung, Abstand zu halten und bald auch Masken zu tragen, Zugangsbeschränkungen zu Krankenhäusern und Altenpflegeheimen, Homeoffice-Empfehlungen, erzwungene Kurzarbeit etc. Diese Notfallverordnungen wurden anfangs angesichts des Zeitdrucks parlamentarisch nicht legitimiert, wenngleich sie gerade in den ersten Monaten der Pandemie durch breiten, mit Ausnahme der FPÖ lagerübergreifenden Konsens mitgetragen wurden. Begleitet wurde die ‚erste Welle' in Österreich auch von scharfer Rhetorik: Der damalige Bundeskanzler Kurz prophezeite, dass jeder von uns bald jemanden kennen würde, der an Corona gestorben sei (Wagner 2020), und der ehemalige Innenminister Nehammer bezeichnete die Menschen, die sich aus verschiedenen Gründen über Maßnahmen hinwegsetzten, als ‚Lebensgefährder' und drohte mit drastischen Strafen (Bundesministerium für Inneres 2020). Der Staat reagierte angesichts der Notsituation sehr autoritär und nicht alle konnten durch Appelle zur ‚nationalen Einigkeit' besänftigt werden (zur politischen Rhetorik in der Pandemie siehe Wodak 2021).

Der parteiübergreifende Schulterschluss in der Unmittelbarkeit der Krise hielt nicht lange an und bald wurden mehr politische, medial und unter Expert:innen ausgetragene Debatten darüber geführt, ob die von der Regierung bzw. auch verschiedenen Landesregierungen erlassenen Corona-Maßnahmen wirksam, effizient, verhältnismäßig und rechtmäßig seien. Verschiedene Strategien wurden ins Treffen geführt und im politischen Feld wie in der Öffentlichkeit zuweilen hitzig diskutiert. Sehr unterschiedliche Logiken und Perspektiven wurden dabei gegeneinander gehalten und neben dem epidemiologischen Blick auf die Verbreitungszahlen und die Zahl der freien Betten auf Intensivstationen wurden auch die psychischen, sozialen und ökonomischen Auswirkungen für verschiedene gesellschaftliche Gruppen diskutiert. Ins Spiel gebracht wurden die Interessen verschiedener Wirtschaftszweige, aber auch die von Prekarisierung und Arbeitslosigkeit bedrohten Angestellten und Freiberufler:innen. Auf die in Altenheimen und Krankenhäusern abgeschotteten Menschen wurde ebenso verwiesen wie auf die isolierten Jugendlichen und Kinder im *Homeschooling*, wobei die geschlossenen Schulen und Kindergärten auch die Belastung der Erziehungsberechtigten in die Höhe steigen ließ (Kolhrausch/Zucco 2020; Villa 2020). Gesprochen wurde einerseits über die Belastungen des Personals in den Krankenhäusern, andererseits aber auch über das Bedürfnis der Allgemeinbevölkerung nach Mobilität und Freizeitaktivitäten. In diesen Debatten wurde die Regierung sowohl für übertriebenes und unrechtmäßiges wie für falsches, leichtsinniges, in sich widersprüchliches und zu langsames Handeln kritisiert.

Dass Medien, Regierung und große Teile der Wissenschaft von den Befragten als unter einer Decke steckende Akteur:innen wahrgenommen wurden, kann durchaus als Reflex auf die eingangs beschriebene Anfangsphase der Pandemie gelesen werden. Dass diese Wahrnehmung aber angesichts der Ausdifferenzierung des Diskurses anhielt, zeigt, dass es um mehr ging. Die pandemische Situation war verwirrend und komplex: Ein unsichtbares Virus verbreitete sich, wir starrten auf sehr unterschiedliche Zahlen, Daten und Graphiken, die immer interpretiert werden mussten. Die Expert:innen waren und sind sich über viele Dinge uneinig, die möglichen Perspektiven auf die Situation sind, wie gezeigt, vielfältig, und das Wissen um das Virus wuchs rasant, wodurch eine Zeit lang Sichergeglaubtes mitunter wieder in Frage gestellt oder revidiert werden musste. Die Menschen wurden also auf neue Weise „dem eigenen Nicht-Wissen-Können gewahr" und die „Fremdwissensabhängigkeit" wurde überdeutlich (Amlinger/Nachtwey 2021, 13). Nicht zuletzt sind die gesellschaftlichen Verhältnisse, die einen Umgang mit der Pandemie rahmen, schwer zu durchschauen: Tatsächlich wird das Handeln von Institutionen und Menschen in kapitalistischen Gesellschaften maßgeblich durch ökonomische Interessenspolitik bestimmt, die den Interessen der Einzelnen oft entgegenstehen und die den Schutz von Menschen häufig auch übertrumpfen.

Zugleich standen sich aber auch die Interessen der verschiedenen Industriezweige gegenüber – in Krisen machen einige Gewinne und andere Verluste. Verschwörungstheorien, die einen einfachen Machtblock von einheitlich agierenden Eliten wahrnehmen, gar diesen noch als aus geheimen Hinterzimmern gelenkt imaginieren, halfen, diese Komplexität zu reduzieren: Ein komplexes Kräftefeld von unterschiedlichen Blöcken, Interessen und Perspektiven, das das Handeln von verschiedenen Akteur:innen bestimmt, wurde auf eine von oben geplante und konzertierte Aktion verkürzt. So konnten Schuldige benannt und verortet werden; gesellschaftliche Verhältnisse wurden personalisiert und Sündenböcke produziert (Forschungswerkstatt Corona-Proteste 2023).

Das erleichterte auch das ethische Abwägen: Die Leugnung des Virus oder dessen Verharmlosung als herkömmliche Grippe erlaubte es, sich aus den Dilemmata zu befreien, die sich aus der Krisensituation innerhalb der gegebenen strukturellen Bedingungen ergaben: Die Gesundheitslage musste nicht mehr gegen Freiheits- und Konsumwünsche abgewägt, Verhältnismäßigkeiten mussten nicht mehr eruiert werden. Es musste auch nicht mehr gefragt werden, wie die Kinder und ihre Eltern einerseits vor dem Virus, andererseits aber auch vor der psychischen und Mehrarbeitsbelastung durch das *Homeschooling* geschützt werden können. Dadurch, dass die pandemische Situation als Lüge abgetan wurde, konnte *ambivalenzfrei* gegen jegliche Maßnahmen angekämpft werden und man konnte sich im Alltag so verhalten wie immer.

Der Begriff der Ambivalenz verweist nun noch auf etwas viel Entscheidenderes: Sowohl die Pandemie wie die Gegenmaßnahmen ließen starke Gefühlslagen entstehen, mit denen ein Umgang gefunden werden musste (Forschungswerkstatt Corona-Proteste 2021). Verschwörungstheorien halfen vor allem, ein emotionales Chaos zu ordnen: Je nach Klassenlage, Wohn- und Familiensituation, Geschlecht, Beruf, Alter oder körperlicher Konstitution waren Menschen mehr von Isolation, Enge, ökonomischen Ängsten, den Mehrfachbelastungen durch Berufs- und Carearbeit, von verschärften Grenzregimes oder totaler werdenden Institutionen betroffen und mussten mit damit einhergehenden Begrenzungs-, Entgrenzungs-, Beschleunigungs- oder Entschleunigungsdynamiken ringen. Diese widersprüchlichen, plötzlichen und unabsehbaren Dynamiken lösten starke Gefühlslagen aus: Stress, Ängste davor, dass man selbst oder Angehörige angesteckt werden könnte, oder aber die Angst davor, selbst zur Überträger:in des Virus zu werden, angesichts des unsichtbaren Virus, das über Körperflüssigkeiten übertragen wird, auch Körperängste und Ekelgefühle, ökonomische Ängste, Gefühle des Autonomieverlusts, auch Schuldgefühle, Trauer, Ohnmacht und die Angst, für bestimmte Handlungen bestraft zu werden, zugleich starke Wünsche nach Nähe, Übertretungslust und Erlösungssehnsüchte, vor allem aber auch sehr viel Frust, Wut und Aggression. Es waren nicht nur starke Gefühlslagen, die aufkamen, sondern auch widersprüchliche, ambivalente.

Verschwörungstheorien helfen, Ordnung in dieses *Gefühls*chaos zu bringen. An erster Stelle wird Angst gebunden: Wenn das Virus weniger gefährlich ist, als von Medien und Wissenschaft behauptet wird, musste man weder Angst vor eigener Ansteckung haben noch sich mit der Möglichkeit auseinandersetzen, nahestehende Personen zu infizieren. Auch bestand dann kein Grund mehr, weiterhin Distanz zu nahestehenden Personen zu halten, sondern es konnte Wünschen nach Nähe ungebremst nachgegangen werden. All diese Unsicherheiten und Ambivalenzen konnten aus dem alltäglichen zwischenmenschlichen Bereich ausgelagert werden. Dass schwer auszuhaltende Ambivalenzen ein treibender Faktor der Protestbeteiligung waren, davon zeugt auch, dass die ersten maßnahmenkritischen Kundgebungen sich erst zu einem Zeitpunkt formierten, als der Schrecken sowie die große Unsicherheit und Undurchsichtigkeit der ersten Infektionswelle mit eben dieser abgeklungen waren. Erst nach Ende der ersten Ausgangsbeschränkungen, die überwiegend streng befolgt wurden, mussten die Menschen wieder abwägen, welche Kontakte und welche Bedingungen für sicher befunden werden konnten: Die vielbeschworene Eigenverantwortung lastet schwer auf der Fähigkeit, Ambivalenzen aushalten zu können.

Angst wie auch Schuld waren aber durch ihre verschwörungstheoretische Verortung nicht verschwunden, sondern haben sich verlagert: Nicht mehr das unsichtbare Virus, das bei jedem physischen Kontakt unseren Körper bedrohen könnte und sich so in die zwischenmenschlichen Beziehungen drängt, machte Angst, sondern diese kehrte wieder in Form einer gefährlichen Impfung, mit dem Unterschied, dass man sich dieser entziehen konnte. Das Bedrohliche war nicht mehr als Virus möglicherweise in mir selbst und zwischen uns, sondern es war – weit weg vom eigenen Leib – in konkreten Figuren lokalisiert: den Verschwörer:innen. Die diffuse Gefahr erhielt eine Gestalt und ein Gesicht in Form von George Soros, Bill Gates, Sebastian Kurz, Christian Drosten, Klaus Schwab oder der ‚Lügenpresse'. Und während sich alle als potenzielle Viren-Überträger:innen schuldig machen konnten (dies wurde damals, wie erwähnt, im Begriff der ‚Lebensgefährder' adressiert), wurde in den Verschwörungstheorien eine Dichotomie zwischen den schuldigen, selbstsüchtigen Übeltäter:innen und dem unschuldigen, geknechteten Volk gezeichnet. Jene wurden nicht nur zum Gesicht der Bedrohung, sondern vor allem zu Hassobjekten. Die eigene Wut und Aggression, die sich in der Pandemie anstaute, richtete sich gegen die Übeltäter:innen und wird als Notfall-Reaktion gegen Angriffe von außen legitimiert. Auch Ohnmachtsgefühle wurden verlagert und zugleich kompensiert: Nicht nur waren über 60 % der Befragten der Überzeugung, dass ihr Immunsystem dem Virus standhalten wird (Forschungswerkstatt Corona-Proteste 2023), sondern insbesondere brachte die Idee, schlauer zu sein als die etablierten Expert:innen und die Verschwörung zu durchschauen, ein phantasmatisches

Machterleben: ‚Die Verschwörer:innen haben zwar die ganze Welt in der Hand, aber mich täuschen sie nicht'. Wir müssen annehmen, dass auch eine identifikatorische Teilhabe an der Übermacht der (Be)Herrscher der Welt stattfand (vgl. Hessel 2020). Das Aufdecken der neuesten Ungereimtheiten, Lügen und Machenschaften der Regierung ist durchaus lustvoll.

Schließlich findet über die Verschwörungstheorien Vergemeinschaftung statt. Das passiert bereits in digitalen Räumen, wo über geteilte Youtube-Clips, über die Sozialen Medien, über Foren und Telegram-Gruppen ein Gemeinschaftsgefühl aufkommt: Über die geteilten Feindbilder, Wahrnehmungsmuster und Affekte entsteht das Gefühl, nicht wahnsinnig und alleine, sondern Teil einer bedeutsamen, zunächst noch virtuellen Gemeinschaft zu sein. Dieses Gemeinschaftserleben nährte einen „kollektiven Narzissmus" (Adorno 1959) und übersetzte sich schließlich auf die Straße und wurde bei den physischen Zusammenkünften augenscheinlich und unmittelbar erfahren. In den biographischen Interviews schildern die Befragten immer wieder den mit den Protesten verbundenen Erlösungscharakter: Die Demonstrationen, auf denen die Pandemie selbst gar keine Rolle mehr spielte, wo man ohne Maske Leuten nahe sein, gemeinsam singen und gegen die Regierung schimpfen konnte, endlich die ersehnte Freiheit von den Regierungsmaßnahmen erlebte, stellten ein „Erlebnisangebot" (Brockhaus 1997) dar. In der Masse werden die Individuen nicht nur imaginär, sondern durchaus real mächtig, werden Teil einer Bewegung, in der die Einzelnen trotz der heterogenen Zusammensetzung zu einer ‚unterschiedslosen' Einheit werden und geschlossen den imaginierten Spaltungsversuchen trotzen.

Sigmund Freud hatte für diesen Komplex, den wir für Verschwörungstheorien und die Protestbewegung beschrieben haben, den Begriff der *Schiefheilung* (Freud 1921) geprägt: Psychisch bedrohliche innere Situationen werden dadurch entschärft, dass in einer Masse Ängste gebunden und Ambivalenzen aufgespalten werden. Aggressionen und Ängste finden projektiv in Feindbildern einen Ausdruck, während dafür in einer „guten" und „reinen" Gemeinschaft Halt und ein gesteigertes Selbstwertgefühl gefunden werden. Der Konflikt innerer Regungen wie auch Ambivalenzen in zwischenmenschlichen Beziehungen können so auf einer kollektiven Bühne ausgetragen und vom eigenen Leib ferngehalten werden. Das ist eine Form von ‚Heilung', die individuelle Symptombildungen verhindert, aber eine schiefe, weil sie die Teilnehmer:innen an die Masse bindet und sie an ihr festhalten müssen, um nicht wieder auf die bedrohlichen Gefühle zurückgeworfen zu sein (Brunner 2016).

2. Empirische Erkundungen der Verarbeitungsweisen innerpsychischer Konfliktdynamiken

Die Analysen entpuppen sich als noch komplexer, wenn wir die Biographien der Demonstrierenden berücksichtigen: Nicht nur coronaspezifische Ängste und Gefühlslagen wurden über Proteste und Verschwörungstheorien abgewehrt und verarbeitet, sondern die Pandemie weckte auch frühere innerpsychische Konfliktlagen, die die Wahrnehmung der Pandemie prägten und das Bedürfnis nach solchen Abwehrkonstellationen wachsen ließ. Wir wollen das im Folgenden an einem empirischen Fall veranschaulichen: Es handelt sich dabei um ein biographisches Interview, das im Mai 2021 mit einer in etwa 40jährigen Frau geführt wurde, der wir das Pseudonym Anna[1] gegeben haben. Das Interview wurde mit der psychoanalytisch informierten Methode der Tiefenhermeneutik (Lorenzer 1986; König 2019) ausgewertet. Nachdem wir einen kurzen Einblick in die Auswertungsmethode geben und ihren Erkenntnisprozess skizzieren, werden wir den Fall Anna ausführlich in seinen manifesten und latenten Dimensionen darlegen und so den Verzahnungen von lebensgeschichtlich produzierten Konfliktgefügen, ihren Reaktualisierungen in Krisenzeiten und den verschwörungstheoretisch überformten Kompensationsstrategien auf die Spur gehen.

2.1 Zur tiefenhermeneutischen Kulturanalyse

Die tiefenhermeneutische Kulturanalyse behandelt Interviews wie auch andere Textsorten als doppelbödige „Mitteilungsformen" (Lorenzer 1986, 24), deren „Bedeutung sich in der Spannung zwischen einem manifesten und einem latenten Sinn entfaltet" (König 2000, 557): Interviewpartner:innen teilen sich demzufolge zum einen auf einer intentionalen, zum anderen auf einer nicht-sprachlichen, eben einer latenten Ebene mit. Bei der Rekonstruktion dieser verborgenen Sinnstrukturen räumt die Tiefenhermeneutik der Subjektivität der Forschenden eine zentrale Funktion ein. Es handelt sich beim Auswertungsprozess um eine Adaption des psychoanalytischen Verfahrens: So wie Psychoanalytiker:innen bei den Erzählungen ihrer Analysand:innen ihre eigenen Gefühlsreaktionen auf das Erzählte beobachten – die sogenannten Gegenübertragungen – und diese reflektiert dazu nutzen, um auch Informationen über die Gefühle und Beziehungserfahrungen zu gewinnen, die in der Rede der Analysand:innen nicht zur Sprache kommen, lassen sich im Kontext der tiefenhermeneutischen Forschung

---

[1] Alle personenbezogenen Daten wurden sorgfältig pseudonymisiert, so dass ein Rückschluss auf die Identität der Interviewten nicht möglich ist.

die Forscher:innen in Auswertungsgruppen mit gleichschwebender Aufmerksamkeit auf das Material ein, spüren ihren Assoziationen, Affekten und Irritationen, d.h. ihren – im weitesten Sinne – Gegenübertragungen auf das Material nach, die als Richtschnur am Weg zum Textverständnis dienen.[2] Die Reaktionen in der Gruppe werden nicht als Wahrheit über den Inhalt missverstanden, sondern systematisch an den Text herangetragen, um diesen in seiner Vielschichtigkeit zu ergründen – gemäß der psychoanalytischen Theorie Lorenzers wird dieser Prozess als „szenisches Verstehen" (Lorenzer 1973) begriffen. So nähern sich die Forschenden schrittweise und in iterativen Abfolgen einer stimmigen Interpretation dessen an, was aufgrund gesellschaftlicher Verbote, Normen und früherer Beziehungserfahrungen in der Interviewsituation nicht verbalisiert (und somit nicht bewusst) werden durfte, die Szene aber dennoch untergründig mitgestaltet hat (König 2019). In einem abschließenden Schritt werden die Auswertungsergebnisse und mit ihnen das gesamte Material gesellschaftstheoretisch eingeordnet.

2.2 Falldarstellung: Anna

Im fast zwei Stunden dauernden Interview schildert Anna ein turbulentes Leben. Im Mittelpunkt ihrer biographischen Erzählung steht ihre Mutter. Erst spät habe die Interviewte, so berichtet sie, realisiert, dass diese an einer narzisstischen Persönlichkeitsstörung gelitten habe und dadurch erst habe sie einordnen können, „was [sie] als Kind da erlebt"[3] und „was das eigentlich bedeutet hat". Rückwirkend kann Anna also – ganz im Sinne des Wortes – diagnostizieren, warum ihre Mutter ihre gesamte Familie manipuliert habe und weshalb ihr nichts anderes übriggeblieben sei, als die Flucht zu ergreifen. Bereits als Kind habe sie versucht wegzulaufen oder kurzzeitig auf Distanz zur Mutter zu gehen, indem sie Zeit bei Freundinnen und bei Angehörigen im Ausland verbracht habe. Die zeitweilige Loslösung von der manipulativen Mutter kommentiert Anna wie folgt: „ich war mal raus aus diesem ((seufz)) ich hab nur kein Wort um das in einem Wort zu beschreiben; das Martyrium oder wie auch immer". Trotz der selbsterklärten frühen Rebellion gegen die Mutter, sollte die Abnabelung nur unzureichend gelingen: Eher überstürzt, „jung und dumm" wie sie urteilt, sei Anna nach abgeschlossener Berufsausbildung mit einem neuen Freund von Deutschland nach Österreich gezogen, habe dafür gar ihre Stelle aufgegeben.

---

2   Näheres über den konkreten Interpretationsvorgang lässt sich bei Brunner u.a (2022) finden.
3   Die nachfolgenden Zitate entstammen dem Transkript des Interviews mit Anna.

Die Beziehung sei schnell zerbrochen, mit der Folge, dass sie ohne Geld und mit einer Ausbildung, die in Österreich nicht anerkannt wird, in einer leeren Wohnung in der Nähe von Linz gestrandet sei. In dieser schwierigen Situation – Anna gibt an, sich in dem „Betonbunker" als „land- und naturverbundene" Person nicht so recht wohl gefühlt zu haben – sei sie von ihrer Mutter „wieder eingeholt worden": Als diese ihr die Küche ihres Bruders bringt, entscheidet die Mutter, mit ihrer Familie, das heißt Annas Schwester und dem nach einem schweren Arbeitsunfall arbeitsunfähigen Vater, ebenfalls nach Linz zu ziehen. Anna schafft es nicht, dem Zugriff ihrer Mutter zu entkommen: Sie sei in eine Wohnung mit Garten gezogen, die ihr zwar die Flucht aus dem „Betonbunker" ermöglicht, sie jedoch „dummerweise", wie sie sagt, in die unmittelbare Nähe „dieses Drachens" geführt habe. Zum einen wird die Mutter mit drastischen Zuschreibungen belegt und damit ihre Abscheulichkeit demonstriert, zum anderen begibt sich Anna aus freien Stücken immer wieder in ihren Wirkungskreis, kann sich also nicht aus den manipulativen Fängen der Mutter lösen. Dem von ihrer Mutter kontrollierten Umfeld hält Anna ihr „kleines Hexenhaus" entgegen, in dem sie es sich in ihrer „kleinen heilen Welt" eingerichtet habe. Diese blieb aber auch dann noch prekär, als sie ihren heutigen Ehemann kennenlernt, denn sie blieb stets „greifbar in der Nähe" der Mutter. Mit Walter habe sie eine glückliche Beziehung geführt, doch habe sie zunächst an ihrer Unabhängigkeit festhalten und ihr Refugium auch dann nicht aufgeben wollen, als sie bereits mit ihrem ersten Kind schwanger gewesen sei. Erst eine biographische Schlüsselszene veranlasst sie dazu, zu ihrem Mann zu ziehen:

> „[...] dann ist was anderes dann in mein Leben getreten, dass die Katze, die ich damals gehabt hab, die auch so n Anker war, in der Zeit, wo ich alleine war und hat mir mein Nachbar leider umgebracht, erschlagen, und im Garten rüber ins Wasser geworfen, den hab ich dann gefunden und der Walter hat ihn dann aus dem Wasser rausgeholt, weil ich nicht rein konnte, wegen dem Bäuchlein [...]."

Wir können nur mutmaßen, was wirklich vorgefallen ist – dass diese dem Nachbarn zugeschriebene Tat keine Vorgeschichte hat, sondern plötzlich ‚in ihr Leben tritt', ist eher unwahrscheinlich –, aber die Schilderung ist symptomatisch für Annas Wahrnehmungswelt: Auf der Suche nach einer heilen Welt ist sie umgeben von bösartigen Personen, die ihr grundlos Schaden zufügen wollen, sei es die pathologische Mutter oder der Nachbar. Die Doppelbödigkeit der Bezeichnung ihrer „kleinen heilen Welt" als „Hexenhaus" wird angesichts dieser Szene augenscheinlich: Zum einen will Anna damit das Heimelige des eigenen Heims betonen, deutet zum anderen jedoch an, dass darin auch eine Hexe ihr Unwesen treibt. Szenisch gelesen, verbergen sich darin auch Annas eigene aggressive, womöglich auch bedrohliche Anteile, die im gesamten Interviewerlauf nicht zur Sprache kommen: Die Hexen sind stets die Anderen.

Zum endgültigen Bruch mit der Mutter kommt es erst, als diese ihre Tochter – wieder einmal – kritisiert, dieses Mal für deren Erziehungsstil, woraufhin Anna, wie sie sagt, zum ersten Mal in ihrem Leben für sich „aufgestanden" sei, anstatt nur blind zu rebellieren oder wegzulaufen – seither sei sie für die Mutter „gestorben". Zur Zeit des Interviews habe bereits seit Jahren kein Kontakt mehr zwischen Mutter und Tochter bestanden. Auch mit ihrer Schwester und ihrem Vater, die sich aus ihrer Perspektive zu sehr von der Mutter manipulieren lassen, will Anna nichts mehr zu tun haben – dezidiert bricht sie auch den Kontakt zu allen weiteren Familienmitgliedern ab, die nicht auch mit der Mutter brachen. Dafür hat sie ein neues Zuhause und eine neue Familie gefunden, mit ihrem Mann Walter und ihren beiden Kindern. Anna beschreibt die Abkopplung als kathartischen Prozess, der nach dem Tod ihrer geliebten Großmutter, – „ohne Therapie", wie sie stolz erzählt –, aber mithilfe esoterischer Ideen und nach intensiver Selbstfindung darin mündet, dass sie heute, viele Jahre später, ihren „inneren Frieden" gefunden habe und große Dankbarkeit der Mutter gegenüber empfinde. Nach erfolgreicher äußerer Ablösung habe sie sich nun auch innerlich lösen und ihr mittlerweile verzeihen können. Diese Erfahrungen haben Anna erkennen lassen:

> *„[...] dass das wichtigste ist, die Verantwortung für's Leben selbst zu tragen; also ich kann's nicht wem andern überstülpen, meine schlechte Laune, oder was ich erlebt hab, meine Biographie, ich muss die Verantwortung für mich selbst übertragen, äh tragen [...]."*

Die Abnabelung geht mit Annas Selbstermächtigung einher: Die Zumutungen durch die Gängelung der Mutter habe sie – nach richtungsweisender „Persönlichkeitsentwicklung" – gelehrt, die Verantwortung für ihr eigenes Leben zu tragen. Im gleichen Zug unterläuft Anna diesen Selbstentwurf jedoch durch eine Fehlleistung wieder: Es ist durchaus zutreffend, dass sie in ihrer Sicht auf die Vergangenheit und die Welt bisweilen Verantwortung auch auf andere „überträgt".

Die hier nur kursorisch referierte Einstiegserzählung ist in vielerlei Hinsicht aufschlussreich: Erstens lernen wir über die manifeste Charakterisierung ihrer Mutter, die von Anna als manipulativ, verfolgend, narzisstisch gestört, kurzum als „Tyrannin" erlebt wird, mit der sie sich, angestoßen durch den Tod ihrer

Großmutter, nach außen hin versöhnt zeigt. Wir lernen auch über Annas Selbstdeutung als Person, die aus den Peinigungen gestärkt hervorgegangen ist und über ihr Leben nunmehr eigenmächtig bestimmt. Zweitens regt sich angesichts der drastischen Sprache Zweifel an der Versöhnungserzählung, hinter der sich starke, offenbar bedrohliche Affekte andeuten, die dethematisiert werden müssen. Eigene aggressive und verfolgende Anteile kehren in den Bildern der bedrohlichen Anderen wieder. Drittens, und das ist für das tiefenhermeneutische Verfahren zentral, können wir uns dem szenischen Gehalt nähern, nicht nur über Analyse dessen was gesagt wird, sondern darüber wie gesprochen wird: Das Aufnahmegerät lief bereits in etwa eine Stunde, als die Einstiegserzählung zum Erliegen kommt und der Interviewer mit immanenten Nachfragen erstmals zum Zug kommt. Die scheinbar nicht enden wollende Stegreiferzählung hinterlässt bei diesem das Gefühl, überwältigt und eingeschnürt worden zu sein. Die subjektiven Eindrücke und Gefühlsreaktionen des Interviewers werden durch jene der Interpretationsgruppe gestützt, die während der Interpretationssitzung Sorgen äußerte, dass dieser überrollt worden sein könnte. In der Szene, die sich zwischen Interviewer und Interviewpartnerin entfaltet hat, reinszeniert sich Annas Verfolgungsgeschichte unter anderen Vorzeichen. Einspannt in eine latente Dynamik ist es der Interviewer, der nunmehr eingeengt, verfolgt und untergründig bedroht und von einem „emotionalen Tsunami" mitgerissen wird, der von Anna überschwappt.

In die Situation des „inneren Friedens", den Anna sich mit ihrer Familie geschaffen zu haben glaubt, bricht nun die Pandemie ein. Anna arbeitet zu diesem Zeitpunkt in Teilzeit im Gesundheitsbereich und studiert nebenbei, während ihr Ehemann, der ebenfalls in Teilzeit in der sozialen Arbeit beschäftigt ist, ihr tatkräftig bei der Sorgearbeit unter die Arme greift. Ihre Kindheitserfahrungen setzt Anna unmittelbar in Bezug zu ihrem politischen Aktivismus gegen die Regierungsmaßnahmen:

> *„[...] das alles ((seufzen)) unterm Strich, is eigentlich das, was mich antreibt dann weiterhin für die Gerechtigkeit; für alle, für alles aufzustehen; ja, also jetzt für meine Kinder, vor allen Dingen [...]."*

In ihren Klagen gegen die staatlich dekretierten Einschränkungen sorgt sie sich neben ihren Klient:innen vor allem um ihre Kinder, denen die Isolierung schade und die sie besonders vor dem drohenden Impfzwang beschützen wolle. Im Interview spricht Anna sich vor ihrem eigenen Erfahrungshintergrund dafür aus, „dass jeder Mensch entscheiden und so selbstbestimmt und so frei wie möglich

Verantwortung für's eigene Leben mittragen darf". Was für ihre Kinder am besten ist, weiß Anna hingegen offenbar ganz genau: Sie schreibt Briefe an die Direktion des Kindergartens ihrer Tochter und zusammen mit ihrem Mann beschließt sie, ihre Tochter aus dem Kindergarten sowie ihren Sohn aus der Schule zu nehmen und zuhause zu unterrichten. In der Schule sei unter den Kontaktbeschränkungen und der Maskenpflicht „die Möglichkeit zur freien Entfaltung", die Anna ihren Kindern gerade deshalb bieten will, weil sie selbst von ihrer Mutter erdrückt wurde, nicht mehr gegeben. Wer, wenn nicht Anna selbst, kann beurteilen, was Kindern angetan wird, wenn sie in ihren freien Entfaltungsmöglichkeiten beschnitten werden. Während die pandemiebedingten Einschränkungen in der Wahrnehmung von Anna allerorts für Spaltungen und Verwerfungen sorgten, seien die innerfamiliären Beziehungen in der Krise noch enger geworden. Zusammenhalt findet sie jedoch nicht nur bei ihrer Familie, sondern auch auf den Demonstrationen, von denen sie überschwänglich berichtet:

„[...] des waren Familien; des waren Rollstuhlfahrer; es waren mit Rollator; es war und diese Energie, dieses miteinander singen, und für etwas aufstehen; das war ja a positive Energie [...]."

Weder Hooligans noch sonstige rechte Gruppen habe sie wahrgenommen, die das Bild einer harmonischen, energetischen und familiär anmutenden Masse, aus der niemand ausgeschlossen wird, in Zweifel ziehen könnten.

Hinter den Beschwörungen familiärer Harmonie und nachträglicher Versöhnung mit der Mutter müssen wir hingegen dazu quer liegende Affektlagen vermuten, die mit den Selbstbildern unserer Interviewpartnerin in Konflikt stehen. Wir konnten bereits herausarbeiten, dass die überbordenden Aggressionen und Enttäuschungen, die Anna gegenüber ihrer Mutter zwar mit der neu entdeckten Dankbarkeit zudeckt, immer wieder aufbrodeln und auch im Interview selbst reinszeniert werden. Und auch dass die Bürden der pandemiebedingten Einschränkungen friktionslos an der Kleinfamilie vorübergezogen sind, erscheint unplausibel – auch wenn ihre Wohnraumsituation mit Garten, die Teilzeitbeschäftigung beider Eltern und die Unterstützung der im selben Haus lebenden Großmutter durchaus vorteilhaft gewesen zu sein scheint. Einen Hinweis auf unterschwellige Konflikte gibt wohl, dass Letztere, Annas Schwiegermutter, im gesamten Interview nicht erwähnt wird – wir erfahren von ihrer Präsenz im Leben der Familie lediglich über Interviews mit Annas Ehemann.

Die sich immer wieder durchschlagenden Spannungen und Aggressionen, die nicht ins eigene Selbst- und Familienbild passen, werden nun in Annas

Erzählung an der Regierung verhandelt: Dieser und ihrer Corona-„Propaganda" attestiert Anna manipulatives Verhalten, das ihr durch die eigene Mutter allzu vertraut sei und zu dessen Aufklärung sie sich insbesondere aufgrund dessen in der Lage sieht, und die Regierung ist es auch, die versucht, durch Abstandsregeln und Kontaktverbote einen Keil in Familien und die Gesellschaft als Ganze zu treiben. Diesen Manipulations- und Spaltungsversuchen hält Anna Aufrufe zu positiven und einenden Botschaften entgegen: „liebe Regierung, propagier doch was anderes, geht's spazieren, tut's was Gutes, positive Nachrichten". Anstelle der Warnungen vor den Gefahren des Virus, die Ängste und Verunsicherungen in der Bevölkerung schüren würden, sollen positive, beruhigende, die Bedrohungslage kaschierende Signale gesendet werden. Aufrufe zu mehr Gelassenheit ziehen sich durch das ganze Interview und verstärken den Eindruck, dass diese auch dazu dienen, die eigenen aufkochenden Affekte in Schach zu halten. So soll die Pandemie zur Einladung umgedeutet werden, um wieder

> *„[...] dankbarer [zu] sein für das was wir haben, und mehr auf die andern schauen, die nicht so viel haben und jeden so sein lassen wie er is, also geh impfen wenn du möchtest, tu das, aber bitte lass auch mich in Ruhe, wenn ich nicht möchte; ja und den Kindern genauso; bitte jeder wie er möchte."*

Wie bereits der Tod ihrer geliebten Großmutter soll nun ein weiteres Unglück den Boden für mehr Dankbarkeit, Zusammenhalt und Solidarität bereiten: die Krise als Chance. Und diese Chance will Anna ergreifen, indem sie sich gegen die Drangsalierungen durch die Regierung zu Wehr setzt und für mehr Gerechtigkeit einsteht, wozu sie sich im Anbetracht ihrer einschneidenden Kindheitserfahrungen berufen und gewappnet fühlt. Als Beweggrund für ihr Aufbegehren führt Anna hingegen nicht ihre eigene Betroffenheit in Feld, sie selbst hätte unter der Krise nicht zu leiden, sondern die unabsehbaren Folgen für die unmündigen Kinder und die kommenden Generationen. Es bleibt dabei im Interview völlig unklar, was ihre Kinder tatsächlich von den Maskenbefreiungsattesten und von der Entscheidung, sie durch den Heimunterricht noch mehr zu isolieren, halten. Das Gemeinschaftserleben auf den Demonstrationen scheint ebenfalls vor allem ein Erlebnisangebot für Anna zu sein – ihr Sohn begleitete die Eltern zwar auf einer der Kundgebungen, wurde jedoch dadurch eher verschreckt.

Im Kontrast zu den eingangs vorgestellten Passagen wird das Bild des latenten Gehalts des Interviews deutlich: Anna sieht sich und ihre Familie von manipulativen, böswilligen Akteuren bedroht und wird dadurch zur Rebellion gezwungen. Sie selbst und ihr soziales Gefüge spricht sie von Aggressionen, unliebsamen Affekten und Spannungen frei, adelt die Krisen sogar zur Triebkraft für die Stärkung des inneren Zusammenhalts und plädiert für Dankbarkeit und Mäßigung. Diese Selbstinszenierung lässt sich hingegen angesichts der immer wieder sich abzeichnenden Spannungen im Material nicht stützen. Es wird deutlich, dass sich darin Strategien verbergen, um brodelnde Affekte zu deckeln und zu dethematisieren. Auch der Fokus auf das angebliche Leid der Kinder können wir vor diesem Hintergrund deuten: Hinter den berechtigten Sorgen um ihr Wohl steckt wohl auch eine Strategie, um mit den eigenen Ängsten einen Umgang zu finden – die gar nicht erst zur Sprache kommen dürfen.

2.3 Theoretische Einordnung

Am Fall Anna lässt sich eine Konstellation veranschaulichen, in der lebensgeschichtlich entstandene Konflikte, die in der Pandemie geweckt und verstärkt werden, projektiv abgewehrt werden, um die eigene Sphäre wieder als konfliktfrei wahrnehmen zu können. Diese Konfliktkonstellationen können jedoch nicht hinreichend verstanden werden, wenn wir nicht die gesellschaftlichen Bedingungen mitdenken, durch die sie geformt werden.

Wir können folgern, dass in Annas verschwörungstheoretischer Verarbeitung der Corona-Krise Unterschiedliches Eingang fand. Erstens weckte die Ankündigung eines gefährlichen Virus, das sich rasant ausbreitet, sicherlich auch bei ihr anfangs Unsicherheiten und Ängste. Bei anderen Interviewpartner:innen ist diese ängstigende Anfangsphase der Pandemie in den Erzählungen allerdings präsenter. Zweitens weckten die staatlichen Maßnahmen alte Gefühlslagen, die mit ihrer als manipulativ und übergriffig erlebten Mutter zu tun haben und tief verankert sind. Schließlich können wir annehmen, dass die Ausgangsbeschränkungen, das *Homeschooling* und die Zunahme an Care-Arbeit auch die in der neuen Familie schlummernden Abhängigkeitskonflikte, die dethematisiert werden, verschärften. Nach der langwierigen Abkapselung von der eigenen Mutter findet sich Anna in einem Abhängigkeitsverhältnis zu ihrer Schwiegermutter wieder, schließlich ist ihre trotz Kurzarbeit und Teilzeitbeschäftigung in einem unterbezahlten Berufsfeld relativ komfortable finanzielle Situation auch dadurch zu erklären, dass die Familie eine Etage im Haus von Walters Mutter bewohnt. Die Kehrseite dieses Privilegs ist die ständige Gegenwart der Schwiegermutter, die ihr vor Augen führt, dass Anna nicht mehr autonom und frei in ihrem selbst erkämpften „Hexenhaus" lebt. Es ist davon auszugehen – die völlige Dethematisierung der Schwiegermutter deutet darauf hin –, dass die Heteronomieerfahrungen in der Pandemie durch die Ausgangsbeschränkungen weiter verstärkt wurden und Gefühle der Kränkung, Abhängigkeit und Ohnmacht produzierten, die im Selbstbild der spannungsfreien, harmonischen Familie keinen Platz hatten. Die Figuren der Verschwörungstheorien, die Übeltäter:innen und das manipulierte Volk bzw. die armen Alten, Pflegefälle und Kinder dienen Anna nun als Projektionsflächen, an denen diese Konflikte verhandelt werden können – fernab vom eigenen Nahraum, der in seinem Zusammenhalt idealisierend geschützt wird. Aus einer gesellschaftstheoretischen Perspektive hat ihre unausgesprochene Abhängigkeit von Walters Mutter letztlich durchaus etwas mit der systematischen Abwertung von Care-Berufen auf der einen und auf der anderen Seite damit zu tun, dass Beruf und Familie insbesondere für Frauen häufig nur durch Teilzeitbeschäftigung vereinbar sind (Becker-Schmidt 2010; Winker 2014), denn ein höheres Lohnniveau in Gesundheitsberufen würde es der Kleinfamilie vermutlich ermöglichen, eine „kleine heile Welt" abseits der Schwiegermutter zu schaffen. Doch das verschwörungstheoretische Aufbegehren gegen die als ungebührlich erlebten staatlichen Interventionen verweist noch viel grundlegender auf eine für narzisstische Kränkungen anfällige moderne Subjektivität (Amlinger/Nachtwey 2021, 2022): In der Pandemie hat sich die für moderne, bürgerlich-kapitalistische Gesellschaften charakteristische Spannung zwischen Autonomieversprechen (und -anspruch aufseiten der Subjekte) und den vorgefundenen Bedingungen ihrer Verwirklichung krisenhaft zugespitzt. Für Anna – wie für viele andere auch – wurde in neuem Maße erfahrbar, dass die Möglichkeiten zur freien Entfaltung und einer autonomen Lebensführung einerseits durch familiäre Abhängigkeiten und Beziehungsgeflechte, andererseits maßgeblich durch strukturelle Machtverhältnisse beschränkt werden. Es verwundert daher nicht, dass die staatlichen Dekrete und Eingriffe in die private Lebensgestaltung gerade bei Anna, für deren Selbstdeutungen die Abkoppelung von der als verfolgend wahrgenommenen Mutter und ihr Autonomiestreben zentral ist, starke Affekte und Kränkungsgefühle produzierten, denen durch Verschwörungstheorien in Form von eindeutig zu benennenden Schuldigen die passenden Ventile geboten wurden.

Anna ist hier nur beispielhaft angeführt ist. An ihrem Beispiel lässt sich aber gut ablesen, wie familiär und biographisch vermittelte, aber durchaus gesellschaftlich produzierte innere Konfliktlagen und Strebungen, die unbewusst gehalten werden müssen, weil sie mit dem eigenen Selbstbild kollidieren, mithilfe von Verschwörungstheorien bearbeitet werden. Eigene Ängste, Aggressionen, Ambivalenzen in zwischenmenschlichen Beziehungen werden mithilfe von Verschwörungstheorien auf- und abgespalten und projektiv in Übeltäter:innen verortet und ‚schiefgeheilt'.

3. Schlussbemerkung – Corona-Proteste und Radikalisierungsdynamiken

Nach diesem exemplarischen Einblick in die psychosozialen Prozesse, die das Aufbegehren gegen die Corona-Maßnahmen mitbestimmten, wollen wir im letzten Teil dieses Beitrags danach fragen, inwiefern wir es angesichts der Proteste mit Radikalisierungs- und Selbstverhärtungsprozessen zu tun haben. Wir haben bisher dargelegt, dass und wie Verschwörungstheorien die Funktion erfüllten, die durch die Krise angestoßenen Affektlagen zu bearbeiten und zu ordnen, genauso wie sie die Wahrnehmung der durchaus komplexen gesellschaftlichen Situation ordnen halfen. Langzeitstudien zeigen, dass schon vor der Pandemie bei einem durchaus bemerkenswerten Teil der Bevölkerung verschwörungstheoretische Wahrnehmungen gesellschaftlichen Geschehens Anklang fanden. Die seit 2006 alle zwei Jahre durchgeführten Leipziger Mitte- bzw. Autoritarismusstudien zeigen, dass in Deutschland stets mindestens 30 % Items zustimmen, die auf die Affinität zu verschwörungstheoretischen Wahrnehmungen abzielen. In Zeiten, die als Krisen wahrgenommen werden, steigt diese Zustimmung bis auf über 40 %, ihre höchsten Werte erreichte sie 2012 auf dem Höhepunkt der EU-Schuldenkrise und 2016 nach der Migrations- bzw. Solidaritätskrise (Decker u. a. 2020). Das heißt aber nicht, dass die betreffenden Personen allesamt manifeste Verschwörungstheoretiker:innen sind; die Aneignung von konkreten Verschwörungstheorien geschieht prozesshaft, von einem fragenden oder trotzigen Zweifeln hin zu einer neuen Gewissheit. Hier kommt den Angeboten, die im Internet, von politischen Propagandist:innen und von Organisator:innen von Demonstrationen gemacht werden, eine durchaus entscheidende Funktion zu: Sie geben eine kognitive und affektive Antwort auf die Herausforderungen, die die Krisen darstellen – und politische Akteur:innen greifen die beschriebenen Affektlagen sehr dezidiert auf, um sie politisch nutzbar zu machen.

Dass gerade in der Pandemie das Problem der Verschwörungstheorien verhandelt wurde, obwohl verschwörungstheoretische Wahrnehmungen der Gesellschaft schon vorher weit verbreitet waren, liegt wohl an zwei Momenten: Die Corona-Proteste machten die Verschwörungstheorien und ihre Anhänger:innen erstens öffentlich wahrnehmbarer, zweitens schafften sie es wie kaum eine andere politische Bewegung in den letzten Jahren, so viele unterschiedliche Akteur:innen zu versammeln. Bisher erhielten Verschwörungstheorien vor allem in der politischen Rechten, allen voran in der FPÖ, eine laute Artikulationsform. Diese aber wurde in der öffentlichen Wahrnehmung weniger als Partei der Verschwörungstheorien wahrgenommen, sondern vor allem für ihre nationalistischen, rassistischen und geschichtsrevisionistischen Positionen kritisiert. Nun hatten wir es plötzlich mit einer Bewegung zu tun, in der zwar viele Rechte und Rechtsextreme mitmarschierten, teilweise auch zentrale Positionen in den Akteursstrukturen bekleideten, aber deren Teilnehmer:innen nicht so eindeutig als Rechte einzuordnen waren.

Gestützt wird diese Beobachtung durch die Daten unserer Corona-Protest-Umfragen: Die Verteilung der Items, in denen der klassische Rechtsautoritarismus, Rassismus, expliziter Antisemitismus und Sexismus abgefragt wurden, entspricht etwa der, die die Leipziger Autoritarismus-Studien für die deutsche Gesamtbevölkerung erhob (vgl. Forschungswerkstatt Corona-Proteste 2023; für Österreich liegen keine vergleichbaren Daten vor). Unter den Teilnehmer:innen der Corona-Proteste waren zwar verschwörungstheoretische Einstellungsmuster deutlich stärker ausgeprägt als in der Gesamtbevölkerung, nicht jedoch der Rechtsautoritarismus, dessen Verteilung um den gesellschaftlichen Durchschnitt lag. Auch die Frage danach, welche Partei bei den letzten Wahlen gewählt wurde, zeigte die Heterogenität der Akteur:innen: Überrepräsentiert waren nicht nur Wähler:innen der FPÖ (26 %), sondern auch der Grünen (22 %); weitere 19 % gaben an die ÖVP gewählt zu haben (ebd.).

Was hielt diese heterogene Bewegung zusammen, deren politische Interessen ausgehend von der Parteipräferenz, aber auch vom Sozialstatus nicht unterschiedlicher sein könnten? Der Kitt bestand unseres Erachtens in der verschwörungstheoretischen Wahrnehmung der Pandemie, verbunden mit esoterischen Tendenzen. Weitgehende Übereinstimmung herrschte dahingehend, dass das links-rechts-Schema keine Bedeutung mehr habe, und auch die populistische Idee eines durch eine Elite betrogenen Volkes war omnipräsent (ebd.). Vor allem die damit verbundene Affektdynamik schweißt die Protestteilnehmer:innen zusammen: Im gemeinsamen Kampf gegen die als Angstmacher:innen und Manipulator:innen Identifizierten und in der Selbstwahrnehmung als belogenes und betrogenes Volk, d. h. in der Frontstellung von ‚uns hier unten' und ‚denen da oben', wurde über politische Differenzen und unterschiedliche soziale Lagen und Interessen innerhalb der Bewegung hinweggesehen und die Bewegung homogenisiert (Daniel u. a. 2023; Mudde/Kaltwasser 2019).

Sowohl im Prozess der Aneignung und Artikulation von Verschwörungstheorien wie in der Bewegung selbst fanden Radikalisierungen, Verhärtungen und eine immer stärkere Abschottung statt, wie einige Studien bekräftigten (Forschungswerkstatt Corona-Proteste 2021, 2023; Nachtwey u. a. 2020). Je stärker die bedrohlichen Gefühlslagen bei den Einzelnen sind und je mehr die Ideologien für die Stabilisierung, d. h. die Auslagerung von innerpsychischen und zwischenmenschlichen Konflikten, genutzt werden, desto weniger ist es möglich, Zweifel, Kritik und Selbstreflexionsprozesse auszuhalten und zuzulassen. Die Massendynamik schließlich hat selbst einen radikalisierenden Effekt: Erstens werden die Gewissheiten bestärkt, zweitens werden Zweifel, differierende und differenziertere Wahrnehmungen auch in der über die Verschwörungstheorien homogenisierten Protestgemeinschaft nicht toleriert, drittens müssen wir annehmen, dass auch Differenzen und Konflikte innerhalb der Protestbewegung, die potenziell zu Spaltungen und Anfeindungen hätten führen können, dethematisiert und projektiv ausgelagert werden mussten (Brunner 2016). All diese Faktoren produzierten eine Tendenz zur Radikalisierung.

Mit was für einer Form der Radikalisierung hatten wir es hier zu tun? Es radikalisierte sich vor allem das Misstrauen gegen politische und rechtliche Institutionen, gegen die öffentlichen und etablierten Medien, gegen anerkannte wissenschaftliche Expert:innen. Verschwörungsdenken lässt auch Gewalt wahrscheinlicher werden: Je mehr die Welt als geschlossen gesteuert wahrgenommen wird, desto eher wird auch gewaltsame Notwehr gegen die übermächtigen Feinde legitimiert (Schließler u. a. 2020). Die Aggression, die sowohl in Verschwörungstheorien wie in Massen mit klaren Feindbildungsprozessen schlummert, kann sich durchaus – gegen das Selbstbild der Bewegung als friedlich und gewaltfrei – auch in verbalen und teilweise auch tätlichen Angriffen gegen Polizei, Linke oder Journalist:innen entladen, wie man sie auf den Protesten wiederholt beobachten konnte.

Ob es auch eine Radikalisierung gegen rechts gab, wird sich noch zeigen. So sind Verschwörungstheorien ein Scharnier für den Rechtsextremismus (Schließler u. a. 2020), Verschwörungstheorien bedienen sich immer auch bei antisemitischen Bildern und antisemitische sowie geschichtsrevisionistische Parolen und Plakate waren in den Protesten ebenso omnipräsent wie rechtsextreme Akteur:innen. Tatsächlich zog es 2021 sowohl in Deutschland, der Schweiz wie auch in Österreich die Teilnehmer:innen der Corona-Proteste zu den Rechtsaußen-Parteien, die schon vor der Pandemie die lautesten Verschwörungstheoretiker:innen waren: In unserer Umfrage gaben Anfang 2021 57 % der Befragten an, zu diesem Zeitpunkt die FPÖ wählen zu wollen (Forschungswerkstatt Corona-Proteste 2021). Allerdings spiegelt sich diese Rechtswende nicht unbedingt in einem Einstellungstrend, der auf ein in die Höheschnellen des Rechtsautoritarismus hinausläuft. Daten aus der Folgebefragung in der Protestszene aus dem Frühjahr 2022 (Forschungswerkstatt Corona-Proteste 2023) zeigen, dass die FPÖ deutlich an Zustimmung zugunsten der im Zuge der Pandemie gegründeten MFG einbüßte. Erste Regional- und Landtagswahlen nach der Aufhebung auch der letzten noch verbleibenden Pandemiemaßnahmen lassen nicht darauf schließen, dass sich das Mobilisierungspotential der MFG, deren Parteiprogramm sich vollauf in der Maßnahmenkritik erschöpfte, nachhaltig in ernstzunehmende Bedeutung innerhalb der politischen Landschaft Österreichs übersetzen wird. Und auch die Proteste selbst sind in der Zwischenzeit zu überschaubaren Kundgebungen zusammengeschrumpft, die kaum noch dazu in der Lage sind, (mediale) Aufmerksamkeit für ihre Anliegen zu generieren – auch nicht seit sich die Themensetzung hin zu Ukraine-Krieg und Teuerung verschoben haben. Auch das müssen wir als Hinweis darauf interpretieren, dass auf die Massenmobilisierung, mit der wir es zum Höhepunkt der Proteste zweifellos zu tun hatten, keine *Massen*radikalisierung zur Folge hatte. Dennoch: Ideologische „Verhärtungen" haben immerhin bei kleineren Gruppen aus dem Spektrum der Maßnahmengegner:innen stattgefunden, deren Weltbild sich zu einer rechten Verschwörungsmentalität verfestigt hat – jene Gruppen, die auch heute noch auf die Straße gehen. Wozu die Proteste zweifellos auch beigetragen haben, ist zur Normalisierung rechtsextremer Positionen und der Zusammenarbeit mit rechtsextremen Akteur:innen – aber dieser Normalisierung und damit auch politischen Verrohung hat die Regierung Kurz mit der Koalition mit der FPÖ auch schon vor der Pandemie entscheidend zugearbeitet. Ein politisches Klima „roher Bürgerlichkeit" (Heitmeyer) hat sich als fruchtbarer Boden etwa für NS-Verharmlosungen erwiesen, wie sie auf keiner Demonstration fehlten, ebenso wie dafür, dass mit den rechtsextremen „Identitären" gemeinsame Sache zu machen, kaum noch für Aufschrei zu sorgen scheint.

Das Problem, mit dem wir uns beschäftigen sollten, sind aber nicht nur die Verschwörungstheorien und ihre Artikulationsformen, sondern der gesellschaftliche Boden, der sie hervorbringt und für Menschen attraktiv macht. Lassen die unmittelbaren Krisensituationen nach, verringert sich auch das Angstniveau und damit das Mobilisierungspotenzial. In Zeiten multipler Krisen, in denen Krisenerscheinungen eher Normal- als Ausnahmezustand sind, stellt sich die Frage nach den gesellschaftlichen Voraussetzungen des Verschwörungsdenkens und der Radikalisierung mit besonderer Dringlichkeit. Wir wollen hier noch einmal betonen, dass die biographischen und innerpsychischen Konfliktlagen, auf die wir in unserem Beitrag hingewiesen haben, ebenso wie die individuellen und kollektiven Umgangsweisen damit gesellschaftlich hervorgebracht sind. Kritisiert werden sollten also die strukturellen Mechanismen, die einerseits fortwährend für soziale Krisen sorgen und andererseits damit immer schon auch die Lebens- und Affektlagen der Individuen – abhängig von ihrer gesellschaftlichen Position – mitproduzieren (siehe dazu auch Kalkstein/Höcker 2022). Eine politische Antwort muss folglich auch einfache Appelle zu mehr gesellschaftlichem Zusammenhalt überwinden, der angesichts struktureller Widersprüche eine Fiktion bleiben muss. Diesen Appellen zum Trotz mehr Dissens anzustreben, der in Richtung einer Aufhebung derjenigen Herrschaftsverhältnisse weisen kann, die für diese Krisen verantwortlich sind – zuallererst des für kapitalistische Gesellschaften konstitutiven Akkumulationszwangs –, halten wir für zentral.

Literatur

ADORNO, Theodor W. (1959): Theorie der Halbbildung. In: Busch, Alexander (Hg.): Soziologie und moderne Gesellschaft: Verhandlungen des 14. Deutschen Soziologentages vom 20. Bis 24. Mai 1959 in Berlin. Stuttgart, S. 169–191.

AMLINGER, Carolin/Nachtwey, Oliver (2022): Gekränkte Freiheit. Aspekte des libertären Autoritarismus. Berlin.

AMLINGER, Carolin/Nachtwey, Oliver (2021): Sozialer Wandel, Sozialcharakter und Verschwörungsdenken in der Spätmoderne. In: Aus Politik und Zeitgeschichte, 35-36/2021, S. 13–19.

BECKER-SCHMIDT, Regina (2010): Doppelte Vergesellschaftung von Frauen: Divergenzen und Brückenschläge zwischen Privat- und Erwerbsleben. In: Becker, Ruth/Kortendiek, Beate (Hg.): Handbuch Frauen- und Geschlechterforschung. Theorie, Methoden, Empirie. Wiesbaden, S. 65–74.

BROCKHAUS, Gudrun (1997): Schauder und Idylle. Faschismus als Erlebnisangebot. München.

BRUNNER, Markus (2016): Vom Ressentiment zum Massenwahn. Eine Einführung in die Sozialpsychologie des Antisemitismus – und die Grenzen psychoanalytischer Erkenntnis. In: Busch, Charlotte/Gehrlein, Martin/Uhlig, Tom D. (Hg.): Schiefheilungen. Zeitgenössische Betrachtungen über Antisemitismus. Wiesbaden, S. 13–35.

BRUNNER, Markus/Burgermeister, Nicole/König, Julia/Uhlig, Tom D. (2021): ‚Jaja, wir sind halt Scheiße' – Reaktionen auf die Covid-19-Krise. Tiefenhermeneutische Annäherung an Merkels Corona-Rede an die Nation. In: Freie Assoziation. Zeitschrift für psychoanalytische Sozialpsychologie, 01/2021, S. 11–35.

BRUNNER, Markus/König, Julia/Knasmüller, Florian (2022): Psychoanalytische Erkundungen der Gesellschaft. Möglichkeiten und Grenzen einer psychoanalytischen Sozialforschung. In: Forum der Psychoanalyse, 38/2022, S. 385–400. https://doi.org/10.1007/s00451-022-00480-x

BUNDESMINISTERIUM FÜR INNERES (2020): Nehammer: Dank und Warnung an Österreich. Online: https://bmi.gv.at/news.aspx?id=4139704C4F42714B2F54673D (Zugriff: 18.9.2023).

BUTTER, Michael (2018): „Nichts ist, wie es scheint": Über Verschwörungstheorien. Frankfurt/M.

DANIEL, Antje/Brunner, Markus/Knasmüller, Florian (2023): Does Gender Play a Role? A Gendered Frame Analysis of the Pandemic Skeptic Protests in Austria. In: German Politics and Society, 02/2023, S. 61–79.

DECKER, Oliver/Schuler, Julia/Yendell, Alexander/Schließler, Clara/Brähler, Elmar (2020): Das autoritäre Syndrom: Dimensionen und Verbreitung der Demokratie-Feindlichkeit. In: Brähler, Elmar/Decker, Oliver (Hg.): Autoritäre Dynamiken: Alte Ressentiments – neue Radikalität. Gießen, S. 179–210.

FORSCHUNGSWERKSTATT CORONA-PROTESTE (2021): Corona-Protest-Report. Narrative – Motive – Einstellungen. https://doi.org/10.31235/osf.io/25qb3

FORSCHUNGSWERKSTATT CORONA-PROTESTE (2023): Corona-Protest-Report II: Eine Folgeuntersuchung. https://nbn-resolving.org/urn:nbn:de:0168-ssoar-86944-4.

FREUD, Sigmund (1921): Massenpsychologie und Ich-Analyse. In: Studienausgabe, Bd. IX. Frankfurt/M., S. 65–134.

HESSEL, Florian. (2020): Elemente des Verschwörungsdenkens. Ein Essay. In: psychosozial, 01/2020, S. 15–26.

HÖCKER, Charlotte/Kalkstein, Fiona (2022): „Ich habe Besseres zu tun": Autoritäre Rebellion und die Hoffnung auf moralischen Zusammenhalt als zwei fehlgeschlagene Bewältigungsversuche der Covid-19-Pandemie. In: Freie Assoziation. Zeitschrift für psychoanalytische Sozialpsychologie, 02/2022, S. 29–44.

KNASMÜLLER, Florian/Menzel, Gero/Reuss, Tobias/Brunner, Markus/Heller, Ayline (2023): „Wider die Natur". Über Spiritualismus, Verschwörungserzählungen und Naturverklärung im Kontext der Coronaproteste. In: Zeitschrift für Religion, Gesellschaft und Politik. https://doi.org/10.1007/s41682-023-00150-7

KOHLRAUSCH, Bettina/Zucco, Aline (2020): Corona trifft Frauen doppelt – weniger Erwerbseinkommen und mehr Sorgearbeit. In: WSI Policy Brief Nr. 40.

KÖNIG, Hans-Dieter (2019): Dichte Interpretation. Zur Methodologie und Methode der Tiefenhermeneutik. In: König, Julia/Burgermeister, Nicole/Brunner, Markus/Berg, Philipp/König, Hans-Dieter (Hg.): Dichte Interpretation. Tiefenhermeneutik als Methode qualitativer Forschung. Wiesbaden, S. 13–88.

KÖNIG, Hans-Dieter (2000): Tiefenhermeneutik. In: Flick, Uwe/v. Kardorff, Emil/Steinke, Ines (Hg.): Qualitative Forschung. Ein Handbuch. Reinbek, S. 556–569.

LORENZER, Alfred (1973). Sprachzerstörung und Rekonstruktion: Vorarbeiten zu einer Metatheorie der Psychoanalyse. Frankfurt/M.

LORENZER, Alfred (1986): Tiefenhermeneutische Kulturanalyse. In: König, Hans-Dieter/Lorenzer, Alfred (Hg.): Kultur-Analysen. Psychoanalytische Studien zur Kultur. Frankfurt/M., S. 11–98.

MUDDE, Cas/Kaltwasser, Cristóbal Rovira (2019): Populismus: Eine sehr kurze Einführung. Bonn.

NACHTWEY, Oliver/Schäfer, Robert/Frei, Nadine (2020); Politische Soziologie der Corona-Proteste. SocArXiv. https://osf.io/preprints/socarxiv/zyp3f/ (Zugriff: 30.7.2024).

PANTENBURG, Johannes/Reichardt, Sven/Sepp, Benedikt (2020): Wissensparallelwelt der „Querdenker". In: Reichardt, Sven (Hg.): Die Misstrauensgemeinschaft der „Querdenker". Die Corona-Proteste aus kultur- und sozialwissenschaftlicher Perspektive. Frankfurt/M., S. 29–66.

SCHLIESSLER, Clara/Hellweg, Nele/Decker, Oliver (2020): Aberglaube, Esoterik und Verschwörungsmentalität in Zeiten der Pandemie. In: Brähler, Elmar/Decker, Oliver (Hg.): Autoritäre Dynamiken: Alte Ressentiments – neue Radikalität. Gießen, S. 283–308.

VILLA, Paula-Irene (2020): Corona-Krise meets Care-Krise – Ist das systemrelevant? In: Leviathan 03/2020, S. 433–450.

WAGNER, Katja (2020): Düstere Aussichten ‚Bald kennt jeder wen, der am Virus gestorben ist'. In: Kronen Zeitung, 31.3.2020, https://www.krone.at/2127340 (Zugriff: 30.7.2024).

WINKER, Gabriele (2014): Zur Krise sozialer Reproduktion. In: Baumann, Hans u. a. (Hg.): Jahrbuch 2013: Care statt Crash. Sorgeökonomie und die Überwindung des Kapitalismus. Zürich, S. 119–133.

WODAK, Ruth (2021): Crisis communication and crisis management during COVID-19. In: Global Discourse, 03/2021, S. 329–353.

INTERVIEW MIT ULRIKE SCHIESSER

Verschwörungsglaube verstehen

Einblicke aus der Beratungspraxis

Wie sieht die Arbeit der Bundesstelle für Sektenfragen aus und warum beschäftigt sich eine Stelle für Sektenfragen mit Verschwörungstheorien?

Ulrike Schiesser: Ich bin Psychologin und Psychotherapeutin und leite die Bundesstelle für Sektenfragen. Wir sind eine staatliche Stelle, die sich mit Weltanschauungsfragen außerhalb der gesetzlich anerkannten Kirchen und Religionsgemeinschaften befasst. Menschen melden sich bei uns, weil sie ein Verhalten als „sektenartig" erleben. Es kann sein, dass sie das selbst in einer Gruppe erlebt haben oder sich um einen Angehörigen, einen Freund oder eine Freundin sorgen. Das kann in Verbindung mit spirituellen Inhalten stehen, es kann aber auch ein Multi Level Marketing System betreffen oder eine Gruppe, die Verschwörungstheorien verbreitet. Unsere Klienten bemerken, dass sich jemand innerhalb kurzer Zeit sehr verändert und vielleicht massiv für das neue Glaubenssystem wirbt. Der Kontakt wird seltener oder abgebrochen und es scheint, als ob die Person von diesem System, diesem Umfeld, manipuliert und vereinnahmt wird. Wenn ein Angebot auch noch einen spirituellen Hintergrund hat, ergibt sich fast immer ein Machtgefälle mit der Gefahr von Machtmissbrauch.

Problematische, vereinnahmende Gemeinschaften verwenden gerne Verschwörungstheorien, um ein „Böse-Außenwelt-versus-gute-Gruppe-Narrativ" zu begründen. Menschen, die sich mit Verschwörungstheorien intensiv beschäftigen, weisen manchmal ähnliche Merkmale auf wie Menschen in vereinnahmenden Gemeinschaften: Eine suchtartige, intensive Auseinandersetzung mit den Inhalten, der Freundeskreis verändert sich massiv, sie legen missionarische Aktivitäten an den Tag. Wir haben in der Bundesstelle schon seit der Gründung mit Verschwörungstheorien zu tun gehabt und registrieren auch Trends innerhalb der Szene. Zum Beispiel, dass sich Verschwörungsglaube in der Esoterikszene schon in den letzten Jahren sehr stark verbreitet hat. Die Corona Pandemie war eigentlich nur ein Sichtbarmachen eines Trends, der schon vorher vorhanden war.

Was macht Verschwörungstheorien für manche so attraktiv?

Ulrike Schiesser: Was sie attraktiv macht? Sie erklären die Welt. Sie machen aus einem komplexen, sehr schwer durchschaubaren Weltgeschehen eine relativ einfache Erzählung, in der es Ursache und Wirkung gibt. Es gibt den Einfluss bösartiger Eliten, die alle negativen Ereignisse der Welt bewirken. Das gibt uns wieder mehr Gefühl von Kontrolle. Kontrollverlust ist ein sehr unangenehmes Gefühl und durch dieses scheinbare Wissen werde ich zum Eingeweihten in ein Geheimnis. Ich weiß zumindest, wer hinter allem steckt. Es gibt die bösen Kräfte und selbst ist man der Held, der gegen Goliath kämpft. Man braucht einen bösen Drachen, um selbst ein edler Ritter sein zu können. Nicht zuletzt sind es einfach auch gute Geschichten. Sie sind spannend und gruselig, aber sie faszinieren und sie haben eine ganz eigene Sogwirkung, weil sie Urängste aufgreifen und in Erzählungen packen. Auch das macht sie attraktiv. Verschwörungstheorien sind auch ein großes Geschäftsfeld für eine ganze Reihe von Personen. Diese Influencer muss man gesondert betrachten. Sie erstellen und bewerben dieses Material, zitieren sich gegenseitig und erzeugen ein Klima der Glaubwürdigkeit. Dabei haben sie oft ganz andere Motive, es geht zum Beispiel darum, bestimmte Produkte zu verkaufen wie Prepper- oder Gesundheitsprodukte. Sie sammeln Spenden, befördern ihre eigene politische Agenda oder wollen einfach nur möglichst viele Klicks auf ihren Medien-Portalen gewinnen. Für narzisstische Personen reicht schon der Wunsch, wichtig zu sein und eine Bühne zu bekommen.

Nachdem wir schon bei den Persönlichkeiten sind: Wer sind die Menschen, die Verschwörungstheorien glauben? In Studien hat man versucht herauszufinden, ob es einen Typus gibt, der besonders anfällig ist. Relativ sicher scheint, dass mit höherem Bildungsgrad die Anfälligkeit für Verschwörungstheorien sinkt. Das heißt aber nicht, dass jemand mit Studium und ganz viel formalem Wissen nicht trotzdem genauso hinein kippen kann. Aber insgesamt scheint doch Bildung ein Schutz zu sein, um weniger anfällig zu werden. Ein weiterer Faktor ist, wie weit jemand grundsätzlich gläubig ist, in irgendeiner Form. Das kann jetzt in den Weltreligionen sein oder auch in der Esoterik. Glaube an Übernatürliches scheint auch den Weg leichter zu machen, an Verschwörungstheorien zu glauben. Aus unserer Beratungserfahrung würde ich sagen, dass es nicht wirklich den Persönlichkeitstyp eines Verschwörungsgläubigen gibt. Man soll nie unterschätzen, wie leicht man selbst in ein derartiges Weltbild geraten kann. Es passiert leichter, als man glaubt, dass man im Informationsfluss irgendwo falsch abbiegt und sich plötzlich in einer Sackgasse befindet und einem das selber gar nicht auffällt. Ein wichtiger Einflussfaktor ist das eigene Umfeld, der Freundeskreis oder die Gruppe, zu der man dazugehören möchte. Die Meinung von Menschen, denen ich vertraue oder die Vorbilder für mich sind, wird oft übernommen. In unseren Beratungsgesprächen zeigt sich ein ganz breites, buntes Spektrum. Es stimmt nicht, dass Menschen, die an Verschwörungstheorien glauben, automatisch Außenseiter oder Pandemie-Verlierer waren, das hat sich bei uns so nicht gezeigt. Es waren erstaunlich viele Personen aus dem Gesundheits- und Bildungsbereich vertreten.

Übernehmen Verschwörungstheorien pseudoreligiöse Funktionen?

Ulrike Schiesser: Wir sprechen von Verschwörungsglauben und ich finde, das ist eine recht präzise Bezeichnung. Es geht nicht um Faktenwissen und deswegen kann man auch nicht so einfach jemanden mit Fakten umstimmen, sondern es geht um ein ganzes Weltbild, wie die Welt funktioniert, wie sie aufgebaut ist, wem man vertrauen kann. Es ist kein spirituelles Glaubenssystem, aber die Art und Weise, wie es vertreten wird und wie Menschen darauf reagieren, wenn man sie kritisiert, ist vergleichbar mit religiösen Glaubensbildern. Es ist auch für viele sozial problematisch, Verschwörungstheorien zu vertreten, sie verlieren mitunter ihren Job, ihre Freunde, den Respekt in ihrem Umfeld und sehen es aber trotzdem als eine Berufung, ihre Wahrheit zu verkünden. Das erinnert an Menschen, die für ihren Glauben ähnlich bereit sind, Opfer zu bringen. Ich würde sagen, in der Auswirkung gibt es Parallelen, aber es ist natürlich nicht dasselbe.

Sind Verschwörungstheorien ein Syndrom? Glaubt man an eine, glaubt man an viele?

Ulrike Schiesser: Verschwörungstheorien sind immer eine Slippery Slope, wer an eine glaubt, glaubt leicht an immer mehr, da sie ein ähnliches Grundverständnis der Welt verbindet. Selbst bei den harmloseren wie: „Die Mondlandung hat nicht stattgefunden", die keinen Aktivismus fordern, ist die Idee dahinter problematisch: „Du wirst überall belogen und die sind so mächtig, dass sich auch über Jahrzehnte die Wahrheit nicht durchsetzt." Darauf aufbauend kommen andere Verschwörungstheorien, die viel gefährlicher sind, zum Beispiel, das wir mit Impfungen getötet werden sollen oder der Klimawandel nicht existiert: „Du wirst überall belogen, es gibt Eliten, die das gesamte Weltgeschehen lenken. Alles steht miteinander in Verbindung, und wenn man den Code geknackt hat, dann sieht man plötzlich die Wahrheit und kann die Zusammenhänge erkennen." Sobald man die Grundannahme akzeptiert hat: „Böse Mächte versuchen dich zu kontrollieren, alles steht miteinander in Verbindung und es ist nichts so, wie es scheint", dann kann man das auf alle möglichen Bereiche anwenden.

Was macht den Reiz am Esoterischen aus?

Ulrike Schiesser: Esoterik ist die Religion der Selbstoptimierung. In der Esoterik ist man selbst das Zentrum des Universums. Es geht nicht darum, dass man auch zurückstecken muss für das Wohl des Ganzen und der Gesellschaft, sondern es geht immer um mein ganz persönliches Wohl. Wieder dieser Selbstoptimierungsgedanke: Mein Glück muss optimiert werden, meine Partnerschaft, meine Finanzen, mein Seelenheil. Ich stelle mir in einem Baukastensystem meinen Einkaufskorb so zusammen, wie es für mich ideal ist. Also sehr individualistisch, aber zugleich schon mit dem Versprechen, es gäbe so was wie eine beschützende größere Macht, die uns wohlwollend lenkt und dass es ein Weiterbestehen nach dem Tod gibt. Viele Menschen haben diese Sehnsucht nach einem ozeanischen Sich-aufgehoben-Fühlens in einem großen Ganzen. Die Sehnsucht nach einer Gotteserfahrung, einer besonderen Begegnung mit Etwas, das über mich hinausragt oder auch nur nach einer intensiven Emotion. Das kommt auch noch dazu, die Szene bietet einfach auch Action, persönliche Begegnungen und interessante Erfahrungen und ein Rauskommen aus dem Alltag und etwas Besonderes erleben.

Warum die Esoterik auch für Verschwörungstheorien anfällig ist, ist auch logisch. Gewisse Versprechungen der Esoterik funktionieren nur, wenn es Verschwörungen gibt. Es gibt Anbieter, die versprechen: „Ich habe eine Lösung für Ihre Geld- oder Ihre gesundheitlichen Probleme". Mit dem richtigen Mindset, der richtigen Technik könne man alle Krankheiten der Welt heilen, alle Probleme beseitigen. Ja super, wenn das die Lösung ist, warum gibt es dann auf dieser Welt überhaupt noch Not, Leid, Krankheit? Die Methode müsste sich doch – wenn sie funktioniert – schon längst durchgesetzt haben. Da brauchen die Anbieter dann natürlich eine Erklärung, warum das nicht der Fall ist. „Na ja, die Ärzteschaft, die Pharmaindustrie, die wollen ja Geld machen und die verhindern, dass mein quantenmechanisches Heilungsgerät bekannt wird". Es muss irgendeine Form von Verschwörung geben, die den Erfolg verhindert.

Die Esoterik bedient auch romantisierende Naturverherrlichung. Es wird das Narrativ der sanften, unbedenklichen Natur gegen die entfremdende, künstliche und entmenschlichte Moderne gepflegt. Warum haben viele Menschen diese Natur-Sehnsucht? Da wird mitunter etwas, das in dieser Form vielleicht gar nicht existiert, total verehrt und unkritisch plötzlich zum Maß aller Dinge gemacht. Sobald es natürlich ist, ist es gut. Aderlassen zum Beispiel, eine über Jahrhunderte massiv problematische medizinische Intervention, kommt plötzlich in manchen esoterischen und alternativmedizinischen Zirkeln als „altes Wissen" wieder auf. Mit der Begründung: „Es ist natürlich und es wurde ja über Jahrtausende durchgeführt."

Welche Rolle spielt die Gemeinschaft und die Gruppenbildung im spirituellen Markt?

Ulrike Schiesser: Die Sehnsucht, sich einer Gemeinschaft anzuschließen und gemeinsam wichtig zu sein, sich durch die Zugehörigkeit zu einer Elite aufzuwerten, ist eine Grundsehnsucht. Es gibt aktuell einen Markt vieler kleiner Königreiche. Die Konkurrenz ist groß. Nachdem jetzt vieles über Online-Kanäle abläuft, bekommt man in kürzester Zeit eine große Auswahl. Wenn ich mich zum Beispiel für Satsang interessiere, die Unterweisung durch einen hinduistischen Meister, kann ich auf YouTube gehen und mir an einem Wochenende 30 Guru-Videos ansehen und entscheiden, was ist der Guru, der mir am besten gefällt? Unter diesem Konkurrenzdruck entstehen viele sehr kleine Gemeinschaften. Da ist vielleicht ein Schamane oder eine Energetikerin mit rund zehn bis fünfzehn Personen, auf die sie starken Einfluss ausüben. Die Menschen hüpfen auch von einem Angebot zum anderen, wenn ihnen etwas nicht passt. Es ist für jeden etwas dabei, und manchmal ist die Ideologie fast ein bisschen austauschbar. Aber das heißt nicht, dass nicht einzelne Angebote genauso zerstörerisch und problematisch sein können. Es ist noch viel schwieriger, den Überblick zu bewahren, und man kann nicht mehr so leicht eine Wissensbasis zu einzelnen Gemeinschaften aufbauen. Trotz der Diversität bleiben die Grundbotschaften erstaunlich ähnlich: „Wir sind eine Elite und du bist jemand Besonderes. Wir haben einen Auftrag, du bist nicht durch Zufall auf uns gestoßen, sondern wurdest zu uns geleitet. Unsere Führungsperson ist natürlich ganz, ganz speziell und hat einen außergewöhnlichen Auftrag, ja ist fast ein „Übermensch". Das begründet auch, warum wir die Elite sind, die in Zukunft die Welt lenken wird. Unsere Methode ist natürlich das einzig Wahre. Alle Probleme sind relativ leicht erklärbar und mit dieser Methode auch lösbar."

Wie lose oder fest sind diese Gruppen, die sich um Verschwörungstheorien bilden?

Ulrike Schiesser: In der Szene der Staatsverweigerer oder generell in der Szene der Verschwörungsgläubigen bilden sich seltener stabile Gruppen. Ich habe den

Eindruck, dass ein geteiltes spirituelles Glaubenskonstrukt oder die gemeinsame Verehrung einer Person eine Gemeinschaft stabilisiert und zusammenhält. Spirituelle Führer haben automatisch einen autoritären Anspruch und oft Charisma, sonst kommen sie nicht an die Spitze einer Gemeinschaft. Es sind Menschen mit einem gewissen sozialen Geschick, die es schaffen, Beziehung und Bindung zu ihren Mitgliedern herzustellen.

In Bewegungen, wo es oft nur darum geht, gegen etwas zu sein, ist das alleine zu wenig. Das ist am Anfang vielleicht ausreichend, damit kann man Demonstrationen organisieren, aber wenn es dann darum geht: Wofür stehen wir? Wer sind wir? Wie arbeiten wir zusammen? Dann sieht man erst, ob das auf Dauer Bestand hat. Wenn da keine charismatische Führungsperson ist, die alle vereint oder auf die man sich einigen kann, dann wird es wahrscheinlich schnell zerfallen. In der Szene der Verschwörungsgläubigen gibt es ganz viele Influencer, die letztendlich selber daraus profitieren. Sie sammeln möglichst viele Follower, Spenden oder Werbeeinnahmen. Die bilden vielleicht einmal kurz Bündnisse, wenn es um ein konkretes Thema geht, und es funktioniert immer nur für gewisse Zeit und dann wird die Konkurrenz zueinander wieder zu stark.

Gib es einen Zusammenhang zwischen Verschwörungstheorien und Radikalisierung?

Ulrike Schiesser: Verschwörungstheorien und Radikalisierung gehen Hand in Hand. Es ist nicht jede Verschwörungstheorie automatisch gefährlich oder radikalisierend. Aber umgekehrt gibt es eigentlich keine radikalen Ideologien, die ohne Verschwörungstheorien auskommen. Sie sind oft die Legitimierung für den eigenen Kampf. Ich kann nur zum Helden werden, wenn ich einen Drachen habe. Der Drache muss maximal gefährlich und bösartig sein und das funktioniert über Verschwörungstheorien am besten. Sie erzeugen ein Feindbild, einen Sündenbock, dem ich ganz viel Macht gebe und ganz böse Absichten unterstelle. Dann ist es natürlich „völlig gerechtfertigt", dass ich Gewalt anwende. Es gibt Radikalisierung praktisch nicht ohne den Einsatz von Verschwörungstheorien. Umgekehrt wieder würde ich sicher nicht jedem, der verschwörungsgläubig ist, unterstellen, dass er gewalttätig ist.

Personen, die wirklich in dieses Glaubenssystem eingestiegen sind, ändern selten ihre Position. In den über zwei Jahren Pandemie und den vielen, vielen Gesprächen mit Angehörigen von Verschwörungsgläubigen wurde uns nur von ganz wenigen Fällen berichtet, wo ein Ausstieg aus dem Verschwörungsglauben stattfand. Im Gegenteil, wir hatten wiederholt Gespräche mit Angehörigen und nach ein bis zwei Jahren nachgefragt: „Wie gehts jetzt? Was hat sich verändert?" Üblicherweise verhärteten sich die Fronten. Sie berichten uns, dass es schlimmer geworden ist. Die Familien haben entweder eine Art Stillhalteabkommen getroffen und sprechen nicht mehr über das Thema oder die Kontakte sind seltener geworden oder sogar abgebrochen.

Was kann gegen Verschwörungstheorien unternommen werden?

Ulrike Schiesser: Extremismus ist ein sehr vielschichtiges Thema, das man mit einzelnen Maßnahmen nicht annähernd in den Griff bekommt, sondern bei dem man in ganz unterschiedlichen Bereichen tätig sein muss. Was grundsätzlich ganz wichtig ist, ist es nicht zur Normalität werden zu lassen. Es auch wirklich klar dort zu verfolgen, wo es die Grenzen des Strafrechts überschreitet und dort entschlossen einzuschreiten. Für viele wird es erst sichtbar, dass sie eine Straftat begehen, wenn sie ganz klar darauf hingewiesen werden. Auf gesellschaftlicher Ebene oder auch auf politischer und rechtlicher Ebene finde ich es wichtig, dass gegen Verhetzung, Antisemitismus, Mobbing und Drohungen massiv und schnell eingeschritten wird. Wenn Menschen, die aufgrund ihrer beruflichen Tätigkeit Einschüchterungsversuchen, Bedrohungen bis zu Todesdrohungen ausgesetzt sind, ist Solidarität und ein Schulterschluss der Gesellschaft wichtig.

Eine besondere Aufmerksamkeit soll den Influencern der Szene gewidmet werden. Es gibt im englischen Sprachraum diese Studie „The Disinformation Dozen", also zwölf Personen, die 65% der Desinformation zur COVID-Impfung auf sozialen Plattformen verursacht haben. Es wäre spannend, ähnliche Studien für den deutschen Sprachraum durchzuführen. Wer sind die Personen, die davon profitieren? Wie kann man das zumindest weniger profitabel für sie machen? Grundsätzlich gilt es Demokratiebewusstsein zu stärken, Menschen das Gefühl der Beteiligung zu vermitteln.

Auf einer individuellen Ebene würde ich es aussprechen, wenn ich etwas für eine Verschwörungstheorie halte, aber ich würde mich nicht immer in eine Diskussion darüber verwickeln lassen. Wirklich Gläubige überzeugt man nicht mit Argumenten, vielleicht gelingt es jedoch, kleine Risse im Denksystem zu erzeugen oder zumindest die Schwarz-Weiß-Darstellungen der Welt um mehr Schattierungen zu bereichern. Die Art und Weise, wie ich mit einer Person umgehe, hat aber dennoch Wirkung. Interesse an der Person, ihren Motiven und der Geschichte, die zum Verschwörungsdenken geführt hat, kann zu spannenden Einsichten führen. Es ist hilfreich, das gemeinsame Komplexitätsdilemma anzusprechen. Wir leben in einer Welt, die wir nie ganz verstehen können, wir alle sind auf die Expertise von anderen angewiesen. Wie wählt man die richtigen Informationsquellen? Wie kann man trotz Differenzen die Beziehung erhalten? Wie kann man Ambiguitätstoleranz fördern? Wie tolerant sind wir selbst, wenn jemand eine grundsätzlich unterschiedliche Meinung, ein ganz anderes Weltbild vertritt? Wie kann ich trotzdem menschlich in Verbindung bleiben und nicht sofort jeden Kontakt abbrechen? Toleranzmuskulatur aufbauen, heißt auch, die eigene Blase zu verlassen, Irritationen auszuhalten und zu akzeptieren, dass es auch andere Positionen gibt. Andere Positionen aber nur die eine Realität. Und andererseits gibt es Regeln des Anstands und Grenzen des Sagbaren. Wenn die überschritten werden, dann muss man auch selbst sehr deutlich eine Grenze ziehen: „So will ich nicht mit dir reden. Wir können uns vielleicht nicht einigen darauf, wie die Welt ist, aber wir können uns sehr wohl darüber einigen, wie wir in Kontakt treten. Ob wir uns gegenseitig beschimpfen, ob wir uns bedrohen, in welchem Tonfall und auf welche Art wir miteinander reden".

Was steht uns noch bevor? Werden uns Verschwörungstheorien weiterhin begleiten?

Ulrike Schiesser: Grundsätzlich sind Verschwörungstheorien wandlungsfähig. Die passen sich immer gerade an das Tagesgeschehen an. Man kann aus jeder Nachricht eine Verschwörungstheorie machen oder sie anbinden an eine Verschwörungstheorie. Es ist ganz typisch für dieses Verschwörungsdenken, dass es aktuelle Ereignisse in irgendeiner Form in die großen Erzählungen einbaut. Ein Sinn von Verschwörungstheorien ist ja, aus chaotischen Strukturen geordnete Geschichten zu erzeugen. Es soll alles, was auf der Welt passiert, in irgendeiner Weise einen Zusammenhang ergeben, selbst wenn es ein brutaler, bedrohlicher Zusammenhang ist. Wenigstens wissen wir, dass die Illuminati oder die Eliten dahinterstehen. Weil ich das Muster verstehe, habe ich schon ein Gefühl von mehr Handlungsspielraum und es macht mir eine Spur weniger Angst, weil ich es durchschaut habe. In Zeiten von Unsicherheit hat Verschwörungsdenken Konjunktur und wir befinden uns in sehr unruhigen Zeiten. Das Thema wird uns weiter begleiten.

Dieses Interview führte Constantin Lager.

MARÍA DO MAR CASTRO VARELA

Gibt es ein Recht auf Desinformation?

Hassreden und Staatsphobie in sozialen Medien

1. Einleitung

> *Lügen erscheinen dem Verstand häufig viel einleuchtender und anziehender als die Wahrheit, weil der Lügner den großen Vorteil hat, im Voraus zu wissen, was das Publikum zu hören wünscht. (Arendt 2013/1972, 10)*

Im Gegensatz zu Misinformationen, bei denen es sich um *falsche* Informationen oder Interpretationen von Sachverhalten handelt, werden unter Desinformationen falsche Nachrichten, die ganz gezielt verbreitet werden, verstanden. Desinformationen werden von politischen Akteur:innen genutzt, um Menschen gezielt zu verunsichern und/oder ideologisch zu manipulieren. Eine 2023 veröffentlichte Studie der Bertelsmann Stiftung zu Desinfomation im europäischen Raum, kommt u. a. zu dem Ergebnis, „dass wer mehr Plattformen regelmäßig nutzt, auch mehr Desinformationen wahrnimmt." (Unzinker 2023, S. 5) Obschon es einfacher scheint, Informationen und Wissen in „Fakten" und „Lügen" oder „Fantastereien" zu unterscheiden, erscheinen solcherart Dualismen problematisch, erweisen sich doch scheinbare Fakten manches mal als Misinformationen. In folgendem Text geht es deswegen ausschließlich um Desinformationen, deren Kern darin besteht, dass es sich um politisch bewusst lancierte Narrative handelt. Ziel ist unter anderem eine Diskursverschiebung, die, wie wir während der Pandemiezeiten beobachten konnten, rassistische und antisemitische Bilder und rassistisches und antisemitisches Wissen normalisiert und verbreitet (etwa Lauß/Schestak-Haase 2021; Zick/Küpper 2021). Hassrede im Netz ist alltägliche Praxis. Sie steht in Zusammenhang mit einer weiteren Verrohung der (politischen) Kommunikation, kann eine stärkere Sichtbarkeit für rechte Organisationen schaffen wie auch die Hemmschwelle, Gewaltaktionen auch außerhalb des Digitalen durchzuführen senken. Und in Hassreden wird oft der Staat delegitimiert, ja als Feind und Monster dargestellt. In diesem Zusammenhang ist auch von einem zufallsabhängigen oder stochastischen Terrorismus die Rede. Umschrieben wird damit eine Taktik, bei der durch die Verbreitung von Botschaften über soziale Medien, die sich nicht an eine spezifische Gruppe von Täter:innen richten muss, offline Gewalttaten, durch rechte Narrative und enthemmte Sprache angestiftet werden. Anders gesagt: Soziale Medien werden verwendet, um zufällige Handlungen ideologisch motivierter Gewalt zu provozieren. Diese sind jedoch nicht im individuellen Fall vorhersehbar (Hamm/Spaaij 2017, 84.)

Während der COVID-19-Pandemie wurden Desinformationen im Netz im großen Stil verbreitet. Keine Plattform war frei davon, wenn auch einige auffällig häufig genutzt wurden, um manipulierende Narrative zu verbreiten. So erwiesen sich etwa Telegram und Twitter als formidable Desinformationsplattformen (siehe Unzicker 2023). Die Studie „Quellen des ‚Querdenkertums'. Eine politische Soziologie der Corona-Proteste in Baden-Württemberg" von Nadine Frei und Oliver Nachtwey (2021), die im Auftrag der Heinrich-Böll-Stiftung Baden-Württemberg erstellt wurde, weist nach, dass Telegram bei den sogenannten Querdenker:innen während der Pandemie nicht nur als Medium der Organisation genutzt wurde, sondern auch zur Radikalisierung beigetragen hat. Querdenker:innen tauchten in Deutschland, Österreich und der Schweiz im Zusammenhang mit Protestbewegung im Kontext der COVID-19-Pandemie auf. Es handelte sich um einen losen Zusammenschluss von Gruppen und Menschen, die einzelne staatlichen Maßnahmen zur Eindämmung der Pandemie ablehnten und zudem Misstrauen gegenüber wissenschaftlichen und medizinischen Erkenntnissen propagierten. Hier kamen sowohl Menschen zusammen, die Impfungen ablehnten, aber auch z.B. Reichsbürger:innen. Letztere leugnen die Legitimität der Bundesrepublik Deutschland als souveränen Staat und vertreten die Ansicht, dass nach wie vor das Deutsche Reich in seinen Grenzen vor dem Zweiten Weltkrieg existiert (vgl. Schönberger/Schönberger 2020). Sie waren auch vor der Pandemie dafür bekannt, Verschwörungstheorien zu verbreiten. Diese Gruppierung wächst stetig und ist dem rechten Milieu zuzurechnen, weswegen sie unter Beobachtung des deutschen Verfassungsschutzes steht.[1] Während der Coronaproteste erhielt sie auch deswegen viel Beachtung, weil sie als Teil der Querdenker:innen wahrgenommen wurde. Ihre Verschwörungsnarrative fügten sich leicht in neue und reaktivierte Verschwörungsnarrative ein. Im Konzert der Verschwörungstheorien fielen ihre Ideen nicht sonderlich auf. Die Delegitimierung des Staats und seiner Behörden ist ohnehin das Kernstück des Reichsbürger:innen-Desinformationsapparats (vgl. Schönberger/Schönberger 2020; 2023).

---

1   Siehe https://www.verfassungsschutz.de/DE/themen/reichsbuerger-und-selbstverwalter/zahlen-und-fakten/zahlen-und-fakten_node.html (Zugriff: 23.2.2024).

Die schnelle rechte Mobilisierung, die wir zu Zeiten der Pandemie beobachten konnten, wäre ohne die sozialen Medien sicher nicht denkbar gewesen. Große mediale Resonanz auf allen Plattformen erhielten etwa Desinformationen, in denen behauptet wurde, dass die Impfungen gegen das Virus tödlich oder zumindest gesundheitsschädlich seien oder dass es den Staaten mit dem Lockdown nur darum ginge, seine Bürger:innen zu kontrollieren und zu bewachen. Desinformationen waren zumeist eingebettet in weitverbreitete Verschwörungserzählungen.

Nach wie vor bilden antisemitische Narrative die Grundlage etlicher Verschwörungstheorien – wie auch eine stetig zunehmende Zahl von Internetnutzer:innen islamfeindliche, anti-asiatische und rassistische Erzählungen verbreitet. So stellen Dollman und Kogan (2021, 6) fest, dass Personen, die aus der früheren Sowjetunion, Asien, dem Nahen Osten und Afrika stammen, während der Corona-Pandemie eine erhöhte Diskriminierung im Vergleich zu anderen Zeiträumen erlebten. Es scheint notwendig, sich das Internet als kommunikativen Raum genauer anzuschauen und zu versuchen, die Art und Weise, wie dort Hassdiskurse verbreitet werden, zu verstehen. In den kommenden Jahrzehnten wird sich die politische Kommunikation weiter auf die verschiedenen Plattformen verschieben, wobei die einzelnen Plattformen unterschiedliche Formen der Kommunikation ermöglichen oder nahelegen, um rassistisches und antisemitisches Wissen zu verbreiten. Hinzu kommen die rasanten Entwicklungen im Bereich der Künstlichen Intelligenz (KI). So übernimmt heute schon eine ganze Armee von Bots die politische Kommunikation rechter Organisationen (etwa Calderelli et al. 2021).[2] Social Bots verfügen über die technischen Mittel, um gezielt Fehlinformationen in großem Umfang zu verbreiten, was dazu führen kann, dass das Vertrauen in die Demokratie langfristig untergraben wird und die Politikverdrossenheit der Bürger:innen verstärkt wird (Hegelich 2017). Darüber hinaus können sie auch in Bezug auf personalisierte Wahlwerbung intervenieren und somit die Grundlage für einen informierten politischen Diskurs untergraben, indem sie die Menschen mit unterschiedlichen Informationen versorgen. Social Bots können etwa automatisiert sekundenschnell hunderte von Tweets verfassen und weiterleiten, die ein spezifisches Narrativ wiederholen. Die massenhafte Wiederholung eines Narrativs wird zumeist als Bestätigung der Desinformation gelesen. Nach dem Motto: Wenn es oft gelesen wird, muss auch ein

---

2   Selbstverständlich werden Bots nicht nur von der rechten Szene genutzt. Sie sind mittlerweile zu einem wichtigen Instrument der Beeinflussung geworden, die beispielsweise auch im Marketing eine wichtige Rolle einnehmen (vgl. Ferrara et al. 2016).

Quäntchen Wahrheit dran sein. In der Psychologie ist von einem „Truth-Effekt" die Rede, der besagt, dass die Glaubwürdigkeit einer Aussage durch Wiederholungen steigt. Allerdings schwächt sich der Effekt bei zu vielen Wiederholungen ab. Analysen legen nahe, dass mit zunehmender Häufigkeit der Wiederholung ein indirekter Prozess einsetzt, der dem Truth-Effekt entgegengesetzt ist. Ein zentraler Faktor hierbei ist die Reaktanz der Proband:innen, die durch die Erkenntnis der Persuasionsabsicht der Kommunikator:innen ausgelöst wird (Koch/Zerback, 2013, 16). Letztlich ist noch nicht abzuschätzen, welche genauen Folgen KI-Entwicklungen in der Zukunft haben werden, klar ist jedoch, dass die politische Manipulation durch den Einsatz von Bots um ein Vielfaches einfacher geworden ist (vgl. Rühle et al. 2019). Es ist folgerichtig notwendig, Desinformationen *auch* mithilfe des Maschinenlernens zu begegnen.

Die politischen Analysen dürfen bei aller Faszination, die von der KI ausgeht, die Verbindung zwischen Online-Diskursen und Offline-Praxen nicht aus dem Blick verlieren. Die Grenze zwischen dem Virtuellen und Realen erweist sich schließlich als immer unschärfer. Das Virtuelle ist sicher nicht die „neue Realität", doch das Virtuelle kann auch nicht als ein Raum außerhalb des Realen verstanden werden. Das Attentat gegen ein asiatisches Spa in Atlanta (USA) während der COVID-19-Pandemie im Jahr 2021, bei dem acht Menschen starben, deutet auf die enge Verschränkung von Online-Hassreden und mörderischen Taten hin.[3] Auf Hassreden können rassistische Attacken auf der Straße, in der Schule oder am Arbeitsplatz folgen. Das muss nicht sein, doch die Chance für Offline-Gewalt wird erhöht. Die nach dem Vorfall befragten Bürger:innen zeigten zudem erschreckend viel Verständnis für die Tat (Wetzel 2021), ein Anzeichen dafür, dass ein tiefsitzender anti-asiatischer Rassismus ethische Blockaden auslöst.

Es ist bekannt, dass politische Propaganda die gesellschaftliche Polarisierung fördert. Eine Studie von Vasist, Chatterjee und Krishnan (2023) hat die Lage jedoch etwas komplexer betrachtet und betont, dass politischer Desinformation in sozialen Medien und Hassreden eine zentrale Rolle bei der Polarisierung von Gesellschaften zukommt. Entgegen der gängigen Annahme allerdings, dass Internetzensur und die Überwachung sozialer Medien die Grundfreiheiten einschränken, hebt die Studie hervor, dass solche Maßnahmen die Polarisierung trotz der Verbreitung von Desinformation durch verschiedene Akteur:innen

---

3   Siehe etwa Kate Sullivan, CNN: „Biden condemns ‚skyrocketing' hate crimes against Asian Americans in wake of deadly shooting", 20. März 2021, https://www.cnn.com/2021/03/19/politics/biden-harris-atlanta/index.html (Zugriff: 24.2.2024).

eindämmen können. Gleichzeitig wird darauf hingewiesen, dass diese Überwachungs- und Zensurmaßnahmen zusammen mit Hassreden die Polarisierung in Gesellschaften verstärken können.

Auch deswegen sind weiterhin kritische Diskursanalysen notwendig, die nicht nur auf der Ebene der Linguistik verweilen, sondern historisch, sozialwissenschaftlich und psychologisch das soziale und politische Problem von Hassreden und seine sozialen Folgen in den Blick nehmen.

Der nachfolgende Text nutzt Daten und Erkenntnisse, die aus dem zweijährigen Projekt „Digitale Hassreden und Verschwörungsideologien in Zeiten der COVID-19-Pandemie" gewonnen wurden. Das Ziel des Projekts war es, die kursierenden hasserfüllten Diskurse auf Twitter und Telegram während der COVID-19-Pandemie zu heben, zu analysieren und nach Lösungen zu suchen, um diese zu stoppen bzw. handhabbarer zu machen.[4] Die analysierten Datensätze wurden für die Verbesserung von Algorithmen zur automatischen Identifikation von digitalem Rassismus und Antisemitismus aufbereitet (siehe Mihaljević in diesem Band). Es ging mithin um Maßnahmen zur Entdeckung, Bewertung und insbesondere Bekämpfung digitaler Hassreden und Verschwörungsnarrative. Die Ergebnisse der Analysen wurden zivilgesellschaftlichen Akteur:innen aus Berlin, die etwa im Bereich der Antidiskriminierung und Politischen Bildung tätig sind, präsentiert und werden weiterhin diskutiert.

Im vorliegenden Text werden von den umfassenden Ergebnissen der durchgeführten Diskursanalysen zwei besonders bemerkenswerte Diskurselemente vorgestellt: zum einen der spezifische Angriff auf die „Wahrheit", die Berichterstattung der klassischen Medien und die Funktion, die Verschwörungstheorien in diesem Zusammenhang innehaben; zum anderen die Rolle der eskalierten Staatsphobie im Zusammenhang mit den Protestbewegungen.

2. Wahrheitskämpfe

Es sind auch – wenn auch nicht nur – die sozialen Medien, die dafür sorgen, dass Desinformationen in Windeseile internationale Aufmerksamkeit erhalten. Diese sehen sich verflochten mit Offline-Protesten – etwa mit großen Demonstrationen oder dem Sturm auf den Reichstag in Berlin am 30. August 2020. Dieser wurde

---

4   Das Projekt wurde in Kooperation der Alice-Salomon-Hochschule Berlin (ASH), der Hochschule für Technik und Wirtschaft (HTW) und über Institut für Angewandte Forschung Berlin (IfaF) finanziert. In der zweijährigen Laufzeit 2021-2023 wurden unterschiedliche quantitative und qualitative Analysen durchgeführt.

sehr richtig als Angriff auf die demokratischen Institutionen Deutschlands beschrieben. Die Frankfurter Allgemeine Zeitung (FAZ) berichtete im April 2023 von dem Plan einer Gruppe rund um die Reichsbürger:innen, die bis zu 16 Regierungsmitglieder und Abgeordnete in Handschellen abführen wollten.

„Einer der in Untersuchungshaft sitzenden Beschuldigten hatte laut BGH nach dem Stand der Ermittlungen in Berlin schon die Örtlichkeiten ausgekundschaftet, Fotos gemacht und eine Namensliste von Politikern, Journalisten und anderen Personen des öffentlichen Lebens erstellt." (FAZ v. 20.4.2023)

Die Gefahren sind real, wir haben es mit direkten Angriffen auf die Demokratie und das demokratische Zusammenleben zu tun. Dafür stehen nicht nur die antisemitischen und rassistischen Anschläge in Hanau (2019) und Halle (2020), bei denen zahlreiche Menschen von rechten Täter:innen ermordet wurden, sondern ebenso die Normalisierung rechter Hassreden im Netz. In dem Buch „Rechte Gefühle" analysiert Simon Strick (2021), wie Affekte und Emotionen – etwa Angst, Empörung oder Wut – von rechten Organisationen und Politiker:innen gezielt genutzt werden, um Bürger:innen für rechte Ideologien zu mobilisieren. Einige Personen, die davon angerührt werden, sind sicherlich ohnehin dem rechten Milieu zuzuordnen, doch den gezielt emotionalisierten Posts auf den sozialen Medien gelingt auch die wirkmächtige Propaganda für rechte Ziele. Die Folge ist eine stärkere Verbreitung rechter, anti-demokratischer Ideologien. Strick beginnt sein Buch mit einer Kritik an der klassischen Rechtsextremismusforschung, die immer noch Forschung an den Rändern der Gesellschaft betreibt und der es entgangen zu sein scheint, dass in den sozialen Medien rechte Posts übergreifende Normalität sind. „Aus Hinterzimmern", so Strick (2021, 19), „sind massive Gegenöffentlichkeiten geworden". Dem ist in jedem Falle zuzustimmen, zudem zeigt sich allerdings, wie Krisen, etwa eine Pandemie, rechten Popularisierungsstrategien zusätzlich in die Hände spielen. So trafen wir bei unserer Untersuchung auf zahlreiche bekannte Verschwörungstheorien: zum Beispiel die, die vor einem „großen Austausch" der Bevölkerung warnt, oder auch die, die von einer „jüdischen Verschwörung" spricht und dabei Elemente der berühmt-berüchtigten Verschwörungstheorie „Die Protokolle der Weisen von Zion" nutzt. Bei dem Ende des 19. Jahrhunderts in Russland entstandenen Machwerk handelt es sich um eine antisemitische Erzählung, in der behauptet wird, dass ein jüdisches Komplott offengelegt würde. Angeblich, so die Erzählung, strebten Juden:Jüdinnen die Weltherrschaft an. Das Werk besteht aus angeblichen Protokollen von Sitzungen einer geheimen jüdischen Organisation, in denen Strategien zur Kontrolle von Regierungen, Medien und Finanzen beschrieben werden. Die insgesamt 24 ‚Protokolle' fanden nicht nur Verbreitung in einschlägig antisemitischen Kreisen. Es gab und gibt in einer breiten Öffentlichkeit offenbar ein Bedürfnis, dieser absurden Geschichte Glauben zu schenken. Die ‚Protokolle' werden auch heute noch eingesetzt, um Hass gegen jüdische Menschen zu schüren und zu verbreiten (siehe etwa Benz 2019). Wie Eva Horn (2012, 2) darlegt, wirkt der Text „als (vermeintlich) gebildete Referenz, Beweisstück für einen Judenhass, der sich selbst als ‚wohlbegründet' ausgeben will". Während der COVID-19-Pandemie konnten wir verfolgen, wie Fragmente und Deutungen aus den ‚Protokollen' vermehrt im Internet in Umlauf gebracht und dazu genutzt wurden, die Pandemiesituation zu erklären. Selbst ein Video wurde auf Vimeo hochgeladen, in dem der gesamte Text begleitet von antisemitischen Bildern vorgelesen wurde. Eigentlich handelt es sich um einen Text, den nur wenige Menschen ganz gelesen haben. Dennoch scheinen viele ihn – zumindest auszugsweise – zu kennen. Horn zufolge liest sich der Text „wie ein Traktat der Staatskunst im Stil der alteuropäischen Arkana, gehalten im höchst ambivalenten und hysterischen Ton des post-revolutionären Verschwörungsdiskurses" (Horn 2012, 15).

Politische Desinformationen, so konnten wir während der Pandemie beobachten, verbinden sich mit alten und neuen Verschwörungstheorien. Philipp Darius und Michael Urquhart (2021) untersuchten die zunächst subjektive Annahme, dass Verschwörungstheorien und Desinformationen während der COVID-19 einen Anstieg erlebten und die Mobilisierung gegen Impfungen anfeuerte. Die Studie konnte einen signifikanten Anstieg der Profile, nachweisen die sich an Diskussionen gegen 5G[5] und Impfungen auf Twitter beteiligten. Die zunehmende Prävalenz dieser Schnittmenge, die das entsprechenden zivilgesellschaftliche Engagement innerhalb dieser Netzwerke übertrifft, ist, so Darius und Urquhart, bedenklich und könnte Aufschluss über das gelegentliche Auftreten gewaltsamer Proteste gegen COVID-19-Beschränkungen geben (ebd., 9).

Gleichzeitig ist ein besonderer Fokus auf Krisensituationen zu legen, der anti-demokratische Entwicklungen akzeleriert.

---

5   Für die einen ist die 5G-Technologie Teil eines Plans zur Schwächung des Immunsystems, wodurch die Menschen anfälliger für das Virus werden. Es handelt sich also um ein tatsächliches Instrument zur Übertragung von Krankheiten. Für die anderen verursacht die neue Technologie direkte Schäden durch elektromagnetische Strahlung, die die Erfindung eines COVID-19#-Schwindels erforderlich gemacht hat, um die tatsächliche Bedrohung für das menschliche Leben zu vertuschen.

2.1 Krisen, Wahrheit und Affekte

Bereits während des Ersten Weltkriegs und beim Ausbruch der sogenannten Spanischen Grippe spielten die Medien eine bedeutsame Rolle. Sie verbreiteten Gerüchte, aber auch wichtige Informationen über die Krankheit zu einer Zeit, in der es noch kein Wissen über Viren gab. Die Spanische Grippe begann in den USA und verbreitete sich durch die Truppenbewegungen während des Ersten Weltkriegs buchstäblich auf der gesamten Welt. Da in den meisten Ländern, die in den Krieg involviert waren, die Medien zensiert wurden und eine Panik in der Bevölkerung vermieden und zudem verhindert werden sollte, dass die gegnerischen Kriegsparteien von den Verlusten in den Einheiten erfuhren, wurde zunächst kaum darüber berichtet. Berichte über die Influenza galten als unpatriotisch, denn sie konnten die Moral der Truppe schwächen (vgl. Spinney 2018). Nur die damalige liberale Spanische Republik verfügte über eine weitestgehend freie Presse, die detailliert über die Pandemie berichtete, und so entstand und blieb der Name „Spanische Grippe" bis heute erhalten.

Lange vor der Einführung der sozialen Medien spielten Desinformationen, das Verschweigen von Informationen, Gerüchte und Lügen eine eminente politische Rolle. Selbst heute noch, so Karl Hepfer (2017), ist Vorsicht geboten: „Denn auch demokratische Regierungen täuschen ihre Bürger gewohnheitsmäßig in wichtigen Angelegenheiten" (Hepfer 2017, 39). Es ist deswegen kaum zweckmäßig zu behaupten, dass die Desinformationskampagnen während der COVID-19-Pandemie *lediglich* aufgrund der sozialen Medien eine das bedeutsame politische Rolle spielten, wenn auch die schnelle und exponentielle Verbreitung über die sozialen Medien das Problem verschärfte. Unsere Studie zu digitalem Hass konnte, wie andere Studien auch, nachweisen, dass auf Plattformen wie Telegram, Twitter, YouTube oder Instagram antisemitische und rassistische Verschwörungsnarrative während der COVID-19-Pandemie vermehrt auftauchten. Hassreden in Kombination mit Verschwörungstheorien waren in der Lage, große und diverse soziale Gruppen für politische Zwecke zu instrumentalisieren. Die prekäre soziale und ökonomische Situation während der Pandemie wurde genutzt, um starke Affekte über Tweets und Memes zu produzieren: Angst und die Ablehnung der Regierung, die unbeliebte Maßnahmen – etwa Lockdowns – erließ, um die Bevölkerung zu schützen, waren die wohl stärksten Affekte.

Verschwörungserzählungen unterfüttern diese Ängste. Die Verschwörungstheorie des „großen Austauschs" spricht beispielsweise von einem Plan, der vorsieht, dass die christliche Bevölkerung in europäischen Ländern durch Menschen aus anderen Ländern – insbesondere muslimischen Menschen – ersetzt werden soll. Dahinter, so die Erzählung, wirken Regierungen und Politiker:innen. Manche Diskursfragmente legen nahe, dass es eine jüdische Elite sei, die in Europa einen Austausch plant, bei dem Christ:innen durch Muslim:innen ausgetauscht würden. Das Maß der Absurdität der Erzählung – in all ihren Varianten – hat dabei keinen Einfluss auf die Größe der Gruppe, die diese für wahr hält. Der Wahrheitsgehalt ist ohnehin eher unwichtig. Hepfer (2017) zufolge funktioniert das verschwörungstheoretische Wahrheitsmodell, indem Wahrheit immer dann gegeben ist, wenn diese widerspruchsfrei mit anderen Behauptungen einer Theorie funktioniert. Auf Plattformen wie Twitter müssen Diskursfragmente genügen, die sich gegenseitig unterstützen. *Re-Tweets*, wenn sie sich kritisch mit Behauptungen auseinandersetzen, führen paradoxerweise zu einer weiteren Verbreitung und Stabilisierung verschwörungstheoretischer Inhalte. Und Ironie hat oftmals einen gänzlich kontraproduktiven Effekt, da sie oft nicht verstanden wird.

Es scheint dagegen, als ob gänzlich andere Bedürfnisse befriedigt werden und nicht das nach Wahrheit und Erkenntnis: so der Wunsch nach einfachen Erklärungen, sodass es besser möglich wird, in einer immer komplexeren Wirklichkeit zu leben. Theorien werden laut Hepfer (2017, 29) aufgestellt, „weil wir neugierig sind und gleichzeitig, weil wir Angst vor dem Unbekannten und Unverstandenen haben". Der Unterschied zu Verschwörungstheorien liegt unter anderem darin begründet, dass Letztere immer Wertungen vornehmen (ebd., 37). Es sind diese Wertungen, die affektiv wirken, sodass die einfache Wahrheit der Verschwörungstheorie als angenehmer empfunden wird. Und zwar selbst dann, wenn ihre Inhalte beängstigend sind.

Oder aber es geht um eine Befreiung von Ambivalenzen, die Unsicherheit und Ängste auslösen. Wenn während einer Pandemie selbst Mediziner:innen nicht eindeutig erklären können, woher das Virus stammt und wie genau es operiert, entsteht ein tiefes Bedürfnis nach schnellen, klaren und einfachen Erklärungen. Tweets und Memes eignen sich, auch aufgrund ihrer einfachen Funktionsweise, hervorragend dafür, diese Art Bedürfnisse schnell und unbestreitbar zu befriedigen. Doch ein Narrativ funktioniert nicht allein aufgrund der Einfachheit seiner Struktur; um Wirkungsmacht zu entfalten, bedarf es eines ideologischen Fundaments, klarer Ziele und empfangsbereite Nutzer:innen.

Michael Butter (2018), der sich seit vielen Jahren mit Verschwörungstheorien auseinandersetzt, stellt fest, dass die Verbreitung von Verschwörungserzählungen Demokratien bedrohen, da sie das Vertrauen in Regierungen und Medien untergraben. Butter betont in diesem Zusammenhang die Wichtigkeit von Aufklärung und einen Journalismus, der auf Fakten basiert. Dies würde schließlich dem Glauben an Verschwörungstheorien etwas entgegensetzen und so die Demokratie schützen. Angelehnt an Michael Barkun benennt Butter (2021) drei Grundannahmen, die Verschwörungstheorien ausmachen:

„Sie gehen erstens davon aus, dass nichts durch Zufall geschieht, dass also alles geplant wurde. Zweitens behaupten sie, dass nichts so ist, wie es scheint, dass man also immer hinter die Fassade blicken muss, um zu erkennen, was wirklich geschieht. Und drittens nehmen sie an, dass alles miteinander verbunden ist, dass es Beziehungen zwischen Ereignissen, Personen und Institutionen gibt, die man nur erkennt und die nur Sinn ergeben, wenn man von einer großen Verschwörung ausgeht." (Butter 2018, 5)

Verschwörungstheorien helfen rasch, einen eindeutig Schuldigen auszumachen. Doch müssen wir feststellen, dass antisemitisches und rassistisches Wissen nicht durch Verschwörungserzählungen hergestellt wird – wie auch Ängste nicht durch diese hervorgerufen werden. Viel eher werden sie durch dieselben mobilisiert und verfestigt.

Nicht nur während Pandemien wird die Wahrheit von Informationen ständig angefochten und neue Wahrheiten lanciert. Joseph Uscinski et al. stellen etwa fest, dass es kaum systematische Belege dafür gibt, dass der Glaube an Verschwörungstheorien im Laufe der Zeit zugenommen habe. Während Querschnittsumfragen ergeben, dass beunruhigend hohe Prozentsätze von Menschen an Verschwörungstheorien glauben, und grenzenlose verschwörungstheoriebezogene Internetinhalte und Aktivitäten auf sozialen Medien beobachtbar sind, argumentieren sie, dass diese Beobachtungen allein nicht als Beweis für eine Zunahme des Verschwörungstheoretizismus angesehen werden können (Uscinski et al. 2022)

Doch lässt sich feststellen, dass die Ausbreitung der Nutzung der sozialen Medien die Rolle von Nachrichten verändert hat. In einer Zeit, in der Menschen das Gefühl haben, nicht direkt an Informationen zu kommen, und das Vertrauen in etwa Printmedien schwindet, verlieren gut recherchierte Nachrichten an Wert. Bereits 2017 sprach Jonathan Albright von einer „Fake-News-Era" und stellte fest:

„As more actors opt to go ‚direct' to their audiences using platforms like Twitter, news organizations will be forced to ‚follow the conversation' instead of leading the way to establish narratives that accurately inform the public through their reporting." (Albright 2017, 88)

Der Begriff der Fake News ist dabei durchaus problematisch, insbesondere nachdem er enorme Aufmerksamkeit während der USA-Präsidentschaftswahl im Jahr 2016 erhielt. Aus der Wahl ging bekanntermaßen der Republikaner Donald Trump als Gewinner hervor. Er nutzte unter anderem den Terminus „Fake News" systematisch als Waffe, um die Kritik an ihm und seiner Politik, die in den klassischen Medien geäußert wurde, abzuwehren. Dabei schürte er Ängste, in dem er immer wieder behauptete, dass die Medien die Menschen manipulieren und beherrschen. Das führte zu einer starken Diskreditierung der traditionellen Medien, während vor allem Twitter von Trump genutzt wurde, um jede Nachricht, die ihm nicht passte, sogleich zu diskreditieren. In ihrem Buch „Politik mit der Angst. Die schamlose Normalisierung rechtspopulistischer und rechtsextremer Diskursee" zeigt Ruth Wodak (2020) anhand von umfassenden Diskursanalysen, wie Angst gezielt in politischen Botschaften des rechten Populismus genutzt wird, um Unterstützung für die eigenen Ziele zu gewinnen, aber auch Feindbilder zu konstruieren und die politische Agenda zu beeinflussen. Nachrichten der traditionellen Medien als Fake News zu diskreditieren ist eine populäre Strategie der politischen Rechte. In Krisenzeiten ist diese Strategie besonders wirksam.

Die Pandemie stellte uns vor eine besondere Herausforderung. Wir konnten weltweit beobachten, wie Politiker:innen, medizinische Expert:innen und Medienmacher:innen versuchten, vertrauenswürdige Erzählungen über die Ausbreitung einer noch unbekannten Krankheit und die Maßnahmen, die notwendig waren, um die unkontrollierte Ausbreitung zu verhindern, zu vermitteln (Coman et al. 2021, 5). Die Unsicherheiten in den ersten Tagen der Pandemie boten einen fruchtbaren Boden für die schnelle Ausbreitung von Verschwörungsnarrativen und Desinformationen. Eine Studie von Joanne Miller (2020, 321) in den USA konnte beispielsweise nachweisen, dass ein Großteil der Bevölkerung (52 % der Befragten) glaubt, dass das SARS-CoV-2-Virus von der chinesischen Regierung als biologische Waffe produziert wurde.

Das Misstrauen gegenüber den klassischen Medien, die Anfälligkeit für Verschwörungserzählungen und die Tendenz, anderen die Schuld an der Pandemie zu geben, waren keineswegs nur in den USA anzutreffen, sondern ein internationales Phänomen. Studien aus anderen Ländern weisen darauf hin, dass mangelndes Vertrauen in offizielle Informationen den Glauben an Verschwörungserzählungen beförderte. Ebenso verhinderte diese Haltung, Maßnahmen zu akzeptieren, die zur Verhinderung der Ausbreitung der Infektion auferlegt wurden (Jennings et al. 2021). Der dramatische Anstieg der Corona-Protestbewegung, an dem viele bisher eher unpolitische Bürger:innen teilnahmen, hat in politischen, medialen und nicht zuletzt wissenschaftlichen Diskussionen grundlegende Fragen aufgeworfen.

Es wurde etwa erstaunt gefragt, wie es der Querdenker:innen-Bewegung gelingen konnte, so schnell eine derartige (rechtsextreme) Mobilisierung zu erreichen (vgl. Frei/Nachtwey 2021). Vieten et al. (2020) etwa bemerken:

> *„With the three-month lockdown experiences in social self-isolation – and relying on online communication – more people might have become vulnerable to far-right propaganda and jump on the opportunities of anti-hygienic or anti-lockdown protest to articulate their grievances".*

Sicher konnte die gelebte Unsicherheit und die Angst vor den Virus als mobilisierende Emotion für Verschwörungsnarrative und Hassreden instrumentalisiert werden. Ängste, die über Medien verbreitet werden, sind überaus machtvoll. Sie können die Fähigkeit, die soziale Welt kritisch zu beurteilen, behindern (Leone et al. 2020, 45) und sind ein leicht zu öffnendes Einfallstortor für Verschwörungsnarrative, die den Ängsten gewissermaßen eine Begründung liefern. Denn selbst wenn Ängste auch dazu führen, dass vermehrt nach Erklärungen für die Krise gesucht werden, so wird doch schnell auf einfache Erklärungen zurückgegriffen. Es ist entscheidend, welche Informationen zur Verfügung stehen und wie diese verbreitet und damit verfügbar sind.

2.2 Halbwahrheiten

In ihrem Buch „Halbwahrheiten" entwickelt die Literaturwissenschaftlerin Nicola Gess (2021) eine beachtenswerte Lesart von Verschwörungserzählungen und auch Desinformationen. „Die Halbwahrheiten, die mich interessieren und die im sogenannten ‚postfaktischen Diskurs' eine zentrale Rolle spielen", schreibt sie,

> *„stellen im Interesse einer bestimmten politischen Position oder der Selbstdarstellung einen Sachverhalt tendenziös dar, um andere Personen von diesem zu überzeugen oder deren bereits vorhandenen Überzeugungen zu bestätigen. Sie sind häufig [...] narrativ verfasst und legen es nicht auf Wissen und Beweisbarkeit, sondern auf Glauben und Glaubwürdigkeit an." (ebd., 31)*

Halbwahrheiten beruhen nicht lediglich auf einer einseitigen Darstellung von Informationen, bei der bestimmte Fakten bewusst weggelassen oder verzerrt werden, um eine bestimmte Agenda zu verfolgen. Die Pointe ist, dass sie außerhalb der Beweisbarkeit funktionieren, weil sie geglaubt werden. Wie christliche Dogmen nicht beweisbar sind, aber geglaubt werden, so sind Halbwahrheiten nicht beweisbar, werden aber dennoch geglaubt. Desinformationen bedienen sich Halbwahrheiten als narrativer Form. Gess zufolge laufen Fakten-Checks deswegen auch ins Leere, lassen sie doch den Funktionskern von Halbwahrheiten unberührt. Insgesamt beschreibt die Literaturwissenschaftlerin zehn Charakteristiken, die Halbwahrheiten ausmachen. Sie teilen sich mit dem Gerücht „den Modus ihrer Verbreitung und eine Neigung zum Fabulieren" (1) und schlagen eine Brücke zwischen Korrespondenz- und Kohärenzmodell von Wahrheit (2). Das eben entkoppelt sie von der Beweispflicht. Der Erfahrungsbezug ist selektiv (3), und sie bieten Erzählungen, die den sinnlichen, emotionalen und politischen Überzeugungen des Publikums entsprechen (4). Die affektive Wirkung ist wichtiger als die empirische Überprüfbarkeit. Des Weiteren zeichnen sie sich durch Multiversionalität aus (5). Das heißt, dass verschiedene Sichtweisen und Interpretationen gleichzeitig existieren können. Parallel werden komplexe Sachverhalte vereinfacht und banalisiert (6), während sich Halbwahrheiten um Anschaulichkeit bemühen (7). So ist das Anekdotische dominant. Zudem wird sich der Verdachtshermeneutik bedient, die zuweilen auch extreme Formen annehmen kann (8). Schließlich finden wir uns konfrontiert mit der Macht der Spekulation (9), denn Halbwahrheiten sind weder richtig noch rein fiktiv (10). Es findet sich immer ein Kern von Wahrheit, der geschickt umspielt wird, während Menschen mit Halbwahrheiten umgarnt werden. Gess plädiert kontraintuitiv für einen Fiktionscheck. Das ist reizvoll und erscheint sinnvoll, weil, wie sie bemerkt, Halbwahrheiten immer der Erzählungen bedürfen. Es ist das Narrativ, welches für die Glaubwürdigkeit sorgt. Eine Glaubwürdigkeit, „die nicht von der Übereinstimmung mit Fakten, sondern von der Bestätigung bisheriger Überzeugungen, der Vermeidung kognitiver Dissonanzen, der Bestätigung einer ‚gefühlten Wahrheit' und der Reduktion von Kontingenz und Komplexität lebt" (ebd., 48).

Tweets, die auf der Plattform Twitter geteilt werden, erlauben die schnelle Kombination und Aneinanderreihung differenter Versionen und Fragmente einer Halbwahrheit. Sie erlauben es nicht, komplexe Sachverhalte zu transportieren, und sind sehr gut dazu geeignet, Emotionen zu generieren oder zu verstärken. In den sozialen Medien begegnen wir sogenannten Prosumer:innen[6], die (Des-)Informationen nicht nur konsumieren, sondern gleichzeitig auch produzieren. Halbwahrheiten werden immer neu produziert. Das macht ihre Faszination und

---

6   Der Begriff Prosumer:in wurde von dem Futuristen Alvin Toffler in seinem 1980 erschienenen Buch „The Third Wave" geprägt. Bei Prosumer:in erscheint die Grenze zwischen Konsument:in und Produzent:in verwaschen. Tofflers Konzept der Prosumer:innen nahm den Aufstieg der sozialen Medien vorweg.

Macht aus. Bei der Durchsicht der tausenden Tweets, die über eine Big-Data-Analyse erhoben wurden, um sich ein Bild von der Verbreitung von Desinformation und Verschwörungstheorien während der COVID-19-Pandemie zu verschaffen, fiel besonders die enorme Multiversionalität der Desinformationen auf, wie auch das Geschick, mit dem über Plattformen hinweg spezifische Narrative verbreitet wurden.

3. Staatsphobie

Während der Covid-19-Pandemie wurden Rassismus und Antisemitismus als Vehikel genutzt, um Desinformationen zu Corona und den Maßnahmen der Bundesregierung zu befeuern. Die Gefahren, die von einer Verflechtung von konkreten Desinformationen, die in Beziehung zu altbekannten Verschwörungserzählungen gebracht werden, ausgeht, ist kaum zu unterschätzen. Kaum zufällig nutzen konservative und rechte Politker:innen und Parteien – etwa Donald Trump in den USA oder Jair Bolsonaro in Brasilien – Desinformationskampagnen systematisch, um die Bürger:innen zu verunsichern und vor dem (eigenen) Staat und/oder der Einwanderung von jenen Menschen zu warnen, die als Gefahr beschrieben werden (wahlweise muslimische Menschen, Menschen aus Mittel- und Südamerika, jüdische Menschen, Schwarze Menschen etc.). Trump und Bolsonaro zählten auch deswegen zu den bekanntesten Coronaleugner:innen. Der Hass gegen Migrant:innen und geflüchteten Menschen paart sich dabei immer wieder mit einer vehementen Staatsphobie und dem Hass gegenüber Regierungsvertreter:innen und der staatlichen Verwaltung, denen alle möglichen üblen Intentionen nachgesagt werden: von der Kontrolle der Bürger:innen bis hin zu einer intendierten Auslöschung einiger Bürger:innen.

Die Diskursanalysen im Projekt „Digitaler Hass" machten deutlich, wie Empörung und Hass, aber auch Nationalismus, der sich oft (nur scheinbar paradox) gegen den eigenen Staat richtet, produziert und vermittelt werden. Betrachten wir den im Netz weitverbreiteten Slogan „Wir sind das Volk": Bekanntermaßen trat dieser zunächst während der „Friedlichen Revolution" in der ehemaligen DDR auf. In den Monaten vor dem Fall der Berliner Mauer wurde auf den Montagsdemonstrationen in Leipzig und anderen ostdeutschen Städten damit das Regime herausgefordert und einem Wunsch nach Freiheit und dem Anspruch nach politischen Mitspracherecht Ausdruck gegeben. Der Slogan deutete kritisch auf eine Regierung, die behauptete, im Namen des Volkes zu handeln, während das Volk zumeist nicht gefragt wurde, was es denn wolle. „Wir sind das

Volk" tauchte nun wieder bei den Demonstrationen der Querdenker:innen auf und begleitete viele ihrer Posts in den sozialen Medien. Bereits 2015/16 wurde er vermehrt genutzt, um gegen die Aufnahme geflüchteter Menschen zu protestieren. Als die deutsche Regierung beschloss, aus Syrien geflüchtete Menschen aufzunehmen, gingen tausende von Menschen auf die Straße und riefen: „Wir sind das Volk." Die PEGIDA-Bewegung appropriierte den Slogan für ihre antimuslimisch-rassistischen Demonstrationen. Repetitiv müssen wir feststellen, dass Ängste geschürt werden, um rechte Politiken zu unterstützen. Wir beobachten eine nationalistische Apropriierung des Slogans: „Wir sind das Volk!" bei der nun der demokratische Staat ins Visier genommen wird. So lesen wir in einem Tweet, der sich gegen den Versuch der Bundesregierung wendet, Desinformationen einzudämmen:

Original post: „@BMG_Bund ein Jahr ist es nun her das ihr dreckigen #Lügner ein ganzen Volk angelogen und eingesperrt habt!!!" (BMG: Achtung Fake News, Pos. 1016).

Das Volk ist hier der Antagonist zum Staat und der demokratische Staat der Bundesrepublik wird mit der DDR gleichgesetzt. Dazu gesellt sich eine verachtende und drastische Sprache.

Tatsächlich stellte die „Studie Rechtspopulismus, Verschwörungs-Erzählungen, Demokratiezufriedenheit und Institutionenvertrauen in Deutschland" der Universität Hohenheim fest, dass „(n)ur 13 % der Bundesbürger [...] der Wissenschaft oder der Polizei [misstrauen]. Aber um die 50 % [...] den Parteien oder der Bundesregierung [misstrauen]" (Brettschneider 2023).

Michel Foucault (2006) prägte den Begriff der Staatsphobie, um verkürzte, reduktive Erklärungen für die Funktionsweise der Staatsmacht zu beschreiben. Solche Erklärungen, die sich häufig an Verschwörungstheorien orientieren, schaffen eine illusionäre Binarität zwischen staatlicher Macht und Zivilgesellschaft, wobei der Staat als ein Gebilde außerhalb des gesellschaftlichen Lebens vorgestellt wird. Foucault stellte fest, dass solche verkürzten Erklärungen sowohl im linken als auch im rechten politischen Denken zu finden sind. Zunächst beobachtet Foucault „Staatsphobie" im Ordoliberalismus, der eine Aversion gegenüber dem starken Eingreifen des Staates in die Wirtschaft zeigt. Der Staat wird nicht vollständig abgelehnt, sondern als notwendig erachtet, um die Rahmenbedingungen für einen freien Markt zu schaffen und aufrechtzuerhalten. Das staatliche Eingreifen sollte sich doch primär darauf beschränken, das Funktionieren des Marktes sicherzustellen, Foucault kritisiert diese Haltung, indem er darauf hinweist, dass diese Form der Staatsphobie dazu führt, dass der Staat seine traditionelle Rolle als Regulator und Wohlfahrtsanbieter zurückzieht. Diese Reduzierung der staatlichen Intervention ist insoweit problematisch, als dies zu unzureichender sozialer Sicherheit führen kann und einer Zunahme der sozialen Ungerechtigkeiten.

Anlehnend an Foucault stellten Villadsen und Dean (2012) wachsende staatsfeindliche Tendenzen in unterschiedlichen Kontexten wie der neoliberalen Politik und in den Sozialwissenschaften fest. Während die aktuelle neoliberale Politik die Rolle des Staats einschränken will, lässt die Konzentration der Sozialwissenschaftler:innen auf die neue herausragende Rolle der Globalisierung, der sozialen Bewegungen und der Zivilgesellschaft die Staaten „ausgehöhlt" oder analytisch überholt erscheinen (Villadsen/Dean 2012, 401).

Nikita Dhawan (2020) argumentiert, dass eine unbegrenzte Staatsphobie gefährlich sei, denn die ständige Dämonisierung des Staats könne einen gefährlichen Riss im politischen Leben verursachen, der potenziell Raum für die weitere Ausbreitung antidemokratischer und rechtsextremer Ideologien eröffnet. Tatsächlich konnte beobachtet werden, wie eine für die Demokratie notwendige Regierungskritik, während der COVID-19-Pandemie immer mehr durch eine gefährliche Staatsfeindschaft und Staatsphobie überschrieben wurde. Wie Tuters und Willaert (2022) in ihrer Studie über Verschwörungstheorien, die auf Instagram kursieren, beobachten, bringt die Staatsphobie unterschiedliche politische Meinungen zusammen und bietet eine gemeinsame Basis, auf der Menschen mit völlig unterschiedlichen ideologischen Hintergründen gemeinsam gegen den Staat stehen – während sie sich selbst als „einfach kritisch" betrachten (Tuters/Willaert 2022, 1233).

Typische staatsphobische Tweets zeigen beispielsweise eine Aneinanderreihung von Wörtern mit stark negativer Konnotation und stellen häufig Politiker:innen als gefährlich, kriminell und böse dar. So wird etwa die aktuelle Regierung der Bundesrepublik Deutschland mit der Stasi und/oder der Gestapo gleichgesetzt. Solche Vergleiche finden sich immer wieder in den analysierten Tweets. Sie fungieren als diskursive Strategie, um ein Gefühl der Verschwörung zu erzeugen. Gleichzeitig wird der Holocaust verharmlost. Die unbeholfene Analogie unterstellt eine Verschwörung, indem sie behauptet, dass der Zweck der öffentlichen Gesundheitsmaßnahmen während der Pandemie nicht darin bestand, die Ausbreitung der Pandemie zu verhindern, sondern vielmehr darin, ein antidemokratisches Regime aufrechtzuerhalten, das grundlegende Menschenrechte gewaltsam einschränkt – und zwar auf noch schlimmere Weise als zu Nazi- oder Stasi-Zeiten. Diese irreführenden Analogien fungieren als eine zentrale antisemitische diskursive Komponente in der Online-Kommunikation. Antisemitismus erscheint hier als eine Verharmlosung der Shoah, die indirekt gleichgesetzt wird mit dem staatlichen Eingreifen der Regierung (etwa durch Verhängung von Lockdowns).

Diese Strategie der Parallelisierung demokratischer Staaten mit Gewaltregimes sind durchaus nicht auf Deutschland beschränkt. Wenn wir davon ausgehen, dass Staatsphobie die Furcht vor übermäßiger staatlicher Kontrolle beinhaltet, dann wird diese Angst aus der Perspektive einer neoliberalen Ideologie durch alle Maßnahmen ausgelöst, die neoliberale Freiheiten (scheinbar) einschränken (Anderson 2012). Eine solche Angst wird häufig in Bezug auf wohlfahrtsstaatliche Maßnahmen geäußert, die als zu großzügig (gegenüber den falschen Empfänger:innen) angesehen werden (Baldwin 2016). Während der Pandemie wurde eine ähnliche Art von Angst geschürt und verbreitet, um gegen die öffentlichen Gesundheitsmaßnahmen zu mobilisieren. Interessanterweise wird in einigen Tweets diese Angst mit einem ähnlichen neoliberalen Misstrauen gegenüber dem Wohlfahrtsstaat verknüpft. Der Wohlfahrtsstaat wird als Teil einer Verschwörung dargestellt, die Steuergelder verwendet, um die Demografie der Zivilgesellschaft zu manipulieren.

So wie Verschwörungsfragmente dazu dienen, staatsfeindliche Gefühle zu schüren, richten sich rassistische Diskurse nicht nur gegen rassifizierte Minderheiten, sondern auch gegen den Staat selbst. Häufig wird eine als zu liberal empfundene Migrationspolitik als Beweis für die allgemeine Unfähigkeit des Staates angeführt. In staatsphobischen Diskursen finden sich Desinformationen, Verschwörungstheorien, rassistische Hassreden und die Verharmlosung des Holocaust gebündelt in einer Empörung gegen den Staat, der als anmaßend, kontrollierend und gefährlich dargestellt wird. Insbesondere aufgrund einer schlecht vermittelten Erinnerungspolitik funktionieren staatsphobische Diskurse besonders gut in Deutschland und auch Österreich.

4. Schlussbemerkungen

Die Diskursanalysen, die im Projekt „Digitaler Hass" durchgeführt wurden, deuten auf eine gefährliche Fragilität der Demokratie, der in den nächsten Jahren auf unterschiedliche Art und Weise begegnet werden muss. Sie stimmen mit vielen anderen Studien darin überein, die zeigen, dass der Rechtspopulismus im Netz weitverbreitet ist (vgl. Brettschneider 2023; Hillje 2019). Davon zeugen zahlreiche Tweets wie dieser:

"@BMG_Bund Als Migrant würde ich der Politik vertrauen, als steuer- und sozialabgaben geplagter Bürger nicht" (BMG: Achtung Fake News, Pos. 2400).

Hier paaren sich Rassismus mit Staatsphobie. Ein gefährlicher Cocktail, der in den untersuchten Tweets häufig zu finden ist.

In Anbetracht der sich rasant verändernden technischen Rahmenbedingungen kommen wir nicht umhin, die bisherigen Analysen mithilfe neuer Methoden und Herangehensweisen anzupassen. Wir haben es mit neuen Subjektformationen (etwa Prosumer:innen und Influencer:innen) zu tun, wie auch mit neuen Feinden (etwa Bots und Algorithmen) und konnten während der COVID-19-Pandemie wie durch ein Brennglas beobachten, wie alte Hassreden mit neuen Mitteln vermittelt wurden: Zahlreiche Memes, Tik-Tok-Videos, Podcasts wurden produziert und desinformierendes Gezwitscher sorgte für ein empörendes Entertainment.

Bereits 2002 führte Lisa Nakamura das Konzept der Cybertypen ein. Als Cybertypen bezeichnet sie rassistische Online-Repräsentationen und untersucht, wie diese Darstellungen im Internet konstruiert werden. Nakamura zeigt auf, wie diese Cybertypen durch Bilder, Sprache und interaktive Praktiken in digitalen Räumen verstärkt werden. Eine ihrer zentralen Argumentationen ist, dass der Cyberspace keine neutrale Sphäre sei. Stattdessen argumentiert sie, dass er mit kulturellen und sozialen Bedeutungen durchdrungen sei, die beeinflussen, wie rassifizierte Identitäten online verstanden und erlebt werden. Ihre Arbeit analysiert, wie dominante Gruppen oft die Darstellung von rassifizierten Subjekten kontrollieren und damit bestehende Machtstrukturen verstärken und bestimmte Communitys diskriminieren. Sie untersucht aber auch den Widerstand und die Gegenentwürfe, die von marginalisierten Gruppen ausgehen und die dominanten Darstellungen herausfordern und unterlaufen. Sehr früh schon hat Nakamura mit dieser Arbeit Prozesse der Rassifizierung in digitalen Räumen beschrieben. Ihre Arbeit wirft nicht nur Fragen zur Repräsentation, sondern auch Fragen nach sozialer Gerechtigkeit in Online-Räumen auf. Meist werden Hassreden mit dem gesetzlich verbrieften Prinzip der Meinungsfreiheit legitimiert. Und ja, Demokratien bedürfen der Meinungsfreiheit als unhintergehbare Maxime. Im Gegensatz zu autoritären Regimes gewähren demokratische Staaten nicht nur die Freiheit zur eigenen Meinung, sondern schützen diese auch. Allerdings gibt es Situationen, in denen die Einschränkung der Meinungsfreiheit notwendig erscheint – eben dann, wenn es um die Verbreitung von Hassreden oder auch die wissentliche und intentionale Verbreitung von Falschinformationen geht. Ein Recht auf Desinformation darf es nicht geben.

Die Studie zu digitalem Hass während der COVID-19-Pandemie konnte zeigen, wie die sozialen Medien alte Verschwörungsnarrative nutzten, um Angst zu schüren und Empörung zu produzieren. Die politische Kommunikation von Regierungen mit ihren Bürger:innen war zumeist problematisch, wie auch die Plattformen selbst selten dazu bereit waren, Kontrollmechanismen einzuführen. Bekanntlich fungierten Hassreden und schillernde Verschwörungstheorien als formidable Clickbaits.

Staatsphobischen Diskursen wurde in kritischen Analysen bisher wenig Beachtung geschenkt. Da diese, während der COVID-19-Pandemie besonders sichtbar wurden und zumeist im Zusammenhang mit Hassreden und Desinformation auftraten, müssen sie genauer analysiert werden. Darüber hinaus erscheint es dringend geboten, neben technischen Wegen, die es ermöglichen, staatsphobische Diskurse und Hassreden systematisch und effektiv zu erkennen und ihnen zu widerstehen, in der politischen Bildung einen besonderen Fokus auf soziale Medien und Desinformation zu legen. Nur eine aufgeklärte und medienkompetente Zivilgesellschaft kann letztlich Desinformationen, Hassreden und Verschwörungstheorien Einhalt gebieten. Die Beschränkung auf technische Lösungen ist nicht nur nicht immer effizient, sondern auch kontraindiziert, bergen sie doch die Gefahr der übertriebenen Kontrolle. Dies kann zu einer Verstärkung des Misstrauens gegen den Staat und seinen Repräsentat:innen führen und passiviert die Nutzer:innen sozialer Medien, anstatt sie standhafter gegen Angriffe auf die Demokratie zu machen.

Literatur

ALBRIGHT, Jonathan (2017): Welcome to the Era of Fake News. In: Media and Communication, 5(2), S. 87–89. https://doi.org/10.17645/mac.v5i2.977

ANDERSON, Ben (2012): Affect and biopower: Towards a politics of life. In: Transactions of the Institute of British Geographers, 37(1), S. 28–43. doi.org/10.1111/j.1475-5661.2011.00441.x

ARENDT, Hannah (2023/1972): Wahrheit und Lüge in der Politik: Zwei Essays. München.

BALDWIN, Andrew (2016): Premediation and white affect: climate change and migration in critical perspective. In: Transactions of the Institute of British Geographers, 41(1), S. 78–90. doi.org/10.1111/tran.12106

BENZ, Wolfgang (2019): Die Protokolle der Weisen von Zion. Die Legende von der jüdischen Weltverschwörung. München.

BRETTSCHNEIDER, Frank (2023): Rechtspopulismus, Verschwörungs-Erzählungen, Demokratiezufriedenheit und Institutionenvertrauen in Deutschland, 2023. Präsentation. Online: https://www.uni-hohenheim.de/fileadmin/uni_hohenheim/Aktuelles/Uni-News/Pressemitteilungen/2023-08_Populismus_und_Demokratie.pdf (Zugriff: 24.2.2024).

BUTTER, Michael (2018): Nichts ist, wie es scheint: Über Verschwörungstheorien. Berlin.

BUTTER, Michael (2021): Verschwörungstheorie. Eine Einführung. In: Aus Politik und Zeitgeschichte (APuZ), 71(35/36), S. 4–11.

CALDARELLI, Guido et al. (2020): The role of bot squads in the political propaganda on Twitter. In: Commun Phys, 3(81). doi.org/10.1038/s42005-020-0340-4

COMAN, Ioana A. et al. (2021): Introduction: Political communication, governance and rhetoric in times of crises. In: Lilleker, Darren et al. (Hg.): Political Communication and COVID-19. New York/London, S. 1–16.

DARIUS, Philipp/Urquhart, Michael (2021): Disinformed social movements: A large-scale mapping of conspiracy narratives as online harms during the COVID-19 pandemic. In: Online Social Networks and Media, 26. doi.org/10.1016/j.osnem.2021.100174

DHAWAN, Nikita (2020): State as pharmakon. In: Cooper, Davina/Dhawan, Nikita/Newman, Nikita (Hg.): Reimagining the State. Theoretical Challenges and Transformative Possibilities. London/New York, S. 57–76.

DOLLMANN, Jörg/Kogan, Irena (2021): COVID-19-associated discrimination in Germany. In: Research in Social Stratification and Mobility, 74, article no. 100631. doi.org/10.1016/j.rssm.2021.100631

FAZ (20.4.2023): Gruppe um Prinz Reuß soll Sturm auf Reichstag bereits geplant haben. Online: https://www.faz.net/aktuell/politik/inland/bgh-reichsbuerger-fuehrung-bereitete-sturm-auf-den-bundestag-vor-18835643.html (Zugriff: 21.2.2024).

FERRARA, Emilio et al. (2016): The rise of social bots. In: Communication of the ACM, 59(7), S. 96–104.

FOUCAULT, Michel (2006): Die Geburt der Biopolitik. Geschichte der Gouvernementalität II. Vorlesungen am Collège de France 1978/1979. Frankfurt/M.

FREI, Nadine/Nachtwey, Oliver (2021): Quellen des ‚Querdenkertums'. Eine politische Soziologie der Corona-Proteste in Baden-Württemberg". Online: https://www.boell-bw.de/de/2021/11/19/quellen-des-querdenkertums-eine-politische-soziologie-der-corona-proteste-baden (Zugriff: 21.2.2024).

GESS, Nicola (2021): Halbwahrheiten. Zur Manipulation von Wirklichkeit. Berlin.

HAMM, Mark S./Spaaij, Ramón (2017): The age of lone wolf terrorism. New York.

HEGELICH, S. (2016): Invasion der Meinungs-Roboter. In: Analysen & Argumente, 221, Konrad -Adenauer -Stiftung, online: http://www.kas.de/wf/doc/kas_46486-544-1-30.pdf?161222122757 (Zugriff: 18.2.2024). Hepfer, Karl (2017): Verschwörungstheorien. Eine philosophische Kritik der Unvernunft. Bielefeld.

HILLJE, Johannes (2019): Propaganda 4.0 von Europas Rechtspopulisten. In: Bundeszentrale für politische Bildung. Online: https://www.bpb.de/themen/medien-journalismus/digitale-desinformation/290580/propaganda-4-0-von-europas-rechtspopulisten/ (Zugriff: 24.2.2024).

JENNINGS, Will et al. (2021): Lack of Trust, Conspiracy Beliefs, and Social Media Use Predict COVID-19 Vaccine Hesitance. In: Vaccines, 9(6), S. 593–607. doi.org/10.3390/vaccines9060593

KOCH, Thomas/Zerback, Thomas (2013): Das Wiederholungsparadoxon. In: Publizistik, 58(1), S. 5–21.

LAUSS, Theresa/Schestak-Haase, Franziska (2021): Rassismus und sekundäre Viktimisierung in der COVID19-Pandemie – besondere Herausforderungen im Arbeitsfeld der spezialisierten Opferberatung. In: Institut für Demokratie und Zivilgesellschaft (Hg.): Wissen schafft Demokratie. Schwerpunkt Demokratiegefährdungen in der Coronakrise, Band 9. Jena, S. 108–119.

LEONE, Massimo et al. (2020): Semiotic approaches to conspiracy theories. In: Butter, Michael/Knight, Peter (Hg.): Routledge Handbook of Conspiracy Theories. London/New York, S. 43–55.

MILLER, Joanne M. (2020): Do COVID-19 Conspiracy Theory Beliefs Form a Monological Belief System? In: Canadian Journal of Political Science, 53(2), S. 319–326. doi.org.10.1017/S0008423920000517

NAKAMURA, Lisa (2002): Cybertypes. Race, Ethnicity, and Identity on the Internet. New York/Londone.

RÜHLE, Alexander/Hoesch, Lavinia/Petersohn, Marko (2019): „Herausforderungen in der Mensch-Maschine-Interaktion durch den Einsatz von Bots. In: Winnen, Lothar/Rühle, Alexander/Wrobel, Alexander (Hg.): Innovativer Einsatz digitaler Medien im Marketing. Wiesbaden, S. 47–62. doi.org/10.1007/978-3-658-16774-5_4

SCHÖNBERGER, Christoph/Schönberger, Sophie (Hg.) (2020): Die Reichsbürger. Verfassungsfeinde zwischen Staatsverweigerung und Verschwörungstheorie. Frankfurt/M.

SCHÖNBERGER, Christoph/Schönberger, Sophie (2023): Die Reichsbürger. Ermächtigungsversuche einer gespenstischen Bewegung. München.

SCHORLEMMER, Friedrich (2016): „Wir sind das Volk": Vom Freiheitsruf zur Hassparole. In: Blätter für deutsche und internationale Politik, 61(11), S. 29.

SPINNEY, Laura (2018): Pale Rider. The Spanish Flu of 1918 and How it Changed the World. London.

STRICK, Simon (2021): Rechte Gefühle. Affekte und Strategien des digitalen Faschismus. Bielefeld.

TUTERS, Marc/Willaert, Tom (2022): Deep state phobia: Narrative convergence in coronavirus conspiracism on Instagram. In: Convergence: The International Journal of Research into New Media Technologies, 28(4), S. 1214–1218. doi.org/10.1177/13548565221118751

USCINSKI, Joseph et al. (2022): Have beliefs in conspiracy theories increased over time? In: PloS one, 17(7), e0270429. 20 Jul. 2022. doi.org/10.1371/journal.pone.0270429

UNZICKER, Kai (2023): Upgrade Democracy. Desinformation: Herausforderung für die Demokratie. Hg. v. Bertelsmann Stiftung. Gütersloh. Online: file:///C:/Users/seren/Downloads/ST-DZ_Desinformation_Herausforderung_fuer_die_Demokratie_Europa_2023.pdf (Zugriff: 20.2.2024).

VASIST, Pramukh Nanjundaswamy/Chatterjee, Debashis/Krishnan, Satish (2023): The Polarizing Impact of Political Disinformation and Hate Speech: A Cross-country Configural Narrative. In: Information Systems Frontiers, 17, S. 1–26. doi.org/10.1007/s10796-023-10390-w

VIETEN, Ulrike M. (2020): The ‚New Normal' and ‚Pandemic Populism': The COVID-19 Crisis and Anti-Hygenic Mobilisation of the Far-Right. In: Social Sciences, 9(9), S. 165. doi.org/10.3390/socsci9090165

VILLADSEN, Kaspar/Dean, Mitchell (2022): State-phobia, civil society and a certain vitalism. In: Constellations, 19(3), S. 401–420.

WETZEL, Hubert (2021): Schüsse im Massagesalon. In: Süddeutsche Zeitung (SZ) v. 17.3.2021, https://www.sueddeutsche.de/panorama/atlanta-amoklauf-rassismus-1.5238519 (Zugriff: 21.2.2024).

WODAK, Ruth (2020): Politik mit der Angst. Die schamlose Normalisierung rechtspopulistischer und rechtsextremer Diskurse. Wien.

ZICK, Andreas/Küpper, Beate (Hg.): Die geforderte Mitte. Rechtsextreme und demokratiegefährdende Einstellungen in Deutschland 2020/21. Berlin.

HELENA MIHALJEVIĆ

Digitale Verschwörungsmythen algorithmisch erkennen

1. Einleitung

Die COVID-19-Pandemie hat nicht nur eine beispiellose globale Gesundheitskrise ausgelöst, sondern auch die Ausbreitung von Desinformation und Verschwörungstheorien verstärkt (Depoux u.a. 2020). Schon kurz nachdem chinesische Behörden am 31. Dezember 2019 bekannt gaben, dass eine mysteriöse Lungenentzündung in der Stadt Wuhan grassiert, wurden Theorien verbreitet, das Virus sei eine aus einem chinesischen Labor stammende Biowaffe (Grey Ellis 2020). Andere Mythen wie der vom „Großen Austausch" sahen hinter der Pandemie das Ziel einer globalen Elite, eine christlich-weiße Bevölkerung durch nicht-weiße und muslimische Menschen zu ersetzen. Die angebliche massive Einwanderung wird dabei als Strategie einer machtvollen, als jüdisch imaginierten Gruppe dargestellt. Rassistische, antimuslimische Narrative werden so mit der althergebrachten Vorstellung einer „jüdischen Weltverschwörung" verknüpft (Amadeu Antonio Stiftung 2021).

Jene Verschwörungserzählungen verbreiten sich in einem ungekannten Ausmaß und einer Geschwindigkeit, die möglich wird durch Soziale Netzwerke wie Facebook und Twitter, Video-Plattformen wie Youtube oder Messenger-Dienste wie Telegram. Seit Beginn der Pandemie haben diese Erzählungen die öffentliche Wahrnehmung, das individuelle Verhalten (Pummerer u.a. 2022), sowie das Vertrauen in wissenschaftliche und staatliche Institutionen zahlreicher Bürger*innen (Nera u.a. 2022) beeinflusst. Verschwörungstheorien befeuern Skepsis und Ablehnung gegenüber wissenschaftlichen Erkenntnissen und Maßnahmen zur Eindämmung der Pandemie und gefährden dadurch nicht nur die individuelle Gesundheit (Bierwiaczonek u.a. 2022), sondern auch das gesamte gesellschaftliche Zusammenleben. Die oftmals von antisemitischen und rassistischen Narrativen durchdrungenen Theorien gehen nicht nur mit Hassrede und Angriffen in der digitalen Welt einher, sie finden sich auch in den Legitimationen von Attentätern wieder, beispielsweise in Hanau, Christchurch oder Halle. Die Täter waren nicht nur von rassistischen und antisemitischen Verschwörungserzählungen angetrieben, die über verschiedene Online-Plattformen verbreitet wurden, sondern nutzten diese Plattformen auch, um ihre Morde zu inszenieren (Musyal und Stegemann 2020).

Angesichts solcher Entwicklungen ist die frühzeitige und kontinuierliche Analyse der Kommunikation in zentralen sozialen Medien und Online-Plattformen von größter Bedeutung, insbesondere in Krisensituationen wie der COVID-19-Pandemie. Die enorme Masse an Texten, Bildern und Videos, die dabei geteilt werden, macht rechnergestützte, algorithmische Verfahren unabdingbar. Diese Methoden sind für Forschende, NGOs sowie Plattform-Betreibende essenziell, um beispielsweise Themen aus Diskursen zu extrahieren, Hassrede und Bedrohungen zu erkennen, Netzwerke, Dynamiken und Reichweiten ihrer Verbreitung zu verstehen, oder auch linguistische Eigenschaften der zugrundeliegenden Narrative zu analysieren. Sogenannte „Computational Methods" haben in den letzten Jahren vermehrt Anwendung in der Politikwissenschaft (Haq u. a. 2020) aber auch in der Arbeit von NGOs und praxisnahen Initiativen gefunden (siehe z. B. BAG Gegen Hass im Netz 2023).

Der vorliegende Beitrag widmet sich Ideen und Herausforderungen rund um die Entwicklung algorithmischer Ansätze zur Erkennung verschwörungstheoretischer und antisemitischer Inhalte in sozialen Medien. Dabei wird auf die Annotation von Texten für die Entwicklung entsprechender Verfahren eingegangen, eine Analyse verfügbarer Technologien zur Bewertung von Texten hinsichtlich ähnlicher Phänomene vorgenommen sowie erste Schritte zur Entwicklung eigener Modelle zur Klassifikation von Texten bezüglich antisemitischer und verschwörungstheoretischer Inhalte vorgestellt. Diese Arbeit ist Teil des Projekts „Digitaler Hass", bei welchem Data Scientists der HTW Berlin zusammen mit Politik- und Medienwissenschaftler*innen der ASH Berlin zusammengearbeitet haben. Die hier diskutierten Themen wurden in den letzten zwei Jahren maßgeblich durch das Data Science Team des Projekts behandelt; die zugehörigen Ergebnisse wurden in den Publikationen (Mihaljevic und Steffen 2022, Steffen u. a. 2023, Steffen u. a. 2024, Mihaljevic u. a. 2023, Pustet u. a. 2024) präsentiert. Für weitere Details wird auf diese Texte verwiesen.

2. Automatische Textklassifikation *in a nutshell*

Die automatische Identifikation von Texten, in welchen verschwörungstheoretische oder antisemitische Inhalte vermittelt werden, ist aus mehreren Gründen herausfordernd. Die Suche nach eindeutig konnotierten Schlüsselwörtern wie „Great Replacement" oder „NWO" würde nur einen kleinen Teil solcher Inhalte erfassen, insbesondere da Verschwörungstheorien und antisemitische Ideologien oft über Metaphern oder Codes kommuniziert werden. So werden vermeintlich jüdische Verschwörer*innen selten als solche explizit benannt, sondern eher mit Begriffen wie „Globalisten" oder „globale Eliten" umschrieben (Mendelsohn et al. 2023). Ein ähnliches Problem stellen antisemitische Narrative dar, die auf selbstviktimisierenden Vergleichen mit historischen Personen wie Sophie Scholl oder Anne Frank basieren.

Sammlungen von Schlüsselwörtern müssten folglich permanent aktualisiert und erweitert werden, um mit zeitlichen Veränderungen und plattformspezifischen Codes Schritt zu halten, was angesichts der hohen Dynamik in sozialen Medien kaum zu leisten ist. Eine schlüsselwortbasierte Vorgehensweise birgt somit grundsätzlich das Problem, sich entweder auf nur explizite und eindeutige Ausdrucksformen zu fokussieren oder Inhalte fälschlicherweise in den Zielkorpus aufzunehmen. Die Erkennung der im Text zum Ausdruck gebrachten Haltung zu einem Thema stellt dabei eine weitere Herausforderung dar, da sie in der Regel nicht über Schlüsselwörter oder Phrasen abzubilden ist, nicht zuletzt, da in einem Satz verschiedene Haltungen präsent sein können.

Eine alternative Vorgehensweise für das automatische Erkennen von Kategorien stellen Algorithmen des Maschinellen Lernens dar, die seit einigen Jahren von verschiedenen Forschungsgemeinschaften regelmäßig eingesetzt werden, um Texte zu klassifizieren. Typische Klassifikationsaufgaben umfassen die Erkennung des Sentiments, also einer positiven, negativen oder neutralen Einstellung gegenüber Personen oder Ereignissen, die Erkennung von Desinformationen oder Bot-Inhalten, Kategorisierung der Inhalte nach Themen, oder die Einordnung von Posts und Kurznachrichten hinsichtlich ihrer politischen Haltung gegenüber einem Thema wie Wahlergebnissen oder gesetzlichen Änderungen.

Die Algorithmen folgen dabei typischerweise dem Paradigma des überwachten Lernens. Hierbei lernt das Verfahren aus Textbeispielen mit bekannter Klassifizierung, möglichst akkurate Vorhersagen für nicht annotierte Texte zu treffen. Dieser Lernprozess, als Training bekannt, resultiert in einem Vorhersagemodell (siehe Abb. 1), welches mathematisch betrachtet eine Funktion ist, die jedem Text für jede mögliche Kategorie eine Wahrscheinlichkeit zuweist. So würde beispielsweise ein Modell, das für wissenschaftliche Texte die jeweilige Fachdisziplin vorhersagt, für jede der Fachdisziplinen eine Wahrscheinlichkeit vorhersagen, die als Zahl zwischen 0 und 1 repräsentiert wird. In der Praxis würde man, im einfachsten Falle, den Text dann derjenigen Kategorie zuweisen, für welche die vorhergesagte Wahrscheinlichkeit am höchsten ist. Ein solches mathematisches Modell wird typischerweise in Form von Software bereitgestellt, welche in der Lage ist, entsprechende Vorhersagen in (Bruchteilen von) Sekunden für große Mengen an Texten zu erstellen.

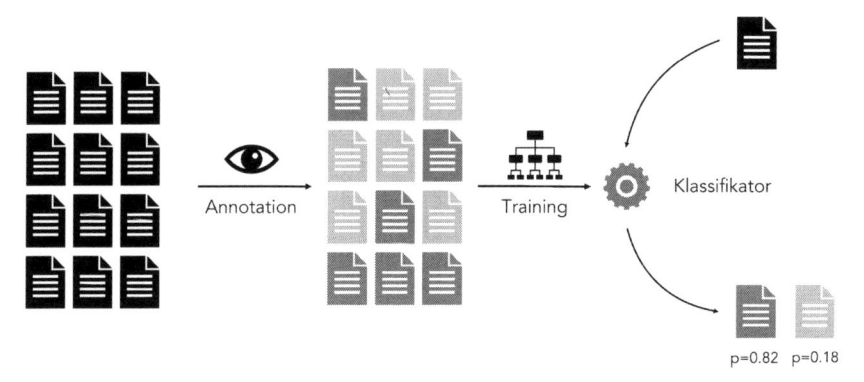

Abb. 1: Schematische Darstellung einiger Arbeitsschritte zum Training eines Text-Klassifikators: den in schwarz dargestellten Texten werden zunächst Labels zugewiesen, z. B. binäre Information bzgl. des Vorhandenseins verschwörungstheoretischer Narrative. Anschließend wird ein Modell auf den annotierten Daten trainiert. Das trainierte Modell kann dann angewendet werden, um für neue Daten die Wahrscheinlichkeit (p) für die beiden Labels vorherzusagen (Quelle: Eigene Darstellung)

Es gibt zahlreiche etablierte Verfahren, um Klassifikationsmodelle zu trainieren. Trotz der vielen Unterschiede in ihrer Funktionsweise erfordern sie alle eine numerische Repräsentation der Texte sowie Daten mit zugehörigen Kategorie-Labeln, um aus den Text-Label Relationen zu lernen, möglichst genaue Vorhersagen auf neuen, ungesehenen Daten zu treffen.

3. Annotation von Texten: die Grundlage für das Training von Klassifikationsmodellen

3.1 Herausforderungen der interdisziplinären Annotation politischer Texte

Die Annotation, auch Labeling genannt, bildet die Grundlage für das Training von Klassifikationsmodellen. Durch die Zuweisung von Kategorien (Klassen, Labels) zu den Texten können Algorithmen lernen, bestimmte Muster und Merkmale in den Texten zu erkennen und daraus Vorhersagen über das Vorhandensein dieser in neuen Texten zu treffen. Eine sorgfältige Annotation ist daher von zentraler Bedeutung, um eine hohe Genauigkeit des Modells sicherzustellen.

Die Annotation politischer Inhalte in Social Media Texten kann aufgrund verschiedener Faktoren sehr komplex sein. Eine wesentliche Herausforderung besteht darin, die Kategorien oder Klassen festzulegen, welche den Texten später durch das trainierte Modell zugewiesen werden sollen. Kategorisierung sprachlicher Manifestationen gesellschaftspolitischer Phänomene geht immer mit einer Reduktion der Komplexität einher, auf die man sich an dieser Stelle jedoch einlassen muss. Eine feinere Unterteilung in viele Klasse kann zwar der fachlichen Simplifikation entgegenwirken, aus algorithmischer Sicht stellt sie jedoch eine größere Herausforderung für das Training der Verfahren dar, da eine höhere Anzahl von Klassen eine entsprechend größere Menge an annotierten Datenpunkten erfordert, um das Modell effektiv zu trainieren.

Bei der Auswahl der Klassen muss sorgfältig überlegt werden, ob sie auch von Menschen anhand der Daten, die später dem Modell als Input präsentiert werden sollen, gut voneinander unterschieden werden können. Hierfür ist eine Reflexion der Grundlage, auf derer man als Leserin eines Textes zu der jeweiligen Einschätzung kommt, von zentraler Bedeutung: Lässt sich die Zuweisung zu einer (oder mehreren) Kategorien allein auf Basis des vorliegenden Textes treffen oder war es für die Entscheidung notwendig, zuvor oder danach gepostete Aussagen anderer User*innen zu lesen? Spielt das Profil der Twitter-Userin eine Rolle bei der eigenen Bewertung, samt der Selbstbeschreibung und des Profilbildes? Diese und andere Kontext-Informationen fließen typischerweise ein, wenn Menschen Texte lesen und einordnen, und sie spielen umso mehr eine Rolle, wenn es sich um Texte aus sozialen Medien handelt, die in der Regel kurz sind, deren Aussagen oftmals fragmentiert sind, und die zahlreiche (implizite) Verweise auf andere Teile des Diskurses beinhalten. Annotiert man Texte mit dem Ziel, ein Modell zu trainieren, so muss vorab definiert werden, welche Informationen im Laufe der Annotation herangezogen werden dürfen, und diese wiederum hängen davon ab, auf welche Daten das Modell später angewendet werden soll. Soll das Modell z. B. einzelne Tweets unabhängig voneinander beurteilen, dürfen konsequenterweise keine anderen Tweets aus dem Diskurs herangezogen werden bzw. die Entscheidungsgrundlage muss Teil der Annotation sein.

Zu einem Annotationskonzept gehört neben der Festlegung der Klassen sowie zu berücksichtigender Informationen auch die Auswahl der Annotator*innen. In der Forschung werden verschiedene Ansätze verfolgt, von Labeling durch Expert*innen über angelernte Studierende oder studentische Hilfskräfte bis zu sogenannten Crowd Workers, welche über kommerzielle Plattformen wie

MTurk[1] eine Annotationsanweisung sowie die zu labelnden Texte zur Verfügung gestellt bekommen und für jeden annotierten Text ein Entgelt erhalten. Während Labeling durch Expert*innen vor allem in wissenschaftlichen Studien zu finden ist, greifen kommerzielle Services in der Regel auf sog. Crowd Labeling zurück, da es deutlich günstiger[2] und praktikabler ist als die Annotation durch Expert*innen, die mitunter nicht leicht zu finden sind und deren Zeit und Expertise teuer ist. Klassischerweise wird zur Bewertung der Konsistenz menschlicher Annotationen ein Teil der Daten durch zwei oder mehr Personen gelabelt und die Ergebnisse werden statistisch bewertet. Das Maß der Übereinstimmung gilt oftmals als die Ziellinie für das zu trainierende Modell. Beim Crowd Labeling werden typischerweise sogar alle Daten mehrfach annotiert. Dies ist beispielsweise der Fall bei Perspective API, einem Service von Jigsaw und dem Counter Abuse Technology-Team von Google, das pro Text berechnet, wie wahrscheinlich dieser beispielsweise als toxisch, bedrohend oder beleidigend wahrgenommen wird. Eine Annotation durch Crowd Worker wäre schwer denkbar mit einem komplexen und umfassenden Klassifikationsschema und -Leitfaden. So ist beispielsweise Toxizität im Sinne der Perspective API folgendermaßen definiert: „We define toxicity as a rude, disrespectful, or unreasonable comment that is likely to make someone leave a discussion" (Google 2023). Die Mehrfach-Annotation aller Trainingsdaten soll der offensichtlichen Subjektivität der Definition entgegenwirken und durch die Kombination mehrerer „Votes" die Robustheit der manuellen Annotation erhöhen. Aktuelle Forschung adressiert verschiedene Aspekte rund um Annotation von Datensätzen, unter anderem auch die Frage, wessen Stimmen in den bereitgestellten Daten auf welche Art repräsentiert sein sollten (Udupa u. a. 2022, Gordon u. a. 2022).

Die zentrale Bedeutung annotierter Datensätze für viele Modellierungsverfahren macht die öffentliche Bereitstellung solcher Daten umso wünschenswerter, insbesondere zwischen nichtkommerziellen Akteur*innen wie Forschenden oder NGOs. Bei der Auswahl des Korpus sind daher bereits Überlegungen zur Datenfreigabe und zum Datenmanagement anzustellen. Dabei ist es wichtig zu

---

1   https://www.mturk.com (Zugriff: 4.6.2023).
2   Einige kommerzielle Unternehmen im Bereich der sog. Künstlichen Intelligenz greifen auf Annotationsdienste zurück, die vorrangig Arbeitskräfte aus Ländern des globalen Südens involvieren. Diese Praxis wirft ernsthafte ethische Fragen und Bedenken auf, da diese Arbeitskräfte häufig unter prekären Bedingungen arbeiten, um toxische, hasserfüllte oder anderweitig unerwünschte Inhalte zu annotieren. Diese Art der Ausbeutung unterstreicht die Notwendigkeit von umfassenden Richtlinien und Normen zur Gewährleistung fairer und ethischer Arbeitsbedingungen in der Entwicklung von lernenden Modellen jeglicher Art.

beachten, dass Daten aus sozialen Medien oft schwer anonymisierbar sind und dass Plattform-Regularien den Datenmanagementplan stark beeinflussen können. So erlauben es die Regularien von Twitter seit einigen Jahren nicht mehr, die Tweets selbst, die man im Rahmen eines Forschungsvorhabens erhoben und annotiert hat, mit anderen zu teilen. Stattdessen dürfen Tweet IDs als eindeutige Identifier der Tweets bereitgestellt werden, mit deren Hilfe andere Forschende die zugehörigen Tweets dann über eine Schnittstelle selbst abrufen können, sofern die Tweets noch verfügbar sind. (Auch dieses Vorgehen gehört wohl sehr bald der Vergangenheit an, da der freie Zugang für Forschende im Zuge der Monetarisierungsstrategie von Elon Musk effektiv gestrichen worden ist.) Während dies u. a. verhindern soll, dass Tweets, welche User*innen in der Zwischenzeit gelöscht haben, nicht in (semi-)öffentlichen Kontexten wieder auftauchen, so bedeutet es im Umkehrschluss auch, dass der Datensatz sich mit der Zeit de facto reduziert, da gelöschte Tweets nicht mehr abgerufen werden können. Aus ethischer Perspektive erweist sich jedoch die öffentliche Zugänglichmachung von Texten, in welchen sich Hassideologien manifestieren, als problematisch, da eine solche Praxis notwendigerweise die Auffindbarkeit entsprechender Materialien erleichtert und zur Verstärkung und Verbreitung derartiger Ideologien beitragen kann. Dies zeigt auf, dass das Erheben solcher Daten die sorgfältige Ausarbeitung sog. Datenmanagement-Pläne erfordert, um (wissenschaftliche) Kollaboration zu ermöglichen bei gleichzeitiger Begrenzung von Risiken der Verbreitung von Hassideologien und der Verletzung von Privatsphäre.

3.2 Ein Vorschlag zur Annotation antisemitischer und verschwörungstheoretischer Inhalte im Kontext der COVID-19 Pandemie

Ein Ziel des Data Science Teams im Projekt Digitaler Hass war es, die Möglichkeiten automatischer Erkennung antisemitischer und verschwörungstheoretischer Inhalte im Zusammenhang mit der COVID-19 Pandemie zu erforschen. Beide Phänomene, Antisemitismus und Verschwörungstheorien, wurden bisher wenig in Annotationsvorhaben für das Training von Modellen adressiert. Darüber hinaus verwenden viele Publikationen im Bereich der rechnergestützten Verfahren den Begriff „Verschwörungstheorie" synonym mit Misinformation und liefern eher selten ein theoretisches Fundament (Mahl u. a. 2022). Der Mangel an Datensätzen und passenden Annotationsleitfäden erfordert die Erstellung dieser sowie die eigenständige Annotation entsprechender Daten.

Als interdisziplinäres Projekt haben wir uns entschieden, den Datensatz gemeinsam zu annotieren, um verschiedene fachliche Perspektiven aber auch individuell unterschiedliche Wissensstände einfließen zu lassen, um aus unseren Einschätzungen zu lernen und den Annotationsleitfaden entsprechend zu verbessern. Für die Auswertung der gemeinsamen Arbeit wurde eine zufällig ausgewählte Stichprobe der Daten von je einem Team-Mitglied mit Hintergrund in qualitativen Methoden wie kritischer Diskursanalyse sowie einem Teammitglied mit Hintergrund in Data Science gelabelt.

Als Plattform für die Datensammlung haben wir den Instant Messaging Service *Telegram* ausgewählt, aufgrund seiner Beliebtheit bei Gegner*innen der Regierungsmaßnahmen zur Bekämpfung des Coronavirus und der häufigen Verbreitung von Verschwörungstheorien und antisemitischen Aussagen (Comerford u. a. 2021; Winter u. a. 2021). Um den sogenannten Schlüsselwort-Bias, also die Überrepräsentation bestimmter Schlüsselwörter im zu erhebenden Korpus zu reduzieren, haben wir eine zufällige Stichprobe von ca. 4.000 Texten aus etwas mehr als 100 öffentlichen Telegram-Kanälen erhoben. Die betreffenden Kanäle wurden zuvor als besonders relevant für die Organisation von Protesten gegen die Pandemie-Maßnahmen, insbesondere durch die Querdenken-Bewegung, identifiziert (Forschungsinstitut Gesellschaftlicher Zusammenhalt 2020).

Bei der Erhebung der Daten waren zudem Überlegungen zur Anonymisierung der Daten wichtig: Die Nutzungsbedingungen von Telegram besagen, dass Namen und IDs von User*innen nicht mit deren Telefonnummer verknüpft werden können, was die öffentliche Bereitstellung der Daten aus einer ethischen Perspektive ermöglicht. Nichtsdestotrotz haben wir uns für ein noch stärkeres Maß an Anonymisierung entschieden und verschiedene Informationen aus den Texten wie User*innen-Namen und -IDs, Bankangaben (für Spendenaufrufe) oder URLs entfernt. Dies hatte zum einen den Zweck, die Anonymität der Daten zusätzlich zu erhöhen; hierdurch sollte zusätzlich Kontextwissen möglichst reduziert werden, um die Situation während der Annotation so ähnlich wie möglich zu der zu gestalten, in welcher das Modell später angewendet werden sollte, nämlich auf einzelne Text-Nachrichten ohne Berücksichtigung externer Informationen wie URLs.

Um die Qualität und Konsistenz der Annotationen zu erhöhen, haben wir einen umfassenden Leitfaden mit einem Annotationsschema und zahlreichen Beispielen entwickelt. Das Schema besteht aus zwei Hauptkategorien, Antisemitismus und Verschwörungstheorien, sowie pro Hauptkategorie mehren Subkategorien für eine Differenzierung von Inhalten und Haltung. Die Basis für die Definition von Antisemitismus stellt die IHRA Definition dar, welche nicht nur von zahlreichen Ländern, Städten sowie Regierungs- und Nichtregierungsorganisationen als Arbeitsdefinition anerkannt ist sondern sich auch als geeignete Basis für das Labeling von Daten im Kontext algorithmischer Vorhersagemodelle erwiesen hat (Jikeli et al. 2022). Die IHRA-Definition benötigt jedoch an einigen Stellen Kontextualisierung und Konkretisierung. So werden beispielsweise Gleichsetzungen von Maßnahmen zur Eindämmung der Pandemie wie das Tragen von Masken mit Nazi-Verbrechen gegen Jüdinnen und Juden oder antisemitische Narrative, welche ohne eine explizite Nennung von Jüdinnen und Juden oder jüdischen Institutionen und Organisationen auskommen, wenig durch konkrete Ausführungen und Beispiele in der IHRA Definition adressiert. Beide Formen von Antisemitismus haben sich jedoch bereits zu Beginn der Pandemie als zentrale Narrative, insbesondere in Verbindung mit Verschwörungstheorien, gezeigt. Entsprechend haben wir uns entschieden, diese beiden Typen antisemitischer Narrative – den Post-Holocaust Antisemitismus, also die Instrumentalisierung der Opfer des Holocaust für eine politische Agenda, sowie den sprachlich kodierten Antisemitismus, welcher ohne die explizite Nennung von Jüdinnen und Juden oder des Staates Israel auskommt – zu differenzieren.

Verschwörungstheorien sind durch die feste Überzeugung gekennzeichnet, dass eine geheime Gruppe von Individuen mit bösartigen Absichten plant, die Macht über eine Institution, ein Land oder gar die gesamte Welt zu erlangen, indem sie komplexe und meist nicht vollständig erklärbare Ereignisse, wie die COVID-19 Pandemie, herbeiführt (Sunstein und Vermeule 2009, Samory und Mitra 2018, van Prooijen und Douglas 2018). Der einfache Dualismus zwischen gut und böse bietet viele Anknüpfungspunkte für antisemitische Narrative. Beiden gemeinsam ist die spezifische Form der Personifizierung, die gesellschaftliche Prozesse als bösartige Aktionen individueller, omnipotenter Akteure versteht (Haury 2019). Darüber hinaus basieren sowohl antisemitische als auch verschwörungstheoretische Konstrukte auf einer manichäischen Sicht der Welt, in welcher die typischerweise national oder ethnisch konstruierte, inhärent positiv imaginierte eigene Gruppe sich gegen die als zerstörerisch und subversiv dargestellten Feinde behaupten muss, und gegen die alle Maßnahmen legitim erscheinen, um Angriffe auf oder gar die Auslöschung der eigenen Gruppe zu verhindern (Haury 2019).

Unser Annotationsschema differenziert drei konstituierende Merkmale von Verschwörungstheorien – den „Actor", der nicht immer explizit genannt sein muss, das „Goal" (Ziel) und die „Strategy" (Strategie). Da einige Verschwörungstheorien über eine reine Referenzierung von Namen und Codes wie „Der Große Austausch" oder einfach nur „Q" für QAnon kommuniziert werden, haben wir die Kategorie „Reference" hinzugenommen. Abbildung 2 zeigt an einem Beispiel das Annotationsschema, dargestellt in der Software Label Studio, welche wir auf einem eigens betriebenen Server für den Annotationsprozess bereitgestellt haben. Für die Differenzierung der Haltung wurde im Fall antisemitischer Inhalte zwischen „positiv", „negativ" und „neutral/uncertain" unterschieden; für Verschwörungstheorien haben wir eine angepasste RIAS-Kategorisierung verwendet (Wood 2018).

Trotz der gemeinsamen Entwicklung eines umfassenden Leitfadens war die Interrater-Reliabilität in einer Auswertung initial gemeinsam gelabelter Datensätze nur mittelmäßig hoch. In einem gemeinsamen Workshop nach der ersten Annotationsphase wurde deshalb anhand ausgewählter Beispiele, die unterschiedlich gelabelt worden waren, das jeweilige Vorgehen und dahinterstehende Argumentation bei der Annotation diskutiert und kritisch reflektiert. Dabei wurde insbesondere deutlich, wie schwierig die Beurteilung von kurzen Nachrichten ist. Der Fragmentierungsgrad und die Implizitheit der Formulierungen waren teils so hoch, dass eine vollständige Auflösung der linguistischen Ambiguitäten ohne zusätzliche Informationen nur schwer möglich war. Einige Aspekte kristallisierten sich als besonders relevant im Hinblick auf Diskrepanzen in der Bewertung heraus. Die Methoden und Perspektiven der jeweiligen Fachdisziplinen spielten eine zentrale Rolle; dem Data Science Team fiel es deutlich leichter, die „Perspektive des Algorithmus" einzunehmen und bei der Annotation zu berücksichtigen, ob die Information, die man selbst für die Entscheidung verwendet, auch später dem Modell zur Verfügung steht. Dies verdeutlicht, dass einer Einführung in und Diskussion über die Methoden der jeweiligen Disziplin genügend Zeit eingeräumt werden sollte, wenn die Annotation in einem interdisziplinären Team erfolgen soll. Die im Leitfaden festgelegte Nichtberücksichtigung von Kontext-Informationen erwies sich insgesamt als schwierig. So war etwa allen Annotator*innen bekannt, dass die Nachrichten aus einschlägigen Kanälen stammen. Entsprechend wurde teils argumentiert, dass beispielsweise allein der Fokus auf Israel in entsprechenden Kanälen als Indikator für Antisemitismus gelten könnte, was aus einer diskurstheoretischen Perspektive seine Berechtigung haben kann. Aus der Perspektive des Trainings von Modellen ist diese Rezeption jedoch problematisch, denn das trainierte Modell hat kein Wissen über die „Natur der Kanäle", aus welchen die Nachrichten stammen. Im Gegenteil, ein Anwendungsszenario solcher Modelle wäre gerade die Identifikation von Kanälen oder Chat-Gruppen, in denen vermehrt antisemitische Narrative kommuniziert werden. Die Beschränkung auf Nachrichten aus einschlägigen Kanälen hatten wir vorgenommen, um die Zahl der „Positiv-Beispiele", also der Texte, die antisemitische oder verschwörungstheoretische Narrative beinhalten, zu erhöhen, ohne den Korpus in Richtung bestimmter Stichwörter zu lenken.[3] In einem zukünftigen Annotationsvorhaben würden wir jedoch auch diesen Bias versuchen zu reduzieren, indem beispielsweise auch aus zufällig ausgewählten Kanälen ein gewisser Teil der Daten eingeschlossen wird. Eine weitere Schwierigkeit erwies sich hinsichtlich unseres Konzepts von Verschwörungstheorien. So fiel im Laufe der Annotation auf, dass manche Texte als verschwörungstheoretisch wahrgenommen wurden, obwohl sie keines der Elemente „Actor", „Strategy", „Goal" oder „Reference" beinhalteten. Diese zeichneten sich insbesondere durch eine Rhetorik aus, in welcher die Mehrheitsgesellschaft als „unwissende Schlafschafe" bezeichnet werden, oder durch Appelle, „endlich aufzuwachen" und sich der „Wahrheit" endlich bewusst zu werden. Die Diskussionen im Rahmen des Workshops und entsprechende Anpassungen am Annotationsleitfaden haben zu einer deutlichen Verbesserung des Interannotator Agreements geführt, mit einem Cohen's Kappa Wert von 0,7 für die Kategorie Verschwörungstheorien und 0,84 für die Kategorie Antisemitismus.

Insgesamt haben wir als Team knapp 4.000 Texte annotiert. Für Details zum Annotationsprozess sowie dem resultierenden Datensatz TelCovACT, einschließlich seiner Bereitstellung für Dritte, verweisen wir insbesondere auf (Steffen u. a. 2023).

4. Automatische Klassifikationsverfahren für antisemitische und verschwörungstheoretische Inhalte

4.1 Was leisten verfügbare Modelle?

Bisher mangelt es an öffentlich verfügbaren Modellen, welche die Erkennung der Phänomene Verschwörungstheorien und Antisemitismus explizit adressieren. Allerdings bieten kommerzielle Services im Bereich der Content Moderation die Möglichkeit, teils verwandte sprachliche Phänomene zu erkennen. Ein wichtiges Beispiel ist der bereits erwähnte Service Perspective API (Google 2023), dessen Definition von Toxizität auch viele Formen antisemitischer Sprache miteinschließt. Damit würde der Service eine leicht zugängliche Möglichkeit für die automatische Erkennung antisemitischer Texte bieten.

Wir haben den von uns annotierten Datensatz TelCovACT verwendet, um diese Hypothese zu testen. Im ersten Schritt haben wir für alle Texte die

---

3   Nichtsdestotrotz sind auch in unserem Datensatz die Positiv-Beispiele deutlich in der Unterzahl.

Toxizitäts-Werte (sowie Werte für weitere relevante Attribute wie z. B. „Identity Attack") erhoben und diese statistisch analysiert. Dabei haben wir festgestellt, dass Texte, welche in unserem Korpus als antisemitisch gelabelt worden waren, zu signifikant höheren Werten führen als die Texte aus der anderen Gruppe. Allerdings liegt der Wert für ca. die Hälfte der antisemitischen Texte unterhalb des Wertes von 0,5, welcher typischerweise als Grenze genommen wird, um einen Text als toxisch zu bewerten. Darüber hinaus stellten wir fest, dass die zugrundeliegenden Modelle insbesondere auf explizite Formen antisemitischer Sprache reagieren, während kodierte Ausdrucksformen weitestgehend mit deutlich niedrigeren Werten einhergehen. Weiterhin berechnet der Service höhere Werte für Texte, die sich kritisch über Antisemitismus äußern. In der Anwendung könnte der Service somit gerade diejenigen Stimmen bestrafen, die antisemitische Äußerungen benennen und sich diesen entgegenstellen.

Ein naheliegender Grund für den letztgenannten Effekt ist gerade die tendenziell explizite Beschreibung des Antisemitismus in Texten mit einer kritischen Haltung. Um die Hypothese zu testen, haben wir an das Ende aller als antisemitisch gelabelten Texte zusätzlich „#Israel" bzw. „#Juden" eingefügt und die Scores neu berechnet. Das Einfügen beider Keywords erhöhte die Werte, mit größtem Effekt für kürzere Texte. Des Weiteren haben wir in explizit antisemitischen Texten Begriffe wie „Juden" oder „jüdisch" durch Codes wie „Globalisten" oder „zionistisch" ersetzt. Der Code „Globalist" hatte dabei die am stärksten reduzierende Wirkung. Detaillierte Ergebnisse zu dieser und einer weiteren Studie können in (Mihaljević und Steffen 2022, Mihaljević et al. 2023) nachgelesen werden.

Zusammenfassend lässt sich festhalten, dass die Perspective API kaum geeignet ist, um antisemitische Texte zuverlässig zu erkennen, was die Entwicklung eigener Modelle notwendig macht.

4.2 Text-Repräsentation

Wie eingangs erwähnt, erfordert das Training von Klassifikationsmodellen die Darstellung der Texte als numerische Vektoren, deren Einträge möglichst relevante und unterschiedliche Aspekte der Rohdaten repräsentieren. Einer der ganz frühen Ansätze, Bag of Words, bestand darin, für jeden Text zu zählen, wie oft die verschiedenen Wörter vorkamen, d. h. jeder Vektor-Eintrag repräsentierte genau ein Wort. Dieser einfache Ansatz eignet sich aus verschiedenen Gründen nicht für komplexere Aufgaben, insbesondere da es die Beziehungen zwischen den einzelnen Wörtern eines Textes nicht abbilden kann: Bei diesem Ansatz sind je zwei Wörter entweder gleich oder ungleich; semantische oder syntaktische Beziehungen können hierbei nicht direkt berücksichtigt werden.

Menschliche Sprache ist durch einen Mangel an Struktur, unregelmäßige Grammatik und vielfältige Sprachverwendung gekennzeichnet, was die Extraktion sinnvoller Muster und Merkmale durch Klassifikationsmodelle aus Textdaten erschwert. Entsprechend sind solche Repräsentationen wünschenswert, welche wichtige Informationen über die Semantik, syntaktische Strukturen und den kontextuellen Zusammenhang zwischen Wörtern und Sätzen erfassen und somit Modellen ermöglichen, fundierte Entscheidungen auf der Grundlage der zugrunde liegenden Muster in den Daten zu treffen. Historisch betrachtet war die Entwicklung solcher Repräsentation entscheidend für das erfolgreiche Training von Klassifikationsmodellen für Textdaten. Frühe Ansätze konzentrierten sich auf sogenannte statische Einbettungen (Embeddings), bei denen für jedes Wort ein fester numerischer Vektor berechnet wurde, basierend auf Statistiken, die im Grunde messen, welche Wörter häufig zusammen vorkommen. Die diesem Ansatz zugrunde liegende Idee ist die Distributional Hypothesis, die auf Beobachtungen von Linguist*innen in den 1950er Jahren zurückgeht, die feststellten, dass Wörter mit (nahezu) synonymen Bedeutungen von sehr ähnlichen Wörtern umgeben waren, und somit der Kontext herangezogen werden kann, um die Bedeutung von Wörtern zu bestimmen (siehe, z. B., Firth 1957). Nach dieser Idee sollten Wörter wie „Kuchen" und „Torte" ähnlich sein, da ihre Kontexte, also die Wörter, welche sie typischerweise umgeben, statistisch betrachtet sehr ähnlich sind. Solch statische Einbettungen, die typischerweise auf großen Korpora wie der Wikipedia trainiert werden, ermöglichen den anschließend trainierten Klassifikationsmodellen eine bessere Generalisierung auf neue Daten: Ein Modell zum Klassifizieren von Rezepten in „süß" und „herzhaft" sollte ein Rezept für Torten korrekt einsortieren können, selbst wenn in den Trainingsdaten nur Kuchenrezepte vorgekommen sind, da es Vektoren sowohl für „Kuchen" als auch „Torte" hat und diese mathematisch betrachtet nah beieinander liegen.

Obwohl diese statischen Einbettungen Ähnlichkeiten auf Wortebene erfassten, ist ihre Fähigkeit, mehrdeutige Wörter und Bedeutungsnuancen zu erfassen, eingeschränkt. Mit dem Fortschritt der NLP-Techniken haben sich kontextbezogene Einbettungen als eine bahnbrechende Lösung herausgebildet. Anders als statische Einbettungen, die jedem Wort, unabhängig von seinem Kontext, immer einen festen Vektor zuweisen, produzieren kontextbezogene Einbettungen je nach Kontext unterschiedliche Vektoren für jedes Wort. Dieser Fortschritt wurde durch Transformer-basierte Modelle wie BERT vorangetrieben, die das Training von Modellen für Klassifikation aber auch andere Aufgaben wie maschinelle Übersetzung revolutioniert haben. Diese Verfahren werden trainiert, generische Aufgaben zu lösen, wie beispielsweise zu erkennen, welches Wort an einer bestimmten „maskierten" Position im Text vorkommen soll. Beim Lernen dieser generischen Aufgabe erzeugen die Modelle kontextsensitive Repräsentationen von Wörtern und Texten. Die für diese generische Aufgabe trainierten Modelle können nun für verschiedene Zwecke adaptiert werden, wie beispielsweise für automatische Text-Klassifikation. Der große Vorteil besteht darin, dass auch eine relativ geringe Menge annotierter Texte (in TelCovACT knapp 4.000) ‚nur noch' für das Lernen der Spezifika der beiden Kategorien genutzt werden muss und nicht mehr für das Lernen allgemeiner linguistischer Charakteristika.

4.3 Large Language Model basierte Klassifikationsalgorithmen

Im Rahmen des Projekts trainieren wir, basierend auf diesem Ansatz, eigene Klassifikationsmodelle. Unser Korpus bietet mit circa einem Drittel verschwörungstheoretischer Texte genügend Beispiele, um ein erstes Modell für binäre Klassifikation (verschwörungstheoretisch vs. nicht-verschwörungstheoretisch) zu trainieren. Unser aktuell bestes Modell erzielt auf den Testdaten, welche das Modell zur Trainingszeit nicht gesehen hat, einen F1 Score von 0.75 (vgl. auch Pustet u.a. 2024). Die Precision von 0.76 und der Recall von 0.73, aus welchen sich der F1 Score zusammensetzt, sind folgendermaßen zu interpretieren: 76 % der vom Modell als verschwörungstheoretisch vorhergesagten Texte waren von den Annotator*innen auch entsprechend gelabelt worden, während das Modell 73 % der als verschwörungstheoretisch annotierten Texte auch entsprechend vorhersagt. Der F1 Score für die Klasse der nicht-verschwörungstheoretischen Daten ist 0.88, d.h. das Modell erkennt die „negativen" Daten deutlich besser. Dies ist ein recht typisches Phänomen, denn die negativ-Klasse beinhaltet in der Regel zahlreiche Beispiele, die leicht als solche zu erkennen sind. Qualitative Analysen deuten darauf hin, dass der Fragmentierungsgrad eine wichtige Rolle spielt und Texte, welche mindestens zwei der drei Kernelemente „Actor", „Strategy", „Goal" beinhalten, deutlich besser vom Modell erkannt werden. Optimierungen bestehender Modelle, unter Berücksichtigung aktueller Forschung im Bereich der Sprachmodelle, sind Gegenstand unserer aktuellen Arbeit. Für die automatische Detektion und Klassifikation antisemitischer Inhalte kollaborieren wir mit dem internationalen Forschungsprojekt Decoding Antisemitism, welches über einen großen durch Expert*innen annotierten Korpus aus Online-Kommentaren verfügt. Details zu den Ergebnissen unserer ersten Modelle finden sich in (Mihaljević u.a. 2023; Steffen u.a. 2024).

5. Zusammenfassung und Ausblick

Das primäre Ziel des vorliegenden Textes lag darin aufzuzeigen, welche Potenziale die Bereitstellung von Modellen zur automatischen Klassifikation von Texten im Rahmen von zivilgesellschaftlicher und journalistischer Arbeit aber auch interdisziplinärer Forschung haben kann. Textklassifikation und andere rechengestützte Verfahren zur Analyse von Texten haben bereits Einzug gefunden in das Methodenrepertoire (quantitativ ausgerichteter) sozial- und politikwissenschaftlicher Forschung. Am Beispiel der Erkennung antisemitischer und verschwörungstheoretischer Inhalte im Rahmen der COVID-19 Pandemie wurde versucht zu verdeutlichen, wie herausfordernd die mathematisch-technische Operationalisierung entsprechender Phänomene sein kann. Während eine interdisziplinäre Vorgehensweise bei nahezu allen Schritten bei der Entwicklung solcher Modelle, insbesondere bei der Annotation von Datensätzen und der Auswertung ihrer Performanz, unabdingbar ist, so erfordert diese auch einen tiefergehenden Austausch bzgl. der Perspektiven und Methoden der einzelnen Fachdisziplinen.

In der Praxis zivilgesellschaftlicher und journalistischer Arbeit kann die Automatisierung der Erkennung solcher Inhalte eine signifikante Erleichterung beim Monitoring und der Analyse von Hass-Diskursen bedeuten. Durch das Training eigener Modelle anhand geeigneter Daten können auch subtilere, fragmentierte oder kodierte Formen von Antisemitismus und verschwörungstheoretischen Narrativen besser erkannt werden, was aktuelle öffentlich verfügbare Services noch nicht in ausreichendem Maße leisten können. Jedoch wirft die Technologie als solche auch ethische und strategische Fragen auf. Eine Verbesserung von Methoden zur Erkennung bestimmter politischer Narrative kann potenziell auch zur Anpassung der Kommunikationsstrategien bei den entsprechenden Akteur*innen führen, oder aber auch zur Überwachung politischer Gegner durch autoritäre Kräfte genutzt werden. Die Wechselbeziehungen zwischen den verschiedenen Handlungsräumen erfordern somit eine kritische Auseinandersetzung mit allen Bestandteilen der zu entwickelnden Technologie, angefangen von der grundsätzlichen Frage, ob sie überhaupt entwickelt werden sollte und ob die Vorteile die potenziellen Nachteile tatsächlich überwiegen, bis hin zu Fragen bzgl. der Bereitstellung der durch Expert*innen annotierten Daten und der entwickelten Technologie.

Literatur

AMADEU ANTONIO STIFTUNG (2021): Deconstruct antisemitism! Antisemitische Codes und Metaphern erkennen. Berlin. Online: https://www.amadeu-antonio-stiftung.de/wp-content/uploads/2021/11/210922_aas_broschuere_da_105x148_web_doppelseiten.pdf (Zugriff: 4.6.2023).

BAG Gegen Hass im Netz (2023): Datenbasierte Netzanalyse. Online: https://bag-gegen-hass.net/ueber-uns/datenbasierte-netzanalyse/ (Zugriff: 4.6.2023).

BIERWIACZONEK, Kinga/Gundersen, Aleksander B./Kunst, Jonas R. (2022): The role of conspiracy beliefs for COVID-19 health responses: A meta-analysis. In: Current Opinion in Psychology 46/August 2022.

COMERFORD, Milo/Gerster, Lea/European Commission. Directorate General for Justice and Consumers/Institute for Strategic Dialogue. (2021): The rise of antisemitism online during the pandemic: a study of French and German content. Technical report. European Commission, Luxembourg. Online: https://op.europa.eu/en/publication-detail/-/publication/d73c833f-c34c-11eb-a925-01aa75ed71a1/language-en (Zugriff: 4.6.2023).

DEPOUX, Anneliese/Martin, Sam/Karafillakis, Emilie/Preet, Raman/Wilder-Smith, Annelies/Larson, Heidi (2020): The pandemic of social media panic travels faster than the COVID-19 outbreak. In: Journal of Travel Medicine, 27(3).

FIRTH, John R. (1957): A synopsis of linguistic theory 1930–1955. In: Studies in Linguistic Analysis. Philological Society. Reprinted in Palmer, F. (ed.) 1968. Selected Papers of J. R. Firth. Longman, Harlow.

FORSCHUNGSINSTITUT GESELLSCHAFTLICHER ZUSAMMENHALT (2020): Fact-Sheet: Proteste in der Corona-Pandemie: Gefahr für unsere Demokratie? Technical Report.

GOOGLE (2023): Perspective API. Online: https://perspectiveapi.com/how-it-works/ (Zugriff: 4.6.2023).

GORDON, Mitchell L./Lam, Michelle S./Park, Joon Sung/Patel, Kayur/Hancock, Jeffrey T./Hashimoto, Tatsunori/Bernstein, Michael S. (2022): Jury Learning: Integrating Dissenting Voices into Machine Learning Models. In: Proceedings of the 2022 CHI Conference on Human Factors in Computing Systems.

GREY Ellis, Emma (2020): The Coronavirus Outbreak Is a Petri Dish for Conspiracy Theories. Wired. Online: https://www.wired.com/story/coronavirus-conspiracy-theories/ (Zugriff: 4.6.2023).

HAQ, Ehsan Ul/Braud, Tristan/Kwon, Young D./Hui, Pan (2020): A Survey on Computational Politics. In: IEEE Access 8, 197379–197406/2020.

HAURY, T. (2019): Antisemitismus von Links: Facetten der Judenfeindschaft. Berlin: Aktion Courage e.V.

JIKELI, Günther/Cavar, Damir/Jeong, Weejong/Miehling, Daniel/Wagh, Pouravi/Pak, Denizhan (2022): Toward an AI Definition of Antisemitism?. In: Hübscher, Monika/von Mering, Sabine (Hg.), Antisemitism on Social Media, 193–212. Oxon/New York.

MAHL, D./Schäfer, M. S./Zeng, J. (2022): Conspiracy theories in online environments: An interdisciplinary literature review and agenda for future research. In: New Media & Society, 25/7, S. 1781–1801.

MENDELSOHN, Julia/Le Bras, Ronan/Choi, Yejin/Sap, Maarten (2023): From Dogwhistles to Bullhorns: Unveiling Coded Rhetoric with Language Models. In: Proceedings of the 61st Annual Meeting of the Association for Computational Linguistics (Volume 1: Long Papers), Toronto, Canada. Association for Computational Linguistics, S. 15162–15180.

MIHALJEVIĆ, Helena/Steffen, Elisabeth (2022): How toxic is antisemitism? Potentials and limitations of automated toxicity scoring for antisemitic online content. In: Proceedings of the 2nd Workshop on Computational Linguistics for Political Text Analysis (CPSS-2022), Potsdam, Germany, Sep 12, 2022. Potsdam, Germany: 2022, S. 1–12.

MIHALJEVIĆ, Helena/Steffen, Elisabeth/Pustet, Milena (2023): Towards the automatic detection of antisemitic discourse online. In: Decoding Antisemitism: An AI-driven Study on Hate Speech and Imagery Online. Discourse Report 5. Hg. von Berlin: Technische Universität Berlin. Centre for Research on Antisemitism. April 2023. Berlin, S. 22–32.

MUSYAL, S./Stegemann, P. (2020): Christchurch, Halle, Hanau: Vom Online-Hass zum rechten Terror. In: Blätter für deutsche und internationale Politik 4/2020, S. 68–80.

NERA, Kenzo/Mora, Youri L./Klein, Pit/Roblain, Antoine/Van Oost, Pascaline/Terache, Julie/Klein, Olivier (2022): Looking for Ties with Secret Agendas During the Pandemic: Conspiracy Mentality is Associated with Reduced Trust in Political, Medical, and Scientific Institutions – but Not in Medical Personnel. In: Psychologica Belgica, 62(1), S. 193–207.

PUMMERER, Lotte/Böhm, Robert/Lilleholt, Lau/Winter, Kevin/Zettler, Ingo/Sassenberg, Kai (2022). Conspiracy Theories and Their Societal Effects During the COVID-19 Pandemic. In: Social Psychological and Personality Science, 13(1), S. 49–59.

PUSTET, Milena/Steffen, Elisabeth/Mihaljević, Helena (2024): Detection of Conspiracy Theories Beyond Keyword Bias in German-Language Telegram Using Large Language Models. In: Proceedings of the 8th Workshop on Online Abuse and Harms (WOAH 2024), Mexico City, Mexico. Association for Computational Linguistics, S. 13–27.

SAMORY, Mattia/Mitra, Tanushree (2018): The Government Spies Using Our Webcams: The Language of Conspiracy Theories in Online Discussions. In: Proceedings of the ACM on Human-Computer Interaction, 2 (CSCW), S. 1–24.

STEFFEN, Elisabeth/Mihaljevic, Helena/Pustet, Milena/Castro Varela, Maria do Mar/Bischoff, Nyco/Bayramoglu, Yener/Oghalai, Bahar (2023): Codes, Patterns and Shapes of Contemporary Online Antisemitism and Conspiracy Narratives. An Annotation Guide and Labeled German-Language Dataset in the Context of COVID-19. In: Proceedings of the 23rd International AAAI Conference on Web and Social Media. Cyprus.

STEFFEN, Elisabeth/ Pustet, Milena/ Mihaljević, Helena (2024): Algorithms Against Antisemitism? In: Becker, Matthias J./Ascone, Laura/Placzynta, Karolina/ Vincent, Chloé (Hg.): Antisemitism in Online Communication. Open Book Publishers, S. 205–236.

SUNSTEIN, Cass R./Vermeule, Adrian (2009): Conspiracy Theories: Causes and Cures*. In: Journal of Political Philosophy, 17(2), S. 202–227.

UDUPA, Sahana/Maronikolakis, Antonis/Schütze, Hinrich/Wisiorek, Axel (2022): Ethical Scaling for Content Moderation: Extreme Speech and the (In)Significance of Artificial Intelligence. In: Shorenstein Center Discussion Papers. Harvard Kennedy School, Harvard University. Cambridge, MA. Online: https://shorensteincenter.org/ethical-scaling-content-moderation-extreme-speech-insignificance-artificial-intelligence/ (Zugriff: 4.6.2023).

VAN PROOIJEN, Jan-Willem/Douglas, Karen M. (2018): Belief in conspiracy theories: Basic principles of an emerging research domain. In: Eur. J. Soc. Psychol., 48/7, S. 897–908.

WINTER, Hannah/Gerster, Lea/Helmer, Joschua/Baaken, Till (2021): Überdosis Desinformation: Die Vertrauenskrise. Technical report. Institute for Strategic Dialogue.

WOOD, Michael J. (2018): Propagating and Debunking Conspiracy Theories on Twitter During the 2015–2016 Zika Virus Outbreak. In: Cyberpsychology, Behavior, and Social Networking, 21(8), S. 485–490.

ELKE ZIEGLER

Wissenschaftskommunikation in der Krise. Binnenansichten einer Wissenschaftsjournalistin in Österreich

1. Einleitung

„Wissenschaftskommunikation in der Krise" hat zwei Dimensionen: Zum einen geht es darum, wie man in einer Krisensituation, wie es eine Pandemie ist, über und durch wissenschaftliche Erkenntnisse kommunizieren kann. Und zum anderen muss man mit Blick auf die vergangenen Jahre auch fragen, ob nicht auch die Wissenschaftskommunikation selbst in der Krise ist und einen Neuanfang oder zumindest eine Neuaufstellung braucht. Dieser Beitrag konzentriert sich auf Österreich, wo die Autorin seit 20 Jahren als Wissenschaftsjournalistin tätig ist und deshalb die Situation auf Basis ihrer Erfahrungen analysieren und einordnen kann.

Richtet man den Blick zu Beginn auf den ersten Punkt, also auf die Frage, wie man in einer Krisensituation durch Wissenschaft kommunizieren kann, erkennt man, dass man hier unterschiedliche Dimensionen unterscheiden muss. Im Zentrum steht immer die Wissenschaft, aber sie interagiert mit anderen Bereichen – das tut sie immer –, in Krisensituationen ist diese Interaktion aber besonders relevant, weil sie darüber entscheidet, welche Rolle Wissenschaft bei der Bewältigung der Krise, aber auch danach bei den Schritten über die Krise hinaus spielt. Als relevante Interaktionen wurden definiert: Wissenschaft und Gesellschaft, Wissenschaft und Medien, Wissenschaft und Politik.

2. Wissenschaft und Gesellschaft

Um in das Thema auf Basis von Fakten einzusteigen, lohnt es sich, einen Blick auf mehrere Untersuchungen zum Verhältnis zwischen Wissenschaft und Gesellschaft zu werfen. Als Grundlage für die Debatte über dieses Verhältnis gilt die Eurobarometer-Umfrage „European Citizens' Knowledge and Attitudes Towards Science and Technology" (European Commission 2021). Das Eurobarometer ist eine Meinungsumfrage, die in regelmäßigen Abständen von der Europäischen Kommission in Auftrag gegeben wird. Wissenschaft und Forschung spielen dabei keine überragende Rolle, andere Themen werden deutlich häufiger abgefragt, aber es hat auch in der Vergangenheit schon Befragungen zu Wissenschaft gegeben, darunter eine große Erhebung im Jahr 2014.

Die jüngsten Auswertungen stammen aus der Eurobarometer-Umfrage, die im September 2021 veröffentlicht wurde. Mit 322 Seiten der bisher umfangreichste Bericht zu „Wissen und Einstellungen der europäischen Bürger zu Wissenschaft und Technologie". Insgesamt wurden knapp 40.000 Menschen in allen 27 EU-Mitgliedstaaten befragt.

Einige Beispiele aus der jüngsten Befragung untermauerten die in Österreich tendenziell skeptische Haltung gegenüber Wissenschaft und Forschung: So sollten bei einer Befragung zum Thema „Alltag" die Menschen angeben, wie sehr sie der Aussage zustimmen: „In meinem täglichen Leben ist es nicht wichtig, etwa zu Wissenschaft zu wissen". Bei den Staaten mit der stärksten Zustimmung zu dieser Aussage liegt Österreich am dritten Platz hinter Bulgarien und Griechenland, gefolgt von der Slowakei und Ungarn. Am anderen Ende, also die wissenschaftsfreundlichsten Staaten, sind in dieser Erhebung Finnland und Tschechien.

Interessant sind auch jene Fragen, mit denen man das Bild erfassen wollte, das Menschen von Wissenschafter:innen und Forscher:innen haben. Zum Beispiel wurde gefragt, ob diese ehrlich seien. Dieser Aussage stimmen die Menschen in Österreich am zweitwenigsten zu, nur in Deutschland ist das Bild noch etwas schlechter. Das größte Vertrauen zeigt sich in den nordischen Staaten und Irland. Ein weiterer interessanter Befund: Portugal und Spanien stechen da – wie auch bei anderen Unterpunkten der Erhebung – durch ein positives Bild hervor. Gleichzeitig gehören Spanien und Portugal zu jenen Ländern in Europa mit der höchsten Covid-Durchimpfungsrate.

Motiviert durch diese Ergebnisse wurden in Österreich weitere Untersuchungen durchgeführt, um das Verhältnis zwischen Wissenschaft und Gesellschaft besser zu verstehen. So initiierte die Österreichische Akademie der Wissenschaften ein „Wissenschaftsbarometer", dessen erste Ergebnisse im Dezember 2022 veröffentlicht wurden. Ein zentrales Ergebnis dieser repräsentativen Befragung ist, dass ein Drittel der Bevölkerung der Wissenschaft kaum vertraut. 37 % verlassen sich lieber auf den „gesunden Menschenverstand" als auf wissenschaftliche Ergebnisse (Wissenschaftsbarometer Österreich 2022). Eine vom Institut für Höhere Studien im Sommer 2023 veröffentlichte Untersuchung fügte dem weitere Details hinzu. Demnach ist in Österreich die Skepsis Wissenschaft gegenüber dann besonders stark ausgeprägt, wenn der Anschein besteht, dass Forscher:innen eine Agenda im Auftrag von Politik oder Wirtschaft verfolgen. Darüber hinaus scheinen „Befragte teilweise wenig zwischen Wissenschafter:innen und Politiker:innen zu differenzieren, beide als Repräsentant:innen privilegierter Gruppen zu verstehen und ihnen gleichermaßen die Verfolgung von Eigeninteressen zu unterstellen." (Starkbaum et al. 2023, S. IV)

Was bedeutet das nun für die Corona-Pandemie und die ganz spezielle Rolle, die Wissenschaft in der Diskussion und Kommunikation spielte? Das Austrian Corona Panel hat diese Frage immer wieder untersucht. Das Austrian Corona Panel war ein – mittlerweile aufgrund mangelnder Finanzierung beendeter (Ziegler 2022) – Zusammenschluss mehrerer sozialwissenschaftlicher Institute; das Institut für Politikwissenschaft der Universität Wien hatte hier eine große Rolle. Im Rahmen dieses Panels wurden immer wieder Pandemie-relevante Fragestellungen untersucht und dabei in erster Linie die Haltung der Bevölkerung erfasst, unter anderem, wie groß das Vertrauen in die Wissenschaft war (Eberl/Prainsack 2022). Aufgeschlüsselt nach den Gruppen „geimpfte Menschen" und „ungeimpfte Menschen" sieht man recht klar: Die Österreicher:innen vertrauen dem Gesundheitspersonal sowie Wissenschafter:innen bei Informationen zur Corona-Impfung am meisten. Am wenigsten vertraut man Prominenten und religiösen Autoritäten. Aber, und das ist auch mit dem Blick auf den Pandemie-Herbst das Interessante: Vergleicht man geimpfte mit ungeimpften Personen, so fällt auf, dass die Gruppe der ungeimpften Menschen Informationen sämtlicher abgefragten Gruppen weniger vertrauen als Geimpfte; sie vertrauen am ehesten Familie und Verwandtschaft, Freunden und Bekannten sowie dem Lehrpersonal. Die Kluft zwischen Geimpften und Ungeimpften speziell beim Vertrauen in die Wissenschaft ist enorm.

Was bedeutet das nun wiederum für das Verhältnis zwischen Wissenschaft und Gesellschaft? Die zahlreichen Erhebungen und Ergebnisse untermauern den Befund einer grundsätzlich wissenschaftsskeptischen Haltung in Österreich. Außerdem liefern sie Hinweise darauf, dass die Gesellschaft in ihrer Haltung zu Wissenschaft gespalten ist. Das wird auch in einer Befragung von 24 Forscher:innen durch den Kommunikationswissenschaftler Daniel Nölleke und seine Kolleg:innen von der Universität Wien deutlich, wo es heißt: „Es gibt eine unglaubliche Flut von Morddrohungen, von Nachrichten, in denen man Ihnen den Strick und die Henkersmahlzeit schickt, die Familie bedroht und was weiß ich was alles." (Nölleke/Hanusch/Leonhardt 2022, 24) Außerdem wird ein:e Forscher:in mit diesen Worten zitiert: „Es gibt die einen, die mehr darauf bauen und den Wert des wissenschaftlichen Diskurses schätzen und versuchen werden, dem in Zukunft mehr Bedeutung beizumessen. Es gibt aber auch die andere Seite, die genau das Gegenteil sieht. Die den Wissenschaftlern immer weniger über den Weg traut, weil sie der Meinung ist, dass Wissenschaftler politisch getrieben sind." (Nölleke/Hanusch/Leonhardt 2022, 30)

3. Wissenschaft und Politik

Im Zuge der Eurobarometer-Befragung 2021 wurde auch gefragt, ob Politik ihre Entscheidungen über Wissenschaft eher aufgrund des Rats von Expert:innen treffen solle oder auf Basis der Meinung in der Bevölkerung. Österreich ist in den Ergebnissen jenes Land, in dem am zweitmeisten Menschen für meinungsgetriebene Politik plädieren; nur in Rumänien sind es noch mehr. Woher rührt diese Skepsis speziell auch gegenüber einem engen Austausch von Politik und Wissenschaft? Hier lohnt ein Blick zurück an den Anfang der Corona-Pandemie.

Im März 2020 wurden für Österreich sechsstellige Todeszahlen vorausgesagt, jeder werde jemanden kennen, der an Covid-19 verstorben ist. Die Basis für diese Aussagen, unter anderem vom damaligen Bundeskanzler Sebastian Kurz, war ein Expertenpapier von fünf Forschern. Es war in der Pandemie das erste Mal, dass Verweise auf Wissenschaft genutzt wurden, um Emotionen zu erzeugen: Indem man ein Ergebnis einer Hochrechnung, einer Extrapolation darstellte, aber nicht erklärte, wie es zustande gekommen war, was also die Bedingungen und Unsicherheiten dieser Hochrechnung waren (Czepel/Ziegler 2020). Methoden der Meinungsmanipulation wurden auf die Pandemie und den Umgang mit Wissenschaft angewendet – mit langfristigen Folgen.

Wissenschaft soll, so der Eindruck, nicht die Grundlage für eine informierte Entscheidung schaffen, sondern in erster Linie erwünschte Haltungen untermauern. Wessen Befunde und Argumente dem nicht entsprechen, wird etwa als „falsche Experte" verunglimpft. Dadurch kommt es auf allen Seiten zu zahlreichen Missverständnissen – Wissenschafter:innen fühlen sich unverstanden oder missbraucht, Politik fühlt sich unverstanden, weil die Ausführungen der Wissenschaft für den politischen Alltag unbrauchbar scheinen; und die Gesellschaft steht ratlos daneben und nimmt mit, dass sich eigentlich niemand auskennt und man sich deshalb am besten ohnehin seine Meinung durch Gespräche in Familie und Freundeskreis bildet – siehe die Befragung durch das Corona-Panel zur Impfung.

Eine wichtige Rolle spielen in diesem Zusammenhang auch die nationalen Gesundheitsbehörden sowie das Vertrauen, das ihnen entgegengebracht wird. Der dänische Politikwissenschaftler Michael Bang Petersen von der Aarhus Universität hat dazu eine international vergleichende Auswertung vorgelegt: Am stärksten ausgeprägt ist das Vertrauen demnach in Dänemark, am schwächsten in Ungarn. Dazwischen liegen Großbritannien, Italien, Schweden, die USA, Frankreich und Deutschland (Petersen 2020). Etwa 95 % der Dän:innen haben demnach zu jeder Zeit der Pandemie gesagt, dass sie der Regierung vertrauen. Das ist mehr als in anderen Ländern, die normalerweise ein hohes Vertrauen in staatliche Einrichtungen aufweisen wie Schweden, aber auch Deutschland. Dieses Vertrauen sei laut Petersen der entscheidende Faktor, wenn es um die Akzeptanz von Impfungen geht. Und: Es dürfe zu keiner Polarisierung kommen, etwa durch innenpolitischen Streit.

Außerdem gibt es in Dänemark ein zentrales Personenregister, in dem alle persönlichen Informationen eines Bürgers gesammelt werden. Die Regierung konnte im Rahmen ihrer Impfkampagne unkompliziert Menschen nach bestimmten Kriterien – beispielsweise Alter und Vorerkrankung – auswählen und sie per Mail informieren, wenn sie an der Reihe waren. Dass es in Dänemark so ein genaues und für die Behörden nützliches Register gibt, liegt wiederum daran, dass die Dän:innen ihrer Regierung mit all diesen sehr persönlichen Daten vertrauen.

Ganz anders stellt sich die Situation in Österreich dar: Mangelnde Transparenz und Unübersichtlichkeit bei Gesundheitsdaten wurde in Österreich in der Pandemie zu einem Problem, weil mangelhafte, teils widersprüchliche Informationen öffentlich wurden. Das hat Vertrauen untergraben. Für Wissenschaft ist die mangelnde Datenlage wiederum ein großes Problem, weil manche Themen gar nicht, andere nur lückenhaft bearbeitet werden können. Grundlagen für politische Entscheidungen bereit zu stellen ist damit kaum möglich. Hinzukommt, dass es ein Informationsfreiheitsgesetz geplant, aber noch nicht beschlossen und umgesetzt ist. Es besteht deshalb nur eine eingeschränkte Möglichkeit für Medien, durch Anfragen etwas herauszufinden. Studien können veröffentlicht werden oder auch nicht – je nachdem, wie der Auftraggeber damit umgehen möchte.

Die Beispiele zeigen: Vertrauen kann nur im Zusammenspiel mehrerer Akteur:innen entstehen. Die Wissenschaft ist eine Akteurin, auf sich allein gestellt, kann sie die Situation nicht grundlegend verändern.

4. Wissenschaft und Medien

Wer kommt in Medien als Wissenschaftler, als Wissenschaftlerin zu Wort? Diese Frage ist umstritten, wie auch zwei Zitate aus der schon zuvor erwähnten Studie von Daniel Nölleke und Kolleg:innen belegen: „In Österreich ist generell der Expertenbegriff ein gewisses Problem, weil man sehr rasch Experte ist, auch von den Medien tituliert wird als Experte, nur weil man einmal irgendwo was dazu gesagt hat oder einmal einen Gastartikel dazu geschrieben hat." „Aber nur, weil es ein paar Querköpfe gibt, heißt es noch lange nicht, dass sich die Wissenschaft nicht einig ist." (Nölleke, Hanusch, Leonhardt 2022, 15)

Da schwingen zwei Dimensionen mit: Wen wählt man als Experte, als Expertin aus? Und wie geht man mit abweichenden Stimmen um? Bei beiden Fragen kommt Medien eine sehr hohe Verantwortung im Rahmen der Wissenschaftskommunikation zu. Im Trubel der täglichen Nachrichten neigen viele Journalist:innen dazu, die immer gleichen Personen zu allem zu fragen. Das kann aber bei wissenschaftlichen Fragen fatal sein, etwa wenn ein fachfremder Wissenschaftler einen Kommentar zu einem Gebiet abgibt, in dem er sich nicht auskennt. Es entstehen Widersprüche, und in der Öffentlichkeit entsteht der Eindruck, dass sich die Wissenschaft nicht einig ist. Hier ist es wichtig, immer wieder darauf zu achten, dass Menschen zu ihrem Forschungsgebiet befragt werden. Hier ist schließlich eine Wissenschaftsredaktion wichtig, weil sie bei der Auswahl von Interviewpartner:innen unterstützen kann.

Immer wieder wird Medien mangelnde Meinungsvielfalt bzw. falsche Balance oder „false balancing" vorgeworfen. Was ist damit gemeint? Wenn Vertreter:innen einer Minderheit, deren Einschätzung nur ein % der Wissenschaft teilt, in den Medien Personen gegenüberstehen, die den breiten wissenschaftlichen Konsens vertreten, entsteht eine falsche Ausgewogenheit. Denn dadurch wird die 99:1 Gewichtung zu einem falschen 50:50. Es wird eine Gewichtung konstruiert, die es nicht gibt – und sie beeinflusst die öffentliche Wahrnehmung. Das bedeutet aber nicht, dass man überhaupt keine abweichenden Positionen darstellen soll. Aber man muss sie einordnen als das, was sie sind, nämlich als Minderheitenpositionen. Zudem sollte man sie in die Kompetenz des oder der Sprechenden einordnen, also transparent machen, warum genau diese Person geeignet ist, sich zu einer speziellen Frage zu äußern.

Was kann oder soll das Ziel von Berichterstattung sein? Wissenschaftliche Fakten sollen als solche dargestellt werden, Politik soll auf Evidenz, auf wissenschaftliche Tragfähigkeit überprüft werden; und Unsicherheiten sollen ausgewiesen werden. Wissenschaftsberichterstattung ist also auch immer eine Zumutung für ein Publikum, das nach eindeutigen Antworten sucht; gleichzeitig müssen Gesellschaften lernen, mit Unsicherheit umzugehen – das wird sich mit der Klimadebatte fortsetzen.

Was soll Berichterstattung über Wissenschaft im Gegenteil nicht tun? Sie soll nicht in einer politischen Debatte urteilen, denn politische Entscheidungen sind etwas anderes als wissenschaftliche Expertise. Eine Moralisierung von Entscheidungen steht Wissenschaft und Wissenschaftsberichterstattung ebenfalls nicht zu. Vielmehr kann man darlegen, wie sich die eine oder andere Entscheidung auf Basis der vorliegenden Informationen auswirken wird.

Die deutschen Kolleg:innen von der Rudolf Augstein Stiftung haben sich die Corona-Berichterstattung deutscher öffentlich-rechtlicher und privater Medien angesehen und die Ergebnisse in einer Studie veröffentlicht (Maurer/Reinemann/Kruschinski 2021). Ein Befund, den sie formuliert haben: „Aus unserer Sicht ist die Orientierung am besten verfügbaren wissenschaftlichen Sachverstand und dem – sofern vorhanden – wissenschaftlichen Konsens zu einem Thema eine rationale und sinnvolle Strategie für die mediale Berichterstattung über wissenschaftsbezogene Themen. Das gilt für die Corona-Pandemie ebenso wie für andere Themen wie den Klimawandel." (Maurer/Reinemann/Kruschinski 2021, S. 58) Bestenfalls orientiert am wissenschaftlichen Sachverstand und Konsens, rational – das ist eine generelle Empfehlung für wissenschaftsbezogene Themen, die man für die Berichterstattung aus der Corona-Pandemie mitnehmen kann.

Dem steht ein „aber" mit dem Titel „Wissenschaftsredaktionen" entgegen: Viele Medienhäuser haben keine eigene Wissenschaftsredaktion. Wenn es solche Fachredaktionen gibt, sind sie vergleichsweise klein und oft stark prekär besetzt mit freien Mitarbeiter:innen. Was sie im Krisenfall so wertvoll macht, ist, dass sie nach einer anderen Logik als andere Ressorts berichten, insbesondere als innenpolitische Ressorts: Statt einer Gegenüberstellung unterschiedlicher Positionen (etwa entlang der Linie Regierung – Opposition) suchen Wissenschaftsredaktionen oft nach einem Konsens bzw. einer Mehrheitseinschätzung. Nicht der Schlagabtausch steht im Mittelpunkt. Gerade in Krisensituationen kann das zu einem sinnvollen Umgang mit Herausforderungen führen.

Welche Lehren lassen sich ziehen? Wissenschaftsredaktionen sollten eine Bedingung für die Medienförderung sein. Darüber hinaus braucht es medieninterne Schulungen zum Umgang mit wissenschaftlicher Expertise für alle Ressorts, die schon erwähnte Stärkung von Wissenschaftsredaktionen und eine intensive Vernetzung von Wissenschaftsredaktionen mit anderen Ressorts, etwa indem man gemeinsam an Themen arbeitet oder bei der Auswahl von Interviewpartner:innen gegenseitig berät.

5. Neustart der Wissenschaftskommunikation in Österreich

Neben dem Journalismus ist auch Wissenschafts-PR nötig, um das Verständnis für Wissenschaft zu fördern. Welche Qualitätskriterien kann man an Wissenschafts-PR anlegen? Die Initiative Wissenschaft im Dialog in Deutschland,

die sich seit dem Jahr 2000 um eine Stärkung der Wissenschaftskommunikation bemüht, hat Leitlinien für eine gute Wissenschafts-PR zusammengestellt (vgl. Wissenschaft im Dialog 2016). Hierfür sind die folgenden Punkte zentral: Wissenschaftskommunikation
- stärkt Bewusstsein und Respekt für Positionen aller Beteiligten; es geht also nicht um richtig oder falsch oder moralisierende Urteile.
- nimmt Fragen, Bedürfnisse und Ängste der Bevölkerung ernst; keine Werbung, sondern Dialog und Gespräch.
- arbeitet relevante Informationen für die Bevölkerung heraus: Es gibt eine Gewichtung, was wichtig zu wissen ist; Menschen werden den Informationsmassen nicht hilflos ausgeliefert.
- arbeitet faktentreu.

Als neue Herausforderung kommt der Umgang mit Medien und Menschen, die Wissenschaft als ein „Elitenwissen" betrachten und ablehnen, hinzu. Diese lassen sich nicht überreden oder überzeugen; man muss viel mehr mit Gegenfragen arbeiten, was Wissenschafter:innen meist nicht gewohnt sind.

Die Wissenschaftsforscherin Helga Nowotny hat dazu folgendes geschrieben: „In der Wissenschaftsforschung ist seit langem bewiesen, dass die Annahme, die Wissenschaft habe nur ‚Fakten' zu übermitteln, um die Bevölkerung aufzuklären, empirisch ins Leere läuft. „Zu meinen, es gebe ein Vakuum an Wissen in der Bevölkerung, das es nur wissenschaftlich zu füllen gebe (deficit model), ist reichlich naiv, denn ‚die' Gesellschaft ist weder homogen noch ist sie eine Art von tabula rasa." (Nowotny 2021, 1) Vielmehr bringen Menschen unterschiedliche Erfahrungen mit, und jede Art von Kommunikation müsse auf die jeweilige Situation der Wissensvermittlung eingehen, so Nowotny. Das Vertrauen – oder dessen Fehlen – in staatliche Institutionen überträgt sich auch auf die Wissenschaft. Dann stehen wissenschaftlich geprüfte Informationen Emotionen und persönlichen Erfahrungen gegenüber, oder es werden andere, etwa aus der Esoterik übernommene ‚Fakten' als Alternativen zur etablierten Wissenschaft mobilisiert.

Was also tun? Heutige Vorschläge reichen von einer Verstärkung der Kommunikation in den sozialen Medien über die Etablierung von Dialogforen, in denen das Gespräch über das vorhandene Laienwissen gemeinsam gesucht werde bis hin zu einer Verwendung strategisch ausgerichteter ‚Erzählungen'. Aber keine Idee davon kann allein für sich funktionieren, denn es braucht vor allem einen Gewinn von Vertrauen. Dieses kann und sollte, so denke ich, schon in Kindergarten und Schule durch Unterrichtseinheiten zu Wissenschaft und ihrer Arbeitsweise aufgebaut werden.

Angesichts der Situation in Österreich hat sich eine Initiative gebildet aus Forscher:innen, PR-Menschen und Journalist:innen, die einen Neustart für die Wissenschaftskommunikation hierzulande einleiten wollen. Als zentrale Punkte hierzulande wurden identifiziert:
- Fehlen von strategischen und koordinierenden Maßnahmen: Es wird zwar Geld für verschiedene Initiativen ausgegeben, aber es gibt keine strategische Gesamtausrichtung und auch kein Monitoring mit Blick auf die Ergebnisse.
- Mangelnde Anreize für Wissenschafter:innen: Engagement mit der Öffentlichkeit bringt ihnen wenig für ihre persönliche Karriere, anders als in den USA.
- Fehlen von Aus- und Weiterbildung sowie Räumen für Wissenschaftskomm: Wenige Angebote im Rahmen von Studien, wenige Möglichkeiten für Schulen etc.
- Defizite im Wissenschaftsjournalismus: Viele Medien haben keine eigene Wissenschaftsredaktion, Wissenschaftsjournalismus ist ein Luxus, den man sich leisten können muss.

Seitens des Ministeriums für Bildung, Wissenschaft und Forschung wurde eine Erhebung zu den Gründen der ausgeprägten Wissenschaftsskepsis beauftragt, deren Ergebnisse im August 2023 präsentiert wurden (Starkbaum et al. 2023). Ebenfalls präsentiert wurden Ergebnisse einer von der österreichischen Akademie der Wissenschaften beauftragten Befragung zum Ausmaß der Wissenschaftsskepsis (Wissenschaftsbarometer 2022). Auf beide Untersuchungen wird zu Beginn dieses Texts näher eingegangen.

6. Schlussfolgerungen

In Österreich sollte die Forschungs- und Innovationspolitik gestärkt und weiterentwickelt werden. Sowohl auf institutioneller Ebene (Förderungen etwa durch den Fonds zur wissenschaftlichen Forschung FWF) als auch auf individueller Ebene (Aufbau von Testimonials für Wissenschaft) sollte die Präsenz von Wissenschaft in der Öffentlichkeit ausgebaut werden. Auf allen Ebenen sollten Möglichkeiten geschaffen werden, wo und wie Wissenschafter:innen und Forscher:innen Menschen begegnen können – von den Kindergärten und Schulen über öffentliche Plätze bis hin zu Stammtischen und offenen Foren. Es braucht neue Räume für Kommunikation. Die bestehenden Räume sollten vor allem bei Gruppen, die in ihrem Alltag wenig mit Wissenschaft zu tun haben, bekannter und auf die Bedürfnisse einzelner Zielgruppen angepasst werden – zum

Beispiel für Pensionist:innen oder Lehrlinge. Wissenschafter:innen und Forscher:innen sollen den Schritt in die Kommunikation wagen, wie es auch in englischsprachigen Ländern bereits Tradition ist. Und nicht zuletzt braucht es ein Bekenntnis der Politik zu einem gleichberechtigten Dialog mit Wissenschaft und einer transparenten, evidenzbasierten Politik – und zu einem qualitätsvollen Journalismus, bei dem nach den Erfahrungen der letzten Jahre Wissenschaftsjournalismus nicht fehlen darf.

Derzeit halten laut Eurobarometer-Befragung nur in Rumänien weniger Menschen das Interesse von Jugendlichen für Wissenschaft und Forschung für essenziell für zukünftigen Wohlstand als in Österreich. Es wäre im Sinn nicht nur jener Menschen, die in diesem Bereich tätig sind, sondern von uns allen, dass sich das in den nächsten Jahren ändert.

Literatur

CZEPEL, Robert/Ziegler, Elke (2020): Wie eine „Tischvorlage" Politik gemacht hat, science.ORF.at. Online: https://science.orf.at/stories/3200763/ (Zugriff: 24.11.2023).

EBERL, Jakob-Moritz/Prainsack, Barbara (2022): Informationen zur Impfung: Wer genießt das Vertrauen der österreichischen Bevölkerung nach zwei Jahren Corona-Krise?, Austrian Corona Panel Project. Online: https://viecer.univie.ac.at/corona-blog/corona-blog-beitraege/blog140/ (Zugriff: 25.11.2023).

EUROPEAN COMMISSION (2021), „European Citizens' Knowledge and Attitudes Towards Science and Technology", Special Eurobarometer 516.

MAURER, Markus/Reinemann, Carsten/Kruschinski, Simon (2021) „Einseitig, unkritisch, regierungsnah? Eine empirische Studie zur Qualität der journalistischen Berichterstattung über die Corona-Pandemie", Rudolf Augstein Stiftung.

NOWOTNY, Helga (2021) Wege aus der Pandemie: zur Neubestimmung des Verhältnisses von Wissenschaft und Gesellschaft, Policy Brief. Online: http://www.helga-nowotny.eu/downloads/helga_nowotny_b359.pdf (Zugriff: 26.11.2023).

NÖLLEKE, Daniel/Hanusch, Folker/Leonhardt, Birte (2022). Wissenschaftskommunikation in der COVID-19-Pandemie: Einblicke und Erfahrungen österreichischer Expert:innen. Wien.

ORF ONLINE, (2023), „Desinteresse und Wissenschaftsskepsis nicht gleichzusetzen", science.ORF.at. Online: https://science.orf.at/stories/3216920/ (Zugriff: 25.11.2023).

PETERSEN, Michael Bang, HOPE – How Democracies Cope with COVID19, Aarhus Universität, Projektlaufzeit 2020–2023. Online: https://sodas.ku.dk/projects/covid-19-projects/hope/ (Zugriff: 24.11.2023).

STARKBAUM, Johannes et.al. (2023): „Ursachenstudie zu Ambivalenzen und Skepsis in Österreich in Bezug auf Wissenschaft und Demokratie – Endbericht", Wien. Online: https://pubshop.bmbwf.gv.at/index.php?article_id=9&type=gesamtkatalog&pub=1043 (Zugriff: 25.11.2023).

TASCHWER, Klaus (2022): „Neue Studie bestätigt ausgeprägte Wissenschaftsskepsis in Österreich", Der Standard. Online: (https://www.derstandard.de/story/2000141995928/neue-studie-bestaetigt-ausgepraegte-wissenschaftsskepsis-in-oesterreich (Zugriff: 26.11.2023).

WISSENSCHAFT IM DIALOG (2016): Leitlinien zur guten Wissenschafts-PR. Berlin.

WISSENSCHAFTSBAROMETER ÖSTERREICH 2022 Online: (https://www.oeaw.ac.at/fileadmin/NEWS/2022/PDF/Wissenschaftsbarometer_Oesterreich_c_OeAW.pdf (Zugriff: 26.11.2023).

ZIEGLER, Elke (2022): Forschungsprojekt endet mitten in der Sommerwelle, science.ORF.at. Online: https://science.orf.at/stories/3213771/ (Zugriff: 25.11.2023).

Autor*innen

MARKUS BRUNNER ist wissenschaftlicher Leiter des Psychologie-Master-Schwerpunktes „Sozialpsychologie" an der Sigmund Freud PrivatUniversität Wien und Co-Leiter des FWF-Projektes „Connecting the Dots: Rekonstruktion der sozialen Produktion verdächtigen(den) Wissens". Seine zahlreichen Publikationen liegen im Bereich der psychoanalytisch orientierten Sozialpsychologie, mit einem besonderen Fokus auf die Attraktivität autoritärer Ideologien und Bewegungen und die Gefühlserbschaften des Nationalsozialismus.

MICHAEL BUTTER ist Professor für Amerikanische Literatur- und Kulturgeschichte an der Universität Tübingen und ordentliches Mitglied der Heidelberger Akademie der Wissenschaften. Er ist der Autor von *„Nichts ist, wie es scheint": Über Verschwörungstheorien* (2018), das in mehrere Sprachen übersetzt wurde, und Mitherausgeber des *Routledge Handbook of Conspiracy Theories* (2020) und des Bandes *Covid Conspiracy Theories in Global Perspective* (2023). Er leitet das vom Europäischen Forschungsrat geförderte Projekt „PACT: Populism and Conspiracy Theory" und ist PI des CHANSE-Projekts „REDACT: Researching Europe, Digitalisation and Conspiracy Theories".

MICHELLE DEUTSCH ist Politik- und Verwaltungswissenschaftlerin. Zuletzt leitete sie im Progressiven Zentrum unter anderem das Projekt Kollekt zu antidemokratischen Einstellungen und Einsamkeit bei Jugendlichen.

MARIA DO MAR CASTRO VARELA ist Professorin für Allgemeine Pädagogik und Soziale Arbeit an der Alice Salomon Hochschule Berlin. 2023 erhielt sie ein Thomas Mann Stipendium. Sie war u. a. Sir Peter Ustinov Gastprofessorin am Institut für Zeitgeschichte der Universität Wien, Senior Fellow am Institut für die Wissenschaft des Menschen (IWM) Wien und Research Fellow am Institut for Humanities and International Law in Melbourne (Australien), der Universität Busan (Südkorea) wie auch am Research Center for Women's Studies (RCWS) der University Mumbai. Sie ist Gründerin und Mitglied des bildungsLab* (bildungslab.net) und Vorsitzende des Berliner Instituts für kontrapunktische Gesellschaftsanalysen. Ihre aktuellen Forschungsschwerpunkte umfassen Fragen der Ethik, des Protests, der Emanzipation und Wissensproduktion.

PAULINA FRÖHLICH ist stellvertretende Geschäftsführerin und verantwortet den Schwerpunkt „Resiliente Demokratie" des Think Tanks Das Progressive

Zentrum. Nach dem Studium der Geographie, Islamwissenschaft und des Wassermanagements gründete sie die Initiative *Kleiner Fünf* mit, welche Menschen darin unterstützt, mithilfe „radikaler Höflichkeit" gegen Rechtspopulismus aktiv zu werden.

FLORIAN KNASMÜLLER ist Doktorand an der Sigmund Freud PrivatUniversität (Wien) und als wissenschaftlicher Mitarbeiter im FWF-Projekt „Connecting the Dots: Rekonstruktion der sozialen Produktion verdächtigen(den) Wissens" beschäftigt. Er forscht zu Verschwörungsdenken, Rechtspopulismus und Autoritarismus.

NILS C. KUMKAR ist promovierter Soziologe und arbeitet als wissenschaftlicher Mitarbeiter am SOCIUM der Universität Bremen. Er forscht vor allem zu sozialer Ungleichheit, politischem Protest und Kritik. Zurzeit leitet er das Bremer Teilprojekt des internationalen Forschungsprojekts „Connecting the Dots: Reconstructing the Social Production of Suspicious Knowledge". Neben diversen wissenschaftlichen Veröffentlichungen schreibt er u. a. für die Frankfurter Allgemeine Zeitung. Sein Buch *Alternative Fakten: zur Praxis der kommunikativen Erkenntnisverweigerung* erschien 2022 in der edition Suhrkamp.

HELENA MIHALJEVIĆ ist promovierte Mathematikerin und Professorin für Data Science an der Hochschule für Technik und Wirtschaft Berlin. Sie forscht insbesondere in interdisziplinären Projekten mit Schnittstellen zu Daten und lernenden Algorithmen, u. a. zu algorithmischer Erkennung und Analyse von Verschwörungstheorien und antisemitischer Hassrede. Ihr methodischer Ansatz umfasst die Entwicklung von Modellen unter Verwendung des Machine und Deep Learnings und des Natural Language Processings, sowie Evaluationen von Modellen und Technologien, die auf sog. KI-Algorithmen basieren.

ULRIKE SCHIESSER ist Psychologin und Psychotherapeutin (Systemische Familientherapie) und Geschäftsführerin der Bundesstelle für Sektenfragen in Wien. Ihre Arbeitsschwerpunkte sind: Missbrauch von Spiritualität und Religion, problematische Gruppendynamiken und vereinnahmende Systeme, Konflikte im Bereich Weltanschauungen, Esoterik und Verschwörungstheorien. 2021 erschien im Springer-Verlag das mit Co-Autor Holm Hümmler verfasste Buch „Fakt und Vorurteil: Kommunikation mit Esoterikern, Fanatikern und Verschwörungsgläubigen.

CLARA SCHLIESSLER, M. Sc., ist Psychotherapeutin in Ausbildung (Tiefenpsychologie und Psychoanalyse) und arbeitet derzeit als Psychologin in einer Klinik.

Zudem ist sie Gastwissenschaftlerin im Bereich psychoanalytischer Sozialpsychologie am Else-Frenkel-Brunswik-Institut für Demokratieforschung der Universität Leipzig sowie Mitherausgeberin der Zeitschrift *Freie Assoziation*.

ASTRID SÉVILLE ist Professorin für Politikwissenschaft, insbesondere für Politische Theorie, an der Leuphana Universität Lüneburg. Zuvor war sie Vertretungsprofessorin für Politische Philosophie und Theorie an der Technischen Universität München und Sir Peter Ustinov Gastprofessorin an der Universität Wien. Sie promovierte an der Ludwig-Maximilians-Universität München. Zu ihren jüngsten Publikationen, gemeinsam mit Julian Müller, zählt „Politische Redeweisen. Ein Essay".

HANNES SWOBODA ist Vorstandsvorsitzender des Sir Peter Ustinov Instituts zur Erforschung und Bekämpfung von Vorurteilen und Präsident des International Institute for Peace. Von 1996 bis 2014 war er Mitglied des Europäischen Parlament und Zwischen 2012 und 2014 Fraktionsvorsitzender der SPE.

ELKE ZIEGLER, geboren 1974 in Villach, leitet im ORF die Abteilung Aktuelle Wissenschaft Radio und Online. Seit 2002 arbeitet sie als Wissenschaftsjournalistin, u. a. bei Der Standard und Profil. 2021 erhielt sie den Robert-Hochner-Preis, 2022 den Staatspreis für Wissenschaftspublizistik.

WOCHENSCHAU VERLAG
... ein Begriff für politische Bildung

SIR PETER USTINOV INSTITUT

Kontinuität und Aktualität des Antisemitismus

Anlässlich des Gedenkens an die Gesera 1421 dokumentieren die Autor*innen inter- und transdisziplinäre Analysen des aktuellen Antisemitismus und zeigen Handlungsperspektiven zu seiner Bekämpfung auf. Die Befunde renommierter Expert*innen belegen die historische Kontinuität sowie die demokratiepolitische Brisanz des Antisemitismus. Die multiperspektivische Annäherung, die Verschränkung zwischen Theorie und Praxis wie auch der intergenerationale Diskurs verdeutlichen, warum die Auseinandersetzung mit Antisemitismus auch fast 80 Jahre nach dem Ende der Shoah nach wie vor unerlässlich bleibt.

hrsg. von Regina Polak
Reihe „Sir Peter Ustinov Institut"
ISBN 978-3-7344-1561-6, 192 S., € 27,90
PDF: ISBN 978-3-7346-1561-6, € 26,99

ISBN 978-3-7344-1418-3 — Peter Ustinov. Humanist, Weltbürger, Humorist
ISBN 978-3-7344-1310-0 — Prävention und Bildung im Kindes- und Jugendalter
ISBN 978-3-7344-1029-1 — Krise der Demokratie. Demokratie in der Krise?

Alle Titel der Reihe im Webshop – auch als PDF.

www.wochenschau-verlag.de

WOCHEN SCHAU VERLAG
... ein Begriff für politische Bildung

SCHRIFTENREIHE DER
IG POLITISCHE BILDUNG

Verschwörungserzählungen und Faktenorientierung in der Politischen Bildung

Die Autor*innen der 12. Jahrestagung der IGPB suchen nach Antworten auf die Frage „Was darf man glauben? Sie analysieren die Entstehung, Verbreitung und Wirkung von Verschwörungsnarrativen und zeigen praktische Handlungsmöglichkeiten für Lehrende und Vermittler*innen auf. Expert*innen aus verschiedenen Disziplinen erörtern, wie in der politischen Bildung ein Klima geschaffen werden kann, in dem wissenschaftliche Erkenntnisse und legitime Kritik an der bestehenden Wissensordnung gleichsam gehört werden können, ohne die demokratische Diskurskultur zu gefährden. Die Autor*innen geben sowohl theoretische Einsichten als auch konkrete didaktische Anregungen, um im Umgang mit Verschwörungstheorien und Desinformation gewappnet zu sein.

hrsg. von Kathrin Stainer-Hämmerle, Daniela Ingruber und Georg Marschnig
Reihe „Schriftenreihe der IGPB"
ISBN 978-3-7344-1586-9, 248 S., € 28,90
PDF: ISBN 978-3-7566-1586-5, € 27,99

Politische Bildung als Beruf
ISBN 978-3-7344-1479-4

Inhalte, Methoden und Medien in der Politischen Bildung
ISBN 978-3-7344-1478-7

Glaube – Klima – Hoffnung
ISBN 978-3-7344-1285-1

Alle Titel der Reihe im Webshop – auch als PDF.

www.wochenschau-verlag.de

Rechtspopulistische Verschwörungstheorien in demokratischen Verfassungsstaaten

Eine vergleichende Analyse
der Alternative für Deutschland,
der Schweizerischen Volkspartei,
der Freiheitlichen Partei Österreichs
und des Front National

Welche Rolle spielen Verschwörungstheorien in den Programmen rechtspopulistischer Parteien? Politikwissenschaftler Christoph Schiebel legt mit seiner Dissertation eine erkenntnisreiche Analyse zur Alternative für Deutschland (AfD), der Schweizerischen Volkspartei (SVP), der Freiheitlichen Partei Österreichs (FPÖ) und zum Front National (FN) vor. Aus wissenssoziologischer, politik- und kulturwissenschaftlicher Perspektive stellt er wertvolle Parteiforschungserkenntnisse zu Verschwörungserzählungen vor und zeigt, welche Rolle diese bei Themen wie Überwachung, EU, Bargeldabschaffung, Migration, Sicherheit, Wissenschaft, Bildung und Medien spielen.

von Christoph Schiebel
Reihe „Wochenschau Wissenschaft"
ISBN 978-3-7344-1535-7, 360 S., € 49,90
PDF: ISBN 978-3-7566-1535-3, € 48,99

www.wochenschau-verlag.de